Die Deutsche Bibliothek – CIP-Einheitsaufnahme

Greiber, Peter:
Gehalten! : Handbuch für das Torwarttraining in allen Jugendklassen /
Peter Greiber ; Robert Freis. – Münster : Philippka-Sportverlag, 2001
ISBN 3-89417-109-X

© by Philippka-Sportverlag, 48159 Münster
Lektorat: Konrad Honig, Ulrich Blennemann
Graphiken: Frauke Hehn, Marion Beckmann, Janet Rittig
Layout: Thorsten Krybus, Marion Beckmann
Fotos: Alfred Harder (Seite 3), alle übrigen firo sportphoto
Gesamtherstellung: Graphische Betriebe E. Holterdorf, 59302 Oelde

GEHALTEN!

Handbuch für das Torwarttraining
in allen Jugendklassen

von

Peter Greiber
und
Robert Freis

philippka
SPORTVERLAG

INHALT

Das Torhütertraining

Allgemeine Anmerkungen

Wie bei anderen Ballspielen auch können Rolle und Bedeutung des Torhüters im Fußball nicht hoch genug eingeschätzt werden. Seine Leistung entscheidet oft über Sieg oder Niederlage. Trotzdem fristen Torhüter im Trainingsalltag von Amateur- und Jugendmannschaften in aller Regel ein Schattendasein. Ihre Position erfordert jedoch partiell ein völlig anderes Training als das der Feldspieler.

Viele Spitzenklubs verfügen deshalb über spezielle Torwarttrainer, die ihre Schützlinge (allein oder gemeinsam mit anderen Torhütern des Vereins) einem positionsspezifischen Sondertraining unterziehen. Es ist auf die komplexen Anforderungen des Torwartspiels abgestimmt und konfrontiert die Keeper möglichst häufig mit wettspieltypischen Situationen. Letzteres erfordert, daß Torhüter und Feldspieler in bestimmten Phasen des Trainings gemeinsam ausgebildet werden, beispielsweise in Spielformen, die auch Aufgaben des Torhüters berücksichtigen. Wenn es etwa um die Verbesserung bestimmter individual- oder mannschaftstaktischer Verhaltensweisen geht, muß der Torhüter auch innerhalb des Mannschaftsverbandes mittrainieren.

Man mag darüber streiten, ob im Torwarttraining die Vermittlung und Perfektionierung torwartspezifischer Techniken den Vorrang haben sollten vor der Verbesserung konditioneller Komponenten wie Kraft, Schnelligkeit und Ausdauer. Nach unserer Erfahrung ist die Automatisierung torhüterspezifischer Techniken und Bewegungsabläufe vor allem bei jungen Torhütern wertvoller als eine Überbetonung konditioneller Aspekte.

Selbst ein technisch perfekter Torhüter wird allerdings Probleme haben, plaziert geschossene Bälle zu erreichen, wenn er sich nicht rechtzeitig in eine günstige Ausgangsposition gebracht hat. Folglich müssen neben dem Verbessern der Technik die Koordinations- und die motorische Grundlagen-Schulung im Torhütertraining ihren Platz bekommen.

Natürlich gelten grundlegende Maximen des Fußballtrainings gleichermaßen für Feldspieler wie Torhüter. So wie der Trainer seine Trainingsplanung gezielt auf die Stärken und Schwächen einzelner Feldspieler abstimmt, muß er auch auf Defizite seiner Torhüter reagieren. Genau wie bei Feldspielern sollte er beim Torhüter Belastungs- und Erholungsphasen im Training angemessen gewichten. Deshalb empfiehlt es sich, mit „kleinen" Serien zu arbeiten, zwischendurch Korrekturhinweise zu geben, zu loben und aufzumuntern statt einen Torhüter 20 oder mehr Torschüssen in rascher Folge auszusetzen. Schließlich ist auch auf dem Feld der mentalen Ausbildung zwischen Torhütern und Feldspielern im Grunde nicht zu unterscheiden.

Was sollten Fußballer zu welchem Zeitpunkt erlernen?

Diese grundlegende Frage müssen sich engagierte Trainer nicht nur in Bezug auf die Ausbildung ihrer Torhüter stellen. Was *muß* in einer bestimmten Altersstufe trainiert werden, was *kann* trainiert werden und welche Inhalte *verbieten sich* unter allen Umständen?

Die Steuerung der an einer bestimmten Bewegungsausführung beteiligten Körperteile erfolgt durch das zentrale Nervensystem (ZNS) und dessen Befehle an die Muskulatur. Das ZNS veranlaßt die Ausführung bestimmter koordinierter Bewegungen durch eine ge-

zielte Auswahl aus dem riesigen Reservoir denkbarer Bewegungen. Das Zusammenwirken von Sinnesorganen, Muskeln und z.B. Armen und Beinen nennen wir „Motorik" oder etwas umständlicher „psychomotorische Leistungsfähigkeit". Dieser Begriff umschreibt das Koordinieren und Steuern von Bewegungen, das Anpassen von Bewegungshandlungen und -mustern an unterschiedliche, sich oft rasch verändernde Situationen sowie schließlich die Beherrschung sportlicher, oder in unserem Fall, torwartspezifischer Techniken.

Die Motorik, geprägt durch die Komponenten Ausdauer, Kraft, Schnelligkeit, Beweglichkeit und Koordination, unterliegt einem Entwicklungs- und Reifeprozeß. Je nach Altersstufe bedarf es unterschiedlicher Trainingsinhalte, um diesen Prozeß optimal zu beeinflussen (siehe die Trainingsinhalte und entwicklungsspezifischen Grundlagen in unterschiedlichen Altersstufen in den einzelnen Kapiteln).

Es ist längst unstreitig, daß die Trainierbarkeit von Jugendlichen in sogenannten sensiblen bzw. sensitiven Phasen auf die besten Voraussetzungen trifft. Mit anderen Worten: Es gibt bei Heranwachsenden Entwicklungsabschnitte, die für bestimmte sportmotorische Leistungsfaktoren besonders günstig sind (ausführlicher hierzu *Hirtz, Peter*: Die koordinative Vervollkommnung als wesentlicher Bestandteil der körperlichen Grundausbildung, s.a. S.207). Als Orientierungsrahmen für eine optimale Gestaltung des Juniorentrainings unter dem Gesichtspunkt des richtigen Lernalters soll an dieser Stelle auf die Modelle der *sensiblen Phasen* hingewiesen werden.

Hinweis: Obwohl sich dieses Buch in erster Linie an Trainer von Juniorenmannschaften wendet, eignen sich sehr viele Übungen, vorwiegend derjenigen für B- und A-Junioren, auch für den Senioren-Amateurbereich.

Abb. 1

Was sollten Fußballspieler zu welchem Zeitpunkt erlernen?

Koordination

● Motorische Lernfähigkeit:	7 bis 12 und ab 14 Jahren
● Differenzierungs- und Steuerungsfähigkeit:	7 bis 12 und ab 14 Jahren
● Akustische und optische Reaktion:	7 bis 11 Jahre
● Räumliche Orientierung:	6 bis 15 Jahre
● Rhythmusgefühl:	9 bis 11 Jahre
● Gleichgewichtsgefühl:	9 bis 13 Jahre

Kognition

● Affektiv-kognitive Eigenschaften:	10 bis 12 Jahre
● Lernmotivation:	7 bis 11 Jahre

Physis

● Ausdauer:	ab 12 Jahren
● Kraft:	ab 13 oder 14 Jahren
● Schnelligkeit:	6 bis 12 Jahre
● Koordination/Beweglichkeit:	immer

Da die einschlägigen wissenschaftlichen Untersuchungen zum optimalen Lernalter nicht alle zu denselben Ergebnissen kommen, kann die vorstehende Auflistung nicht mehr als ein Anhaltspunkt zur Entwicklung bestimmter sportlicher Fähigkeiten und Fertigkeiten sein.

Methodische Hinweise

Allgemeine Anmerkungen

Wie für das Feldspieler- gilt auch für das Tor-hütertraining, daß in jeder Altersstufe eine kontinuierliche Verbesserung der technisch-taktischen und der physischen Eigenschaften anzustreben ist. Im Anforderungsprofil für je-de Altersstufe haben wir aufgelistet, welche Techniken ein Torhüter bei Erreichen der nächsthöheren Altersstufe beherrschen sollte, damit er auf ihnen aufbauen kann.

Wir sagen bewußt „sollte" und nicht „muß", da es völlig normal ist, daß auf sprunghafte Entwicklungen immer wieder Phasen der Sta-gnation folgen, die den Trainer in vielerlei Hin-sicht fordern – manchmal als einfühlsamen Pädagogen, manchmal als konsequenten oder sogar „harten" Übungsleiter. Eine kontinuier-liche, klar strukturierte Trainingsarbeit wird langfristig ihre Wirkung nicht verfehlen.

Früh übt sich, wer ein Großer werden will!

Die praktische Frage, ob das Torhütertraining im Rahmen des Mannschaftstrainings stattfin-den sollte, kann weder bejaht noch verneint werden: Im Spitzenbereich ist ein separates Training der Torhüter fast die Regel, wenn man von mannschafts- bzw. gruppentakti-schen Inhalten absieht, die eine Mitwirkung der Torhüter zwingend voraussetzen. Auf unte-rer Ebene und im Jugendbereich wird ein iso-liertes Training der Torhüter häufig an den zeitlichen Kapazitäten des Trainers scheitern. Man hätte schon viel erreicht, wenn wenig-stens eine Trainingseinheit pro Woche nur mit den Torhütern möglich wäre. Im Rahmen des allgemeinen Mannschaftstrainings wird der Torhüter zumindest bei Inhalten wie dem Flankentraining für Außen-stürmer, 1 gegen 1-Situa-tionen vor dem Tor mit Torabschluß und ähnli-chen Übungen und Spielformen ausrei-chend gefordert.

Merke:

- Die Trainingsinhalte (Technik, Taktik, Kondition) der Altersstufe und dem jeweiligen Leistungsvermögen anpassen!
- Je kleiner die Gruppe, desto gezielter kann auf die Torhüter eingegangen werden; zwei bis vier Torhüter sind im Techniktraining die optimale Gruppenstärke. Bei einem Schwerpunkt „Kondition" kann die Gruppe auch größer sein.
- Intensiv, konzentriert und abwechslungsreich trainieren; je nach Altersstufe zwischen 60 und 80 Minuten.
- Faustregel: Vom Leichten zum Schweren, vom Einfachen zum Komplexen!
- Unterschiedliche Techniken zunächst isoliert, später miteinander kombiniert schulen.
- Koordinationsschulung gezielt in Verbindung mit torwartspezifischer Technikschulung durchführen!
- Für Aufwärmprogramm und auch Hauptteil einen Schwerpunkt setzen!
- Die Schwerpunkte des Hauptteils bereits im Aufwärmprogramm „vorbereiten"!

- Gezielte Fehleransprache und -korrektur (Konzentration auf die Hauptfehler); einfache Lösungsvorschläge anbieten!
- Keine langen Serien mit hoher Wiederholungszahl, sondern kurze, intensive Belastung bei höchster Konzentration!
- Spielnahe Übungsformen entwickeln!
- Der Torhüter braucht bei allen Übungsformen sein Tor (mindestens ein Hütchentor) als klaren Bezugs- und Orientierungspunkt.
- Motivierende Übungsformen an das Ende einer Trainingseinheit setzen!
- Es empfiehlt sich eine jahrgangsübergreifende Ausbildung aller Torhüter, d.h., der E1-Torhüter trainiert in regelmäßigen Abständen mit der D2-Mannschaft, der D2-Torhüter mit der D1 usw. (Einer der Vorteile: Hemmungen im Umgang mit älteren und körperlich weiterentwickelten Spielern werden abgebaut).

Auch gemeinsames Training von Torhütern unterschiedlicher Altersstufen begünstigt Leistungssteigerungen!

Abb. 2a

Organisatorische Hinweise

Auf ein gesondertes Torhütertraining im Mini-Kicker- und F-Juniorenbereich sollte bewußt verzichtet werden. Dadurch vermeidet man eine verfrühte Spezialisierung.

Zusammensetzung der Trainingsgruppen:

E-Junioren:

• Jüngerer und älterer Jahrgang gemeinsam:	2 bis 4 Torhüter
• Trainingshäufigkeit:	2x wöchentlich vor und während des Mannschaftstrainings
• Dauer:	45 bis 60 Minuten

D-Junioren:

• Jüngerer und älterer Jahrgang gemeinsam:	4 Torhüter (Voraussetzung: jeweils 2 Torhüter pro Mannschaft)
• Trainingshäufigkeit:	2x wöchentlich vor und während des Mannschaftstrainings
• Dauer:	60 Minuten

C-Junioren:

• Jüngerer und älterer Jahrgang gemeinsam:	4 Torhüter (Voraussetzung: jeweils 2 Torhüter pro Mannschaft)
• Trainingshäufigkeit:	2x wöchentlich vor, während und unabhängig vom Mannschaftstraining
• Dauer:	60 bis 70 Minuten

Abb. 2b

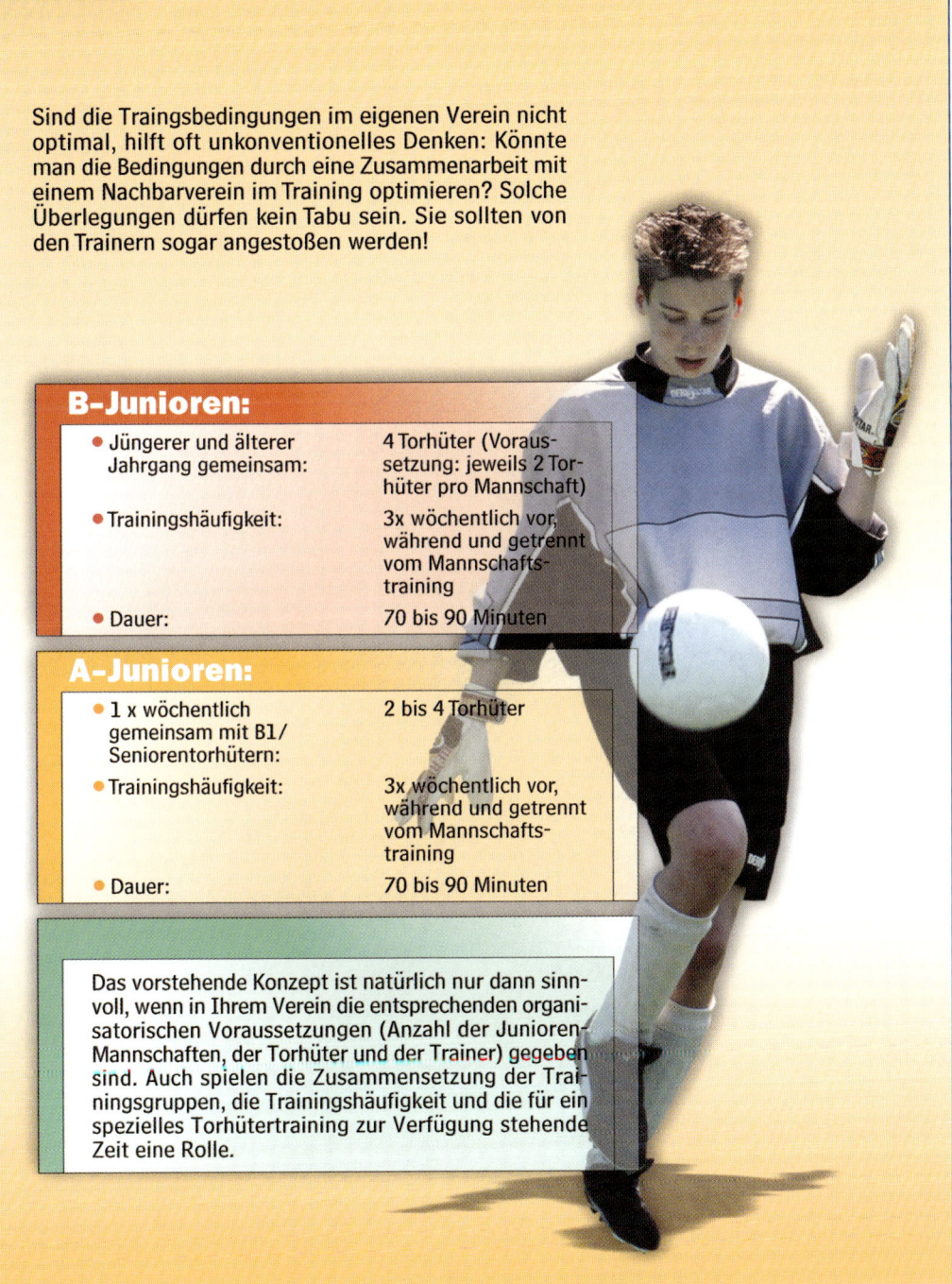

Sind die Traingsbedingungen im eigenen Verein nicht optimal, hilft oft unkonventionelles Denken: Könnte man die Bedingungen durch eine Zusammenarbeit mit einem Nachbarverein im Training optimieren? Solche Überlegungen dürfen kein Tabu sein. Sie sollten von den Trainern sogar angestoßen werden!

B-Junioren:

- Jüngerer und älterer Jahrgang gemeinsam:

  4 Torhüter (Voraussetzung: jeweils 2 Torhüter pro Mannschaft)

- Trainingshäufigkeit:

  3x wöchentlich vor, während und getrennt vom Mannschaftstraining

- Dauer:

  70 bis 90 Minuten

A-Junioren:

- 1 x wöchentlich gemeinsam mit B1/ Seniorentorhütern:

  2 bis 4 Torhüter

- Trainingshäufigkeit:

  3x wöchentlich vor, während und getrennt vom Mannschaftstraining

- Dauer:

  70 bis 90 Minuten

Das vorstehende Konzept ist natürlich nur dann sinnvoll, wenn in Ihrem Verein die entsprechenden organisatorischen Voraussetzungen (Anzahl der Junioren-Mannschaften, der Torhüter und der Trainer) gegeben sind. Auch spielen die Zusammensetzung der Trainingsgruppen, die Trainingshäufigkeit und die für ein spezielles Torhütertraining zur Verfügung stehende Zeit eine Rolle.

Die Torhüter-Techniken

Was Hänschen nicht lernt...

Eine gute Technik ist eine der wichtigsten Voraussetzungen für eine erfolgreiche Torhüterkarriere. Deshalb sollten bei der Ausbildung von Nachwuchstorhütern die Bewegungsabläufe torwartspezifischer Techniken möglichst automatisiert werden. In früher Jugend falsch erlernte Bewegungsabläufe lassen sich später nur noch sehr schwer korrigieren.

Kein Torhüter wird die Vielzahl torhüterspezifischer Techniken bis zur Perfektion erlernen. Ein guter Trainer erkennt, bis zu welchem Punkt er die technische Weiterentwicklung seines Torhüters fördern kann und wann er sich mit dem Erreichten wohl oder übel zufriedengeben muß.

Nachfolgend stellen wir die Techniken dar, die der Torhüter *mit* Ball ausführt. Detailliert gehen wir auf die Technikmerkmale und häufig auftretende Fehler ein. Zu diesen Techniken zählt auch die „Grundstellung" oder „Ausgangsstellung", die der Torhüter vor jeder Aktion einnehmen sollte.

Geeignete Übungsformen zur Schulung dieser Techniken und Bewegungen ohne bzw. mit Ball stellen wir – bezogen auf die jeweilige Altersstufe – in den folgenden Kapiteln vor.

Beim Thema „Ablenken und Fausten" ist daran zu erinnern, daß Torhüter im Prinzip möglichst viele Bälle fangen bzw. festhalten und am Körper sichern sollten. Vor allem im Juniorenbereich sollte deshalb im Training so geschossen werden, daß die Bälle nach Möglichkeit gefangen werden können. Erst wenn der Torhüter die Fangtechniken beherrscht, sollten Fausten oder Ablenken gezielt in den Trainingsprozeß integriert werden.

So wird's gemacht: Kräftiges Abdrücken unter Schwungeinsatz des Gegenknies (auch Schutz!) und der Arme, Fangen des Balls am höchstmöglichen Punkt vor dem Kopf und Sichern am Körper!

Die Grundstellung bei Torschüssen

TECHNIKMERKMALE

- Die Füße stehen schulterbreit auseinander und bilden mit der Hüfte eine Linie
- Leicht gebeugte Knie; das Körpergewicht lastet auf den Fußballen
- Leicht vorgebeugter Oberkörper
- Leicht angewinkelte Arme neben dem Körper, die Ellbogen sind etwas vorgeschoben, die Hände geöffnet und weisen in Richtung des Balls
- Körperspannung herstellen!
- Der Blick ist auf den Ball gerichtet

HINWEIS

Die Entfernung zu Gegner und Ball führt zu Veränderungen der Grundstellung: Je weiter sich ein Schütze dem Tor nähert und je geringer die Wahrscheinlichkeit für ein „Überlupfen" des Torhüters wird, desto tiefer wird die Grundstellung des Torhüters.

Die Grundstellung bei Flanken

TECHNIKMERKMALE

- Der Torhüter steht mit dem Rücken zum Tor im hinteren Drittel des Tors
- Die Füße sind schulterbreit auseinander und bilden mit der Hüfte eine Linie
- Leicht gebeugte Knie, das Körpergewicht ist auf den Fußballen
- Der Torhüter steht locker („leichtes Tänzeln")
- Angewinkelte Arme neben dem Körper, die Hände sind geöffnet
- Körperspannung herstellen!
- Den Blick auf den Ball richten

HINWEIS

Die Grundstellung bei Flanken aus dem Halbfeld unterscheidet sich von der bei Flanken von der Torauslinie in folgenden Punkten: Der Torhüter dreht sich in Richtung des Balls; er steht zentral vor seinem Tor.

HINWEIS

Durch Beugen der Knie und des Hüftgelenks den Körperschwerpunkt absenken!

HÄUFIGE FEHLER

- Fußstellung zu eng
- Oberkörper zu aufrecht, die Arme hängen herunter, die Hände sind zur Faust geballt
- Durchgedrückte bzw. zu stark gebeugte Knie
- „Buckelhaltung"
- Zu stark nach hinten (auf die Fersen) verlagertes Körpergewicht

HÄUFIGE FEHLER

- Der Torhüter steht frontal statt leicht schräg zum Ball
- Er steht im vorderen Drittel des Tors
- Seine Fußstellung ist zu eng
- Der Oberkörper ist zu stark vorgebeugt, die Arme hängen herunter und/oder die Hände sind zur Faust geballt
- Die Knie werden durchgedrückt bzw. zu stark gebeugt
- Das Körpergewicht wird zu stark nach hinten (auf die Fersen) verlagert

Frontales und seitliches Aufnehmen

TECHNIKMERKMALE

- Eine tiefe Schrittstellung hinter dem Ball einnehmen, wobei die „Lücke" zwischen hinterem und vorderem Fuß durch das hintere Knie geschlossen wird; das Knie berührt den Boden aber möglichst nicht (im Sinne einer schnellen Spielfortsetzung)
- Körpergewicht auf den Fußballen!
- Bei einem Ball knapp rechts vom Torhüter den rechten Fuß nach vorn bringen (entsprechend links)
- Die Arme dem Ball gestreckt entgegenführen, die Hände sind geöffnet; die Ellbogen möglichst nah aneinander
- Im Moment des Ballkontakts führen die Arme eine leichte Bewegung zurück zum Körper aus, um dem Ball das Tempo zu nehmen
- Im Sinne einer schnellen Spielfortsetzung den Ball möglichst in der Vorwärtsbewegung aufnehmen

Fallen und seitliches Abrollen

TECHNIKMERKMALE

- Beim Fallen den Körper schnell flach hinter den Ball bringen; Hüfte, Oberkörper und Arme gehen gleichzeitig zur Seite und nach unten
- Die Ellbogen vor dem Körper halten
- Abrollen über Hüfte, Körperseite und Schulter
- Den Ball vorne halten; bei einem flachen Ball rechts mit dem rechten Fuß einen kurzen Schritt seitlich zum Ball ausführen, dabei den Körperschwerpunkt über den rechten Fuß bringen, schnell absenken und den Oberkörper hinter den Ball schieben

- Die Hände hinter den Ball bringen!
- Die untere Hand befindet sich hinter, die andere auf oder ebenfalls hinter dem Ball
- Den Blick auf den Ball richten!
- „Bein mitnehmen": Fällt der Torhüter auf die rechte Seite, muß er das Knie des linken Beines leicht nach vorne nehmen, um ein Überdrehen auf den Rücken zu vermeiden. Umgekehrt: Fällt er auf die linke Seite, muß er das Knie des rechten Beines leicht nach vorne nehmen
- Den Ball am Körper sichern!

HÄUFIGE FEHLER

- Hockstellung – Füße und Knie sind weit geöffnet
- Der Ball wird seitlich vom Körper aufgenommen
- Die Arme und Hände gehen dem Ball nicht entgegen (sondern „warten" auf den Ball)
- Beide Knie auf dem Boden
- Die Hände greifen von oben auf den Ball
- Das vordere Knie befindet sich zwischen beiden Armen
- Der Torhüter „sitzt" auf dem hinteren Bein
- Der Torhüter richtet sich auf, bevor er den Ball gesichert hat

Bildreihe von rechts nach links betrachten!

HÄUFIGE FEHLER

- Der Torhüter macht keinen Schritt zum Ball, sondern fällt über sein gestrecktes Bein nur zur Seite um
- Der Ball wird im Rückwärtsfallen gehalten – der Torhüter fällt nach hinten
- Der Oberkörper bleibt zu aufrecht, die Arme sind nach vorne gestreckt
- Der Blick ist nicht auf den Ball gerichtet
- Die Hände sind nicht hinter dem Ball

- Die Hände schlagen auf den Ball
- Der Torhüter dreht sich nach der Landung auf den Rücken

Frontales Fangen

TECHNIKMERKMALE

- Leichte Schrittstellung einnehmen; zum Ball „gehen"!
- Den Oberkörper leicht vorbeugen, aber hinter dem Ball
- Arme und Hände strecken sich dem Ball entgegen
- Die Ellbogen befinden sich so eng wie möglich beieinander
- Die Hände und Oberarme haben den ersten Kontakt mit dem anfliegenden Ball (sie nehmen ihm das Tempo)
- Der Oberkörper neigt sich über den Ball, die Hände umschließen ihn

Hechten und seitliches Abrollen

TECHNIKMERKMALE

- Einen oder mehrere Schritte („Schritt-Schritt-Sprung") zur Seite ausführen; den letzten Schritt größer und schräg nach vorn machen
- Das Absprungbein (hier das rechte) beugen und dann strecken, das Gegenbein angewinkelt aktiv hochziehen (Schwungeinsatz); Schwungeinsatz der Arme beachten!
- Den Körperschwerpunkt über das Absprungbein bringen!

- Mit dem Sprungbein explosiv abdrücken (kurze Kontaktzeit am Boden)!
- Geradlinige Beschleunigung zum Ball!
- Geradliniger und kurzer Flug zum Ball!
- Ball während der Flugphase fangen und am Körper sichern
- Den Aufprall des Körpers über Oberarm, Schulter und Hüfte abfangen; ggf. den Schwung des Oberkörpers durch eine Rolle vorwärts um die Körperlängsachse abfangen

HÄUFIGE FEHLER

- Nicht die Hände und Arme, sondern die Brust hat den ersten Kontakt zum Ball
- Der Oberkörper wird zu aufrecht gehalten und zwischen Ball und Tor gebracht
- Die Schrittstellung/Bewegung geht nicht in Richtung Ball, sondern zurück (häufig in einem leichten Sprung)

Bildreihe von rechts nach links betrachten!

HÄUFIGE FEHLER

- Kein Schritt zum Ball und kein kräftiges Abdrücken vom Boden
- Absprung im Bogen oder mit beiden Füßen gleichzeitig
- Der Ball wird nicht an den Körper gezogen und deshalb bei der Landung wieder verloren
- Landung auf dem angewinkelten Arm
- Keine ausreichende Beugung des Knies des Absprungbeins; anschließend keine vollständige Streckung
- Zu starke Beugung des Knies des Absprungbeins; deshalb zu tiefer Körperschwerpunkt!

Frontales Fangen

TECHNIKMERKMALE
- Den Ball möglichst früh und vor dem Kopf fangen, und zwar am höchstmöglichen Punkt; dabei sind Fuß- und Kniegelenk des Sprungbeins sowie das Hüftgelenk vollkommen gestreckt
- Beim Absprung den Schwung des Gegenknies einsetzen
- „Bewegung zum Ball" (Richtig: Warten - dann zum Ball bewegen und springen)
- Den Blick auf den Ball richten
- Die Arme unterstützen Anlauf und Abspringen (aktiver Armeinsatz)
- Die Arme nach oben zum Ball strecken
- Die Hände fassen den Ball bei festen Handgelenken fächerförmig (die Daumen zeigen nach innen und befinden sich hinter dem Ball)
- Während des Ballkontakts die Arme anwinkeln und den Ball mit den Händen zum Körper ziehen
- Absprung auch in Bedrängnis einbeinig!

Fangen von Flankenbällen

TECHNIKMERKMALE
- Den Ball mit kleinen, schnellen Schritten anlaufen
- Der letzte Schritt zum Ball ist groß (Stemmschritt)
- Der Absprung erfolgt einbeinig mit dem ballnahen Bein – kommt der Ball von rechts, wird mit dem rechten Bein abgesprungen (und umgekehrt). Dabei sind Fuß-, Knie- und Hüftgelenk des Absprungbeins vollkommen gestreckt
- Die Arme unterstützen Anlauf und Abspringen (Armschwung)
- Unter Schwungeinsatz des Gegenknies (Schutz) und der Arme kräftig vom Boden abdrücken
- Den Ball am höchstmöglichen Punkt vor dem Kopf fangen und am Körper sichern
- Landung auf dem Absprungbein
- Entschlossene Bewegung zum Ball!

HÄUFIGE FEHLER

- Der Blick ist nicht zum Ball gerichtet; letzterer wird nicht vor, sondern genau über oder hinter dem Kopf gefangen
- Die Hände sind geöffnet, die Handinnenflächen zeigen zum Ball
- Die Arme werden von der Seite bogenförmig zum Ball geführt; die Hände und Daumen sind nicht hinter dem Ball
- Da die Arme nicht gestreckt sind, wird der Ball zu spät gefangen
- Der Ball wird zu früh und hektisch zum Körper gezogen und so eventuell wieder verloren
- Beidbeiniger Absprung

HÄUFIGE FEHLER

- Beidbeiniger Absprung
- Absprung stets mit dem Sprungbein, egal von welcher Seite der Ball kommt
- Zu große Schritte zum Ball
- Der Schwungeinsatz des Gegenknies fehlt, es erfolgt kein Absprung zum Ball
- Das gebeugte Gegenknie wird nach dem Absprung sofort wieder gestreckt und zieht so den Körper nach unten
- Der Ball wird vor der Brust bzw. über dem Kopf gefangen
- Der Blick ist nicht auf den Ball gerichtet; letzterer wird über dem Kopf gefangen
- Die Landung erfolgt auf beiden Beinen oder nicht auf dem Absprungbein

Flache und halbhohe Bälle

TECHNIKMERKMALE

- Der Handballen dient als Ablenkfläche
- Fixiertes Handgelenk
- Impulsstoß aus dem Ellbogengelenk gegen den Ball
- Den Ball möglichst früh ablenken
- Zur Seite ablenken, möglichst ins Toraus

HINWEIS

Grundsätzlich sollen Torhüter **alle** Bälle fangen und am Körper sichern! Vor allem im Nachwuchsbereich sollen die Bälle im Training so geschossen werden, daß sie vom Torhüter gefangen werden können. Erst wenn der Torhüter die Fangtechniken beherrscht, wird das gezielte Fausten oder Ablenken in das Training integriert!

Das Ablenken hoher Bälle

TECHNIKMERKMALE

- Den Blick auf den Ball richten
- Sidestep-Bewegung kurz vor dem Sprung zum Ball
- Großer letzter Schritt zum Ball
- Beim Absprung mit links greift der rechte Arm über und lenkt den Ball über bzw. neben das Tor (abhängig von der Seite, von der der Ball gespielt wird)
- Beim Absprung mit rechts greift der linke Arm über und lenkt den Ball ab
- Den Ball einarmig mit den Fingerspitzen über bzw. neben das Tor lenken
- Den Ball weiterleiten

HÄUFIGE FEHLER

- Die Finger werden als Ablenkfläche verwendet
- „Lockeres" Handgelenk
- Kein Impulsstoß gegen den Ball; der Arm wird ausgestreckt zum Ball geführt
- Es wird von hinten gegen den Ball geschlagen
- Zurückschlagen des Balls ins Feld

HÄUFIGE FEHLER

- Absprung zum Ball mit dem „falschen" Bein
- Der ballferne Arm geht zum Ball (es erfolgt kein Übergreifen)
- Der Ball wird ins Feld zurückgeschlagen
- Kein gerader Flug zum Ball

- Der Ball wird nicht am höchsten Punkt getroffen
- Der Oberkörper dreht zu früh ein, d.h. der Torhüter springt „bäuchlings" zum Ball

Das Fausten hoher Bälle

TECHNIKMERKMALE

- Vor dem Fausten des Balls Umgebung, Gegen- und Mitspieler beobachten! Anschließend Konzentration auf den Ball!
- Hände zur Faust ballen
- „Bewegung zum Ball" (Richtig: Warten - dann zum Ball bewegen und springen)
- Mit dem ballnahen Bein einbeinig abspringen – kommt der Ball von rechts, Absprung auch mit rechts (links entsprechend; *beidhändig* fausten!)
- *Einhändiges* Fausten: Bei Ball von rechts Absprung mit links (und umgekehrt)
- Unter Schwungeinsatz des Gegenknies (auch Schutz!) und der Arme kräftig vom Boden abdrücken
- Schnelle, nicht komplette Streckung im Ellbogengelenk; den Ball nach einer Diagonalbewegung zentral am höchstmöglichen Punkt treffen
- Mit der ballnahen Hand den Ball fausten, möglichst zur entgegengesetzten Seite

Das Abrollen

TECHNIKMERKMALE

- Den Ball einhändig zwischen Hand und Unterarm einklemmen; die andere Hand in lockerer Vorhalte vor dem Ball
- Ausfallschritt des ballfernen Beins in Rollrichtung; gleichzeitig den Ball seitlich am Körper nach hinten führen

- Das Knie des ballfernen Beins stark beugen; den Oberkörper leicht nach vorn beugen
- Den Ball flach über den Boden rollen; die Hand bleibt möglichst lange am Ball und weist in Rollrichtung

HÄUFIGE FEHLER

- Der Blick schweift vom Ball ab
- Aus dem Stand beidbeinig abspringen
- Hand vor dem Fausten zu tief (zu langer Schlagweg)
- Die Hand ist nicht zur Faust geballt; der Torhüter schlägt mit der flachen Hand
- Keine Streckung des Ellbogengelenks
- Der Ball wird zu hoch oder zu tief getroffen
- Fausten mit der ballfernen Hand
- Zurückfausten in die gleiche Richtung
- Der Torhüter konzentriert sich stärker auf Gegenspieler als auf den Ball

HINWEIS

- Das Abrollen eignet sich zur Überwindung kurzer Distanzen, sofern sich zwischen Torhüter und Mitspieler kein Gegenspieler befindet.

HÄUFIGE FEHLER

- Der Ball wird zu spät bzw. zu früh abgerollt
- Der Ball wird aus Hüfthöhe geworfen
- Die Hand weist zur Seite (nicht in Rollrichtung)
- Keine Schrittbewegung des ballfernen Beins in Rollrichtung; der Ball wird aus dem Laufen geworfen

Der Abwurf

TECHNIKMERKMALE

- Den Ball mit beiden Händen auf der Seite des Wurfarms nach hinten bringen und zwischen Hand und Unterarm einklemmen; Kopf und Oberkörper drehen sich mit (Augen auf den Ball!)
- Das ballferne Bein führt einen Stemmschritt in Wurfrichtung aus
- Den Oberkörper „öffnen", dabei den Schwungarm schnell nach vorn bringen, der Wurfarm folgt unmittelbar
- Die Hand bleibt möglichst lange am und vor allem hinter dem Ball; ansonsten geht viel Kraft verloren
- Den Ball seitlich („Schleuderwurf") oder über dem Kopf auswerfen; das hintere Bein in Wurfrichtung nachführen (flüssige Gesamtbewegung)

Der Abstoß

TECHNIKMERKMALE

- Anlauf von schräg hinten
- Das Standbein befindet sich beim Ballkontakt neben oder hinter dem Ball
- Den Ball im Zentrum treffen
- Das Schußbein nach vorne ausschwingen lassen

HINWEIS

- Der Abstoß sollte immer durch den Torhüter ausgeführt werden, da sonst erstens ein Mitspieler im Spielfeld als Anspielstation fehlt und zweitens keine Abseitsstellung des Gegners möglich ist.
- Den Ball zentral vor das Tor legen, dann steht der Torhüter bei einem Mißlingen des Abstoßes nicht neben dem Tor.

HÄUFIGE FEHLER

- Frontaler anstatt seitlicher Stand zur Wurfrichtung
- Der Ball wird mit gestrecktem Arm zu früh oder zu spät ausgeworfen
- „Falsches" (ballnahes) Bein vorn
- Der Oberkörper ist zur Seite geneigt

HÄUFIGE FEHLER

- Standbein zu weit hinter oder sogar vor dem Ball
- Der Ball wird frontal angelaufen
- Die Ausholbewegung ist zu kurz
- Das Schußbein schwingt nicht aus
- Der Ball wird zu seitlich getroffen

Der Abschlag

TECHNIKMERKMALE
- Den Ball nach wenigen Schritten kurz anwerfen (junge Torhüter sollten dies mit beiden Händen tun)
- Den Ball mit ausgestreckten Armen vor dem Körper halten
- Den Ball mit dem Vollspann treffen
- Nach dem Ballkontakt schwingt das Schußbein in Spielrichtung aus und geht einen Schritt nach (fließende Bewegung)

HINWEIS
- Am schnellsten kann man einen Mitspieler per Dropkick (s.u.) anspielen. Da ein Dropkick jedoch hohe technische Anforderungen stellt, empfiehlt es sich, den Abschlag zunächst volley auszuführen.

Der Dropkick

TECHNIKMERKMALE
- Den Ball mit ausgestreckten Armen vor dem Körper fallenlassen oder mit einer Hand kurz anwerfen
- Das Knie des Spielbeins anheben; den Ball kurz nach dem Aufspringen, also in der Steigphase, aber unterhalb des Knies treffen (s. Bild 2)
- Kurze und schnelle Bewegung zum Ball (das Spielbein schwingt nur kurz aus und wieder zurück)
- Fixiertes Fußgelenk, die Fußspitze zeigt nach unten (Vollspann als Trefffläche)
- Der Fuß des Standbeins weist in die Spielrichtung und befindet sich neben dem Ball
- Je nachdem, ob der Ball flach, halbhoch oder hoch gespielt werden soll, ist der Oberkörper vorgebeugt (= flacher Dropkick) bzw. nach hinten verlagert

HÄUFIGE FEHLER
- Ball zu dicht am Körper angeworfen
- Ball zu hoch oder zur Seite geworfen
- Oberkörper zu weit über den Ball gebeugt
- Das Schußbein wird nicht gerade zum Ball, sondern zur Seite durchgeschwungen
- Der Ball wird nicht mit dem Vollspann, zu spät oder seitlich getroffen
- Keine harmonisch fließende Gesamtbewegung: Nach dem Ballkontakt folgt ein Schritt nach hinten statt nach vorn, meist, weil der Oberkörper nach hinten gebeugt wird

HÄUFIGE FEHLER
- Der Ball wird zu hoch angeworfen oder seitlich vom Körper fallengelassen
- Der Ball wird zu früh oder zu spät, dann meist mit dem Schienbein, getroffen
- Der Ball wird nicht unter Kniehöhe gespielt
- Keine kurze und schnelle Bewegung des Schußbeins
- Fußgelenk nicht fixiert
- „Eingedrehter" Fuß; der Ball wird mit dem Außenspann getroffen und rutscht deshalb zur Seite ab

Grundelemente der Torhüter-Taktik

Anmerkungen zur Taktikschulung mit Torhütern

Taktikschulung muß ein wesentlicher Bestandteil sowohl des isolierten Torhüter- als auch des Mannschaftstrainings sein.
Spielanalysen haben ergeben, daß ein Torhüter in der Regel pro Spiel nur 4 bis 5 wirkliche, dann aber spielentscheidende Prüfungen zu bestehen hat; diese zudem zum Teil nach längeren Pausen und relativer „Beschäftigungslosigkeit". Ist ein Torhüter deshalb aber die meiste Zeit „beschäftigungslos" und phasenweise „inaktiv"?
Eindeutig nein! Ein Torhüter ist nie beschäftigungslos, sondern muß immer konzentriert und ständig bereit sein, aktiv in das Spielgeschehen einzugreifen. Oft lassen sich gefährliche Spielsituationen bereits im

Ansatz entschärfen, wenn ein Torhüter „mitspielt". Zu seinen Aufgaben gehört auch ein zielgerichtetes Organisieren und Dirigieren des Abwehrverbandes.
Im Laufe eines Spiels muß sich ein Torhüter ständig den unterschiedlichsten Spielsituationen anpassen. Grundlage hierfür ist das vielzitierte „Stellungsspiel", d.h. seine Position in Abhängigkeit von derjenigen von Ball, Mit- und Gegenspielern. Deshalb ist für eine systematische und spielnahe Schulung und Verbesserung der taktischen Verhaltensmuster des Torhüters ein kombiniertes Torhüter- und Feldspielertraining ein Muß. Nur dabei kommen realistische Spielsituationen vor und auch Torhüter werden taktisch gefordert.

ZIEL DER TAKTIKSCHULUNG:

Entwicklung und Verbesserung des Spielverständnisses und des vorausschauenden Erkennens (antizipieren) von Spielentwicklungen und Spielsituationen.

GRUNDSATZREGELN FÜR DAS TAKTISCHE VERHALTEN:

Ein Torhüter beobachtet das Spielgeschehen ständig! Geschicktes Stellungsspiel erlaubt es ihm, jede Spielsituation vorteilhaft zu lösen! So früh wie möglich greift er ins Geschehen ein!

Abb. 3

Das taktische Anforderungsprofil

Die Spielaktionen des Torhüters lassen sich in Offensiv- und Defensivaktionen unterteilen, wobei es sich in den meisten Fällen um eine Kombination Defensiv- und Offensivaktionen handelt.
Beispiel: Abfangen einer Flanke und anschließender Abwurf.

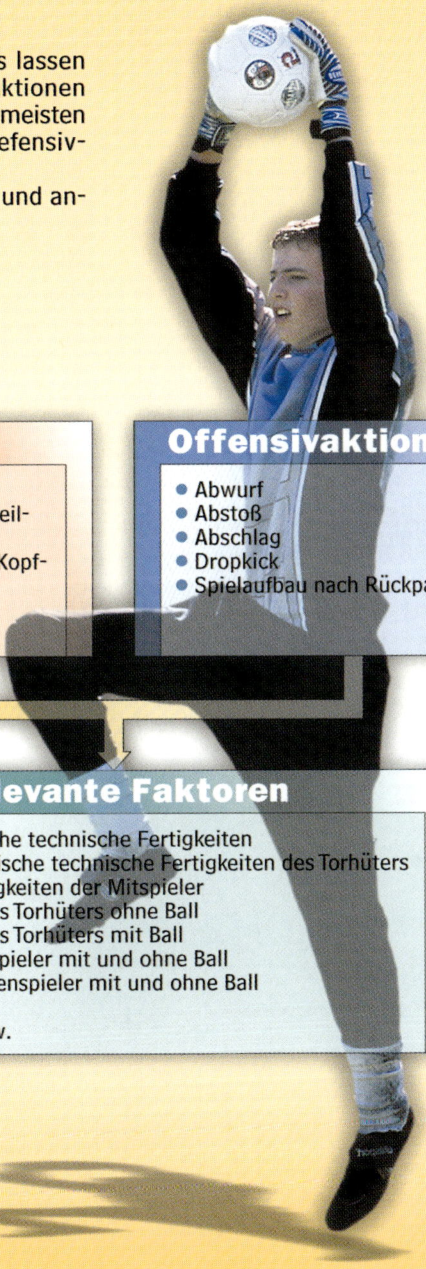

Defensivaktionen

- Ballaufnahme
- Abfangen von Flanken bzw. Steilpässen
- Abwehren von Schüssen und Kopfbällen
- Zweikampf um den Ball
- Verarbeiten von Rückpässen

Offensivaktionen

- Abwurf
- Abstoß
- Abschlag
- Dropkick
- Spielaufbau nach Rückpaß

Lösungsrelevante Faktoren

- Torhüterspezifische technische Fertigkeiten
- Feldspielerspezifische technische Fertigkeiten des Torhüters
- Technische Fertigkeiten der Mitspieler
- Stellungsspiel des Torhüters ohne Ball
- Stellungsspiel des Torhüters mit Ball
- Position der Mitspieler mit und ohne Ball
- Position der Gegenspieler mit und ohne Ball
- Spielstand
- Wetter, Platz usw.

Abb. 4

Vor- und Nachteile von Offensivaktionen

Der Abstoß

Wann? Überbrückung kurzer Distanzen mit flachem oder halbhohem Anspiel eines Mitspielers. Überwindung großer Distanzen mit hohem Anspiel eines Mitspielers
+ Günstig bei Rückenwind
− Für den Mitspieler schwer zu verarbeiten, da der Verteidiger eine bessere Position innehat
Eine längere Flugphase ermöglicht es dem Gegenspieler, sofort Druck auszuüben

Der Abschlag

Wann? Zur Überwindung großer Distanzen
+ In einer Drangperiode des Gegners bringt er Zeitgewinn
Bei Rückenwind
Als Variation nach mehreren kurzen Abspielen
Wenn den eigenen Stürmern kopfballschwache Abwehrspieler zugeordnet sind
− Meist unpräzise und für die Mitspieler schwer zu verarbeiten, da die Ausgangsposition der Verteidiger besser ist

Der Abwurf

Wann? Zur schnellen Überwindung kurzer bis mittlerer Distanzen
+ Präzise und für die Mitspieler leicht zu verarbeiten
− Bei Überwindung größerer Distanzen können die Gegenspieler leicht Druck ausüben

Der Dropkick

Wann? Zur schnellen Überwindung kurzer bis großer Distanzen
+ Präzise zu spielen und aufgrund der flachen Flugkurve gut zu verarbeiten
Höhere Geschwindigkeit als Abschlag oder Abstoß
Beim Aufrücken des Gegners nach Ecke oder Konter
Zum gezielten Anspiel schneller Mitspieler
Bei konsequentem, aggressivem Forechecking des Gegners
Bei Seitenwind
− Stellt hohe technische Anforderungen an den Torhüter, insbesondere bei schlechten Platzverhältnissen

Die Trainingspraxis

1. Die Schulung eines torhüterspezifischen taktischen Verhaltens kann nur in Verbindung mit Feldspielern (aktive Mit- und Gegenspieler) wirklich effektiv sein.

2. Die Beherrschung torhüterspezifischer Techniken ist die Grundlage, um (auch unter taktischen Aspekten!) situationsgerecht handeln zu können.

Innerhalb des Trainings dürfen diese beiden Ausbildungsblöcke nicht unabhängig voneinander betrachtet werden. Dies wird in den Abschnitten „Praktische Übungsformen zu den einzelnen Techniken" deutlich. Besonders bei Übungen auf ein Tor mit mehreren Torhütern stehen häufig taktische Verhaltensmuster in Verbindung mit der Schulung einer oder mehrerer Torhüter-Techniken im Fokus.

Eine isolierte torhüterspezifische Technikschulung bewirkt also allein wenig. Erst das Umsetzen des Gelernten unter Wettkampfbedingungen formt gute Torhüter!

Spielnah agierende Gegenspieler machen das Training nicht nur abwechslungsreicher, sondern auch effektiver!

Elementare Taktikbausteine

Zum Stellungsspiel bei Torschüssen aus unterschiedlichen Entfernungen und mit unterschiedlicher Schärfe

Ausgangspunkt jeder Torwartaktion ist die Grundstellung. Es gibt jedoch nicht nur *eine einzige* Grundstellung, sondern von der Spielsituation, der Entfernung des Balls usw. abhängige Varianten (siehe auch Kapitel 2 „Torhüter-Techniken"). Wir unterscheiden zwischen der Grundstellung
1. bei Torschüssen und
2. bei Flanken

Einige wichtige Aspekte:
• Die jeweilige Grundstellung entscheidet letztendlich darüber, welche Aktion der Torhüter ausführen kann.
• Sie ist immer abhängig von der Position des Balls.
• Der Grundstellung gehen stets ein „Einsprung" und ein Auftaktschritt voraus.
• Der Auftaktschritt erfolgt also immer nach einem kurzen Schritt vorwärts („Einsprung"). Der erzeugt Spannung in der Oberschenkelmuskulatur und ermöglicht so eine schnelle Aktion.
• Der Auftaktschritt variiert jeweils nach der Entfernung zum Ball.

Schüsse aus mittlerer bis großer Entfernung

• Der Torhüter steht auf einer gedachten Linie zwischen dem Ball und der Mitte des Tors, und zwar so weit vor der Torlinie, daß die Gefahr eines Überlupfens nicht gegeben ist.
• Der Torhüter führt den Auftaktschritt zum Einnehmen der Grundstellung im Moment der Ausholbewegung des Schützen durch.
• Der Auftaktschritt ist groß, da relativ viel Zeit vorhanden ist.
• Im Moment des Schusses steht der Torhüter.

• Knie- und Hüftgelenk sind leicht gebeugt.
• Die Arme befinden sich vor bzw. neben dem Körper.
• Die Hände werden geöffnet und seitlich neben dem Körper gehalten.

Frontale Schüsse aus der Nahdistanz

• Der Torhüter steht auf einer gedachten Linie zwischen dem Ball und der Mitte des Tors.
• Er rückt möglichst weit nach vorn, um die Zielfläche zu verkleinern.
• Im Moment der Ausholbewegung des Schützen führt er rasch den Auftaktschritt zum Einnehmen der Grundstellung durch.
• Knie- und Hüftgelenk stark beugen.
• Die Arme befinden sich neben dem Körper.
• Die Hände können abgesenkt werden, da ein Überlupfen praktisch unmöglich ist.
• Den Blick auf den Ball richten!
• Der Torhüter wirft sich seitlich bzw. nach vorn zum Ball, niemals nach hinten!

Schrägschüsse aus der Nahdistanz

Der Ablauf ähnelt dem bei frontalen Schüssen.
• Im Moment des Schusses steht der Torhüter.
• Knie- und Hüftgelenk sind gebeugt, der Oberkörper ist leicht nach vorn gebeugt, um eine möglichst große „Trefffläche" zu bieten.
• Der Abdruck zum Ball erfolgt nach vorn.

Hinweis:
Zum Praxiserwerb eignen sich fast alle Übungen mit frontalen und seitlichen Torschüssen aus unterschiedlichen Distanzen. Dabei soll-

ten Torschüsse nach einem Dribbling, nach Paßspiel oder verschiedene Kombinationsformen ständig variiert werden. Das zwingt den Torhüter, sich immer wieder auf neue Situationen einzustellen!

Zum Stellungsspiel bei hohen Schüssen von der Seite (Flanken) oder aus frontaler Position

In Kapitel 2 „Torhüter-Techniken" haben wir die technischen Aspekte des Fangens von hohen Bällen (frontal und von der Seite) beschrieben. Das „1 gegen 1 im Luftzweikampf" und das entsprechende taktische Verhalten der Torhüter werden ab Seite 50 behandelt.

Allgemeine taktische Hinweise zum Verhalten bei Flanken

- Ein gutes Stellungsspiel ist auch hier die Basis für erfolgreiches Eingreifen des Torhüters.
- Wenn der Ball den Fuß des Flankengebers verläßt, ist die Grundstellung einzunehmen.
- Jetzt muß sich der Torhüter entscheiden, ob er herausläuft oder im Tor bleibt, und diesen Entschluß den Mitspielern mit einem kurzen Stichwort mitteilen.
- Die Arme befinden sich vor bzw. neben dem Körper.
- Läuft der Torhüter heraus, nähert er sich mit kurzen schnellen Schritten so direkt wie möglich dem Punkt, an dem er den Ball abfangen kann.
- Er ist beim Abfangen der Flanke auf Körperkontakt mit Gegenspielern vorbereitet und baut deshalb Körperspannung auf.
- Dynamischer Absprung zum Ball nach einem letzten größeren Schritt aus der Vorwärtsbewegung.
- Der Torhüter springt dem Ball entgegen und fängt ihn am höchstmöglichen Punkt.

Die Position des Torhüters bei Flanken von der Torauslinie

- Der Torhüter steht je nach Position (Entfernung) des Flankengebers im hinteren, mittleren oder vorderen Drittel seines Tors.

- Er steht fast parallel zur Torlinie, der Rücken zeigt zum Tor.

... Flanken von der Seitenauslinie

- Der Torhüter steht im hinteren Drittel oder in der Mitte des Tors.
- Er dreht sich leicht in Richtung Ball.
- Er steht weiter vor dem Tor als bei Flanken von der Torauslinie.

... Flanken aus dem Halbfeld

Der Torhüter steht:
- in etwa mittig vor seinem Tor,
- frontal zum Ball,
- abhängig von der Entfernung des Flanken-gebers auf oder wenige Schritte vor der Torlinie (je näher der Flankengeber, desto näher an der Torlinie).

... frontalen Flanken

Der Torhüter steht:
- in der Mitte des Tors,
- frontal zum Ball,
- abhängig von der Entfernung des Flanken-gebers möglichst weit vor seinem Tor, ach-tet aber darauf, nicht überlupft zu werden.

Zusammenarbeit mit den Abwehrspielern bei Eckbällen

Bei Ecken und Freistößen, sogenannten Standard-Situationen, ist der Torhüter hauptverantwortlich für eine rasche und zielgerichtete Organisation des Abwehrverbandes auf Basis der vom Trainer festgelegten Aufgabenverteilung für jeden einzelnen Spieler.

Aufgaben des Torhüters

- Kurze und präzise Ansprache der Mitspieler.
- Schnelle Beorderung je eines Mitspielers an den kurzen und an den langen Pfosten. Es werden immer beide Pfosten durch dafür eingeteilte Spieler abgesichert!
- Schnelles Dirigieren der Mitspieler zu Gegenspielern in unmittelbarer Tornähe (der Torhüter achtet darauf, daß sich seine Mitspieler den Gegenspielern auch nach der Körpergröße zuordnen – sofern die Mitspieler darauf nicht von selbst gekommen sind).
- Anschließend: Schnelle Zuweisung der Mitspieler an Gegenspieler in der weiteren Umgebung des Tors.
- Wenn nötig, Absprache mit dem Spieler am kurzen Pfosten (flache und halbhohe Bälle auf den kurzen Pfosten müssen von diesem selbständig geklärt werden!).

Agieren des Torhüters

- Er steht in der Mitte des Tors, nicht frontal, sondern dem Schützen zugewandt.
- Sobald der Ball fliegt, entscheidet der Torhüter, ob er das Tor verläßt, um den Ball abzufangen bzw. zu klären. Diese Entscheidung muß er sofort zu erkennen geben. Der Torhüter sollte nur dann zum Ball gehen, wenn der Ball in seine unmittelbare Umgebung (den Torraum) gespielt wird, da aufgrund der großen Zahl von Spielern vor dem Tor die Gefahr groß ist, daß er beim Verlassen der Torlinie durch Mit- oder Gegenspieler behindert wird.

- Bälle auf den kurzen Pfosten bergen die größte Gefahr, da ein in Richtung Tor verlängerter Ball nur sehr schwer zu erreichen ist. Deshalb sollte der Torhüter versuchen, eine solche Verlängerung selbst oder in Zusammenarbeit mit den Abwehrspielern zu verhindern.
- Zielstrebig eingreifen!
- Bei einem kurz ausgeführten Eckball ist der Torhüter mitverantwortlich für ein schnelles Verschieben des Abwehrverbandes zum Ball.

Zusammenarbeit mit den Abwehrspielern bei Freistößen

Aufgaben des Torhüters

- Kurze und präzise Ansprache der Mitspieler.
- Schnelles Dirigieren der Mitspieler, die für die Zusammenstellung einer Mauer vorgesehen sind.
- Der Torhüter entscheidet, wie viele Spieler die Mauer bilden sollen.
- Der zweite Spieler der Mauer steht auf einer gedachten Linie zwischen Torpfosten und Ball, um die torhüterferne Ecke gegen flache und halbhohe Bälle zu sichern.
- Schnelle Zuweisung der Mitspieler an die Gegenspieler in unmittelbarer Tornähe.

Agieren des Torhüters

- Der Torhüter steht leicht seitlich neben der Mauer, nicht zentral im Tor, sondern in der Torecke, für die er sich entschieden (und die Mauer entsprechend postiert) hat.
- In Abhängigkeit von der Entfernung des Balls steht er kurz vor der Torlinie oder etwas weiter vorn.
  - Er darf die Torhüterecke so lange nicht durch eine schnelle Bewegung in die Mitte des Tors öffnen, bis er erkennen kann, wohin der Ball fliegen wird.
    - Er soll den Ball abfangen oder zur Seite klären.
      - Wird der Ball durch die Mauer abgeblockt, verändert er schnellstmöglich seine Position in Abhängigkeit vom Ballort.

  Achtung: Höchste Konzentration! Nach einem abgeblockten Freistoß herrscht häufig größte Gefahr, da die Situation fälschlich für bereinigt gehalten wird. Deshalb:

- Sofort alle Aufmerksamkeit auf den Ball richten;
- Bei in Richtung Tor abprallenden Bällen entschlossen agieren!

Zweikämpfe

1 gegen 1 gegen Stürmer

Anders als vielleicht vermutet, sind die Chancen von Torhüter und Stürmer etwa gleich hoch, wenn der Angreifer versucht, den Torhüter zu umspielen. Daher sollte sich der Torhüter dem Stürmer so entgegenstellen, daß dieser den direkten Zweikampf suchen muß, statt den Ball über oder an ihm vorbeizuspielen. Der Torhüter muß:

- so nah wie möglich an den Gegenspieler herankommen, ohne einen Lupfer oder Schuß zu ermöglichen.
- aufrecht bleiben und sich annähern, wenn der Stürmer den Ball frei läßt.
- sich zunächst schnell annähern, danach langsam und vorsichtig.
- den Gegner zwingen, das Tempo zu drosseln und versuchen, den Torhüter zu umdribbeln.

In einer 1 gegen 1-Situation gilt:

- Eine „gebückte" Stellung einnehmen, aber das Gesäß nicht zu stark absenken.
- Locker stehen und den Körperschwerpunkt durch eine starke Beugung in Knie- und Hüftgelenk nach vorne verlagern.
- Die Füße leicht nach außen stellen, um so gut in alle Richtungen reagieren zu können.
- Die Arme und die nach vorne zeigenden Handflächen weisen entlang den Unterschenkeln zum Boden und verhindern ein Vorbeispielen des Balls.
- Konzentration auf den Ball; nicht durch Körperfinten des Stürmers täuschen lassen!
- Geduldig sein; auf eine Aktion des Stürmers warten und dann reagieren.
- Gibt der Stürmer den Ball frei, sofort eingreifen und nach dem Ball hechten!
- Seitlich oder vorwärts, nie rückwärts zum Ball hechten.
- Wirft sich der Torhüter, muß er den Ball erobern oder blocken („Ein Torhüter am Boden ist hilflos").

Der Torhüter soll den Angreifer so lange aufhalten, daß nachrückende Verteidiger eingreifen können oder den Stürmer vom Tor wegdrängen, um einen kontrollierten Torschuß auszuschließen.

Stellen Sie als Trainer mit Feldspielern typische Ausgangslagen dar, um den Torhüter mit dieser wichtigen Wettkampfsituation zu konfrontieren!

1+1 gegen 1 und 1+1 gegen 2

1+1 gegen 1

Die Situation „Torhüter plus Verteidiger gegen einen Angreifer" kommt im wesentlichen in zwei Konstellationen vor:

1. Der Stürmer dribbelt auf den Verteidiger zu.

Hier sollte der Torhüter in oder vor seinem Tor zunächst abwarten, ob sein Abwehrspieler den Ball erobern kann. Er verschiebt sich vorsichtig in Richtung Ball, um nicht durch einen plötzlichen Torschuß oder Lupfer überrascht werden zu können und steht, wenn der Angreifer den Ball berührt. Er lauert darauf, daß sich der Stürmer den Ball zu weit vorlegt, um ihn dann durch mutiges und schnelles Eingreifen zu blocken oder zu sichern. Greift der Torhüter ein, muß er dies dem Verteidiger zu erkennen geben! Der läuft dann hinter den Torhüter und sichert das Tor ab.

Anmerkung: Als trainingspraktische Inhalte eignen sich hier fast alle Übungsformen, die eine Verbesserung des individualtaktischen Zweikampfverhaltens der Angreifer und Abwehrspieler bewirken.

2. Der Stürmer dribbelt auf den Torhüter zu, der Verteidiger verfolgt ihn.

Der Hauptunterschied zum 1 gegen 1 ohne Verteidiger liegt darin, daß der Stürmer unter Zeitdruck steht (der Verteidiger naht von hinten!). Er muß schnell eine Entscheidung fällen und seinen kleinen Vorsprung ausnutzen.
Die Chancen auf eine Bereinigung der Situation steigen bereits deutlich, wenn

der Torhüter den Angreifer so lange aufhalten kann, bis sein Verteidiger „vor Ort" ist.
Dazu greift er auf die torhüterspezifischen Verhaltensweisen zurück, die bereits unter 1. angesprochen wurden. Während der Torhüter den Angreifer stellt und aufzuhalten versucht, soll der Verteidiger ihm helfen oder möglichst schnell hinter den Torhüter gelangen und das Tor absichern.

Praktische Übungsformen

ÜBUNG 1

Ein Spielerpaar (A und B) befindet sich 20 Meter zentral vor einem großen Tor mit Torhüter. Angreifer A steht mit gegrätschten Beinen und Blickrichtung zum Tor 2 Meter vor dem Trainer (T, mit Ball), Verteidiger B 2 Meter hinter ihm. T spielt den Ball durch die gegrätschten Beine von A, der sofort reagiert und zum Ball startet. B startet gleichzeitig an T vorbei in Richtung Tor. A versucht, zum Torabschluß zu gelangen, B soll dies verhindern. A muß den Torhüter umspielen.

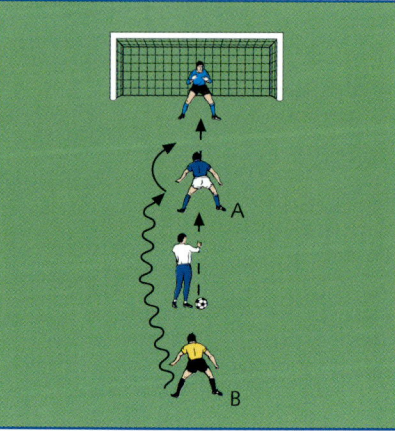

SCHWERPUNKT
- Zusammenspiel Torhüter/Verteidiger
- Stellen des Angreifers

VARIATIONEN

1. A darf beliebig abschließen.
2. Das Spielerpaar steht seitlich (links oder rechts) vor dem Tor.
3. Falls er den Ball erobert, kontert B auf ein 5-Meter-Tor (oder ein Hütchentor oder eine Markierungslinie). A wird dabei Verteidiger.
4. T wirft den Ball im Bogen über A.
5. A steht jetzt mit dem Rücken zum Tor vor T. Wenn T den Ball durch die gegrätschten Beine von A gespielt hat, muß dieser sich schnell drehen und zum Ball starten.

ÜBUNG 2

Wie zuvor.
Angreifer A und Verteidiger B stehen mit Blickrichtung zum Tor im Abstand von 4 Metern hintereinander, der Trainer (T) mit Ball 3 Meter vor A. T und A passen sich einen Ball flach und direkt zu. Auf Kommando von T startet A mit dem Ball in Richtung Tor und versucht, im Dribbling zum Torabschluß zu gelangen. B versucht, dies zu verhindern.

SCHWERPUNKT
- Wie Übung 1

VARIATIONEN

1. A darf beliebig abschließen.
2. Das Spielerpaar steht seitlich (links oder rechts) vor dem Tor.
3. Nachdem er den Ball erobert hat, kontert B auf ein 5-Meter-Tor (oder ein Hütchentor oder eine Markierungslinie). A wird dabei Verteidiger.
4. T wirft den Ball so auf A, daß dieser den Ball abwechselnd mit dem linken und rechten Fuß volley zurückspielen kann. Auf Kommando nimmt er den Ball an; die Übung beginnt von vorne.

ÜBUNG 3

Jeweils links und rechts neben dem Trainer (T) steht ein Hütchentor (3 Meter breit). T spielt seinen Ball auf das linke oder rechte Hütchentor. Spieler A startet durch dasselbe Hütchentor zum Ball und dann in Richtung Tor (mit Torhüter); Spieler B durchläuft das andere Hütchentor, bevor er A verfolgt.

SCHWERPUNKT
• Wie Übung 1

VARIATIONEN

1. Die Spieler starten aus verschiedenen Ausgangslagen zum Ball (z.B. Bauchlage, Liegestütz usw.).
2. Die Spieler müssen unterschiedliche koordinative Aufgaben (z.B. Rolle vorwärts oder rückwärts, Drehung um die Körperlängsachse) erfüllen, bevor sie zum Ball starten.

ÜBUNG 4

Spieler A steht 3 Meter vor einem, Spieler B 3 Meter vor dem anderen Hütchentor. In der Mitte jedes Hütchentors liegt ein Ball. Auf Kommando des Trainers (T); entweder „A" oder „B") starten beide Spieler durch „ihr" Hütchentor in Richtung Tor mit Torhüter. Der aufgerufene Spieler nimmt den „ruhenden" Ball mit und ist Angreifer.

SCHWERPUNKT
• Wie Übung 1

VARIATIONEN

1. Der aufgerufene Spieler ist jetzt Verteidiger.
2. T gibt nur durch Handzeichen an, welcher Ball mitgenommen werden soll.
3. 2 Meter hinter jedem Spieler steht ein weiteres Hütchen, das zuerst rückwärts umlaufen werden muß, bevor die Spieler durch das Hütchentor starten.
4. Auf Kommando startet der aufgerufene Angreifer zum Ball und paßt ihn auf T, der ihn im Doppelpaß zurück in seine Laufrichtung spielt. Der Angreifer nimmt im Lauf an und mit und dribbelt auf das Tor.

Steiles Anspiel auf einen Stürmer

Stürmer gegen Verteidiger und Torhüter

Der Torhüter muß einschätzen, ob der Abwehrspieler in der Lage ist, den Angreifer (mit dem Rücken zum Tor) bei einem Anspiel zu stellen.
Die Gefahr eines Torschusses oder eines Durchbruchs ist zunächst nicht gegeben. Der Torhüter nimmt einige Meter vor seinem Tor eine Schrittstellung ein und beobachtet aufmerksam die Entwicklung des Zweikampfs sowie die unmittelbare Spielumgebung, um sofort eingreifen zu können. Er verändert seine Position mit den Bewegungen von Abwehrspieler und Angreifer.

Kann sich der Angreifer bei einem Anspiel so in Richtung Tor drehen, daß sich eine frontale 1+1 gegen 1-Situation ergibt (siehe die Übungsformen auf den vorherigen Seiten)?

Die Gefahr eines Torschusses wird mit abnehmender Entfernung zum Tor größer; der Torhüter nimmt deshalb eine Schrittstellung mit weiter

Im richtigen Moment zupacken!

gebeugten Knien (Lauerstellung) ein und achtet darauf, ob sich der Stürmer den Ball am Verteidiger vorbei in Richtung Tor vorlegt. Er ist auf einen überraschenden Torschuß oder Lupfer vorbereitet und steht deshalb nicht zu weit vor dem Tor (s.o.).

Kann sich der Angreifer bei einem Anspiel in Richtung Tor drehen und sofort zum Torabschluß gelangen?

Der Torhüter macht einen Schritt Richtung Angreifer und nimmt die Grundstellung ein, um auf einen Torschuß vorbereitet zu sein. Schließt der Angreifer nicht sofort ab, versucht der Torhüter, sich dem Angreifer zu nähern.

Wählt der Torhüter seine Position so, daß er einen Steilpaß abfangen kann?

Der Torhüter nimmt dazu eine Grundstellung weiter vor dem Tor ein, um einen möglichst großen Bereich zu beherrschen. Dabei wählt er seine Position so, daß der Stürmer den Ball nicht über ihn hinweglupfen kann. Zudem muß er aus einer Schrittstellung mit weiter gebeugten Knien (Lauerstellung) sofort in Richtung eines Steilpasses starten können. Erfolgt der, muß der Torhüter rasch entscheiden, ob er eingreift. Diese Entscheidung ist abhängig von Richtung und Schärfe des Passes sowie der Position eigener und gegnerischer Spieler. Erfolgt kein Steilpaß und nähert sich der ballführende Gegner dem Tor weiter, bewegt sich der Torhüter mit kurzen schnellen Schritten leicht seitlich nach rückwärts Richtung Tor. Immer wenn der Angreifer den Ball berührt, *steht* der Torhüter.

Praktische Übungsformen

ÜBUNG 1

Außerhalb des Strafraums wird mit Hütchen ein 16 x 10 Meter großes Feld abgesteckt. In Verlängerung der Strafraumgrenze steht links ein Verteidiger, rechts Stürmer A. Stürmer B befindet sich außerhalb des Felds mit Ball an einem Hütchen 35 Meter vor dem großen Tor zwischen den beiden Spielern. Die Übung beginnt, indem A den Ball durch eine kurze Freilaufbewegung in Richtung B fordert. Der Verteidiger rückt sofort ins Spielfeld und versucht, A zu stellen und am Torschuß bzw. Durchbruch zum Tor zu hindern.

SCHWERPUNKT
- Beobachten des Zweikampfs
- Vorbereitung auf einen Torschuß
- Abfangen eines möglichen Steilpasses

VARIATIONEN
1. Der Verteidiger steht an der Strafraumgrenze zentral vor dem Tor und rückt von dort in das Spielfeld.
2. Der Verteidiger steht unmittelbar hinter A an einem Hütchen und rückt im Moment der Freilaufbewegung in das Spielfeld.
3. A muß den Ball noch einmal auf B zurückspielen und erneut fordern.

ÜBUNG 2

Außerhalb des Strafraums wird mit Hütchen ein 16 x 10 Meter großes Feld abgesteckt. In Verlängerung der Strafraumgrenze steht links ein Verteidiger mit Ball, rechts Stürmer A. Stürmer B befindet sich außerhalb des Felds ohne Ball an einem Hütchen 35 Meter vor dem großen Tor zwischen den beiden Spielern. Der Verteidiger paßt den Ball flach auf B. Das Anspiel ist das Startsignal für A, sofort ins Spielfeld einzurücken und ein flaches Anspiel von B zu fordern. Nun startet A zum Tor; B versucht, ihn zu stellen und am Torschuß zu hindern.

SCHWERPUNKT
- Wie Übung 1

VARIATIONEN
1. Der Verteidiger steht an der Strafraumgrenze zentral vor dem Tor und spielt den Ball von dort auf Stürmer B.
2. Der Verteidiger steht hinter A an einem Hütchen und spielt den Ball von dort auf B.

ÜBUNG 3

Außerhalb des Strafraums wird mit Hütchen ein 16 x 10 Meter großes Feld abgesteckt. Stürmer A steht am tornahen linken Markierungshütchen des Spielfelds, der Verteidiger am rechten. Stürmer B befindet sich mit Ball außerhalb des Spielfelds zwischen den beiden Spielern. Die Übung beginnt, indem A mit einer kurzen Freilaufbewegung in das Spielfeld rückt und ein flaches Anspiel von B fordert. Im Moment der Freilaufbewegung von A rückt der Verteidiger ebenfalls in das Spielfeld.

SCHWERPUNKT
• Wie Übung 1

VARIATIONEN

1. Beide Spieler starten aus unterschiedlichen Ausgangslagen (z.B. Bauch- oder Rückenlage).
2. Die Übung beginnt mit einer koordinativen Aufgabe (z.B. Rolle vorwärts) von A, die der Verteidiger nachmacht, bevor er seinerseits ins Spielfeld rückt.
3. A und der Verteidiger stehen hintereinander; der Verteidiger darf erst im Moment des Passes von B ins Spielfeld rücken.

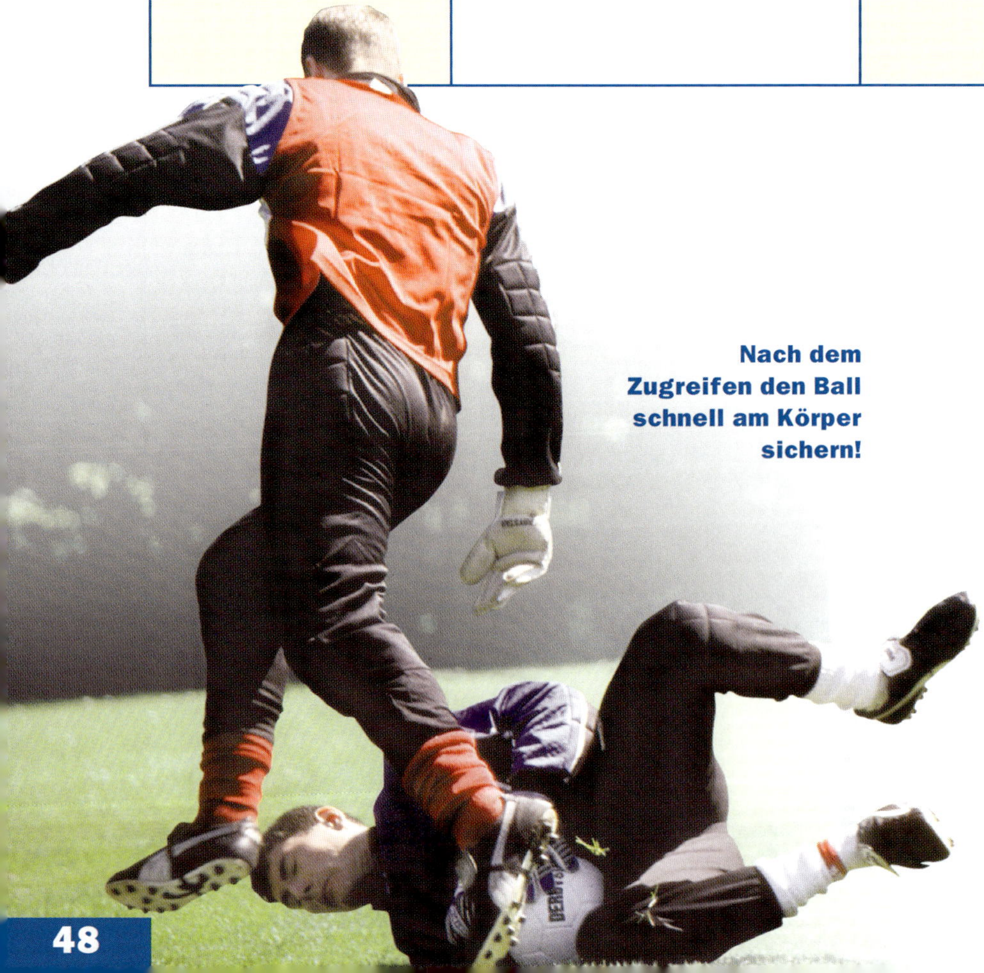

Nach dem Zugreifen den Ball schnell am Körper sichern!

1+1 gegen 2

Torhüter plus Verteidiger gegen zwei Angreifer

Der Verteidiger hat den ballführenden Angreifer so zu stellen, daß dessen direkter Durchbruch zum Tor oder Torschuß verhindert und ein Abspiel auf einen mitlaufenden Angreifer erschwert werden. Übergeordnetes Ziel ist es, den Angriff ins Stocken zu bringen und die eigene Ausgangsposition zu verbessern.

Parallel dazu bewegt sich der Torhüter so in Richtung des Angreifers, daß dieser weder einen direkten Torschuß noch einen Lupfer anbringen kann. Gleichzeitig versucht er, eine günstige Ausgangsposition für den Fall zu erreichen, daß der ballführende Angreifer auf einen Mitspieler passen sollte.

Erfolgt der Paß, hat der Torhüter abzuwägen, ob er aus seinem Tor eilen sollte, um den Mitspieler zu stellen, oder ob der Verteidiger diesen aus einer besseren Position durch ein schnelles Verschieben zur Seite selbst stellen kann. Der Torhüter teilt dem Mitspieler seinen Entschluß kurz und knapp mit.

Eilt er aus dem Tor, um den Angreifer zu stellen, soll der Verteidiger das Tor so schützen, daß er sowohl einen Torschuß blocken als auch bei einem erneuten Abspiel des ballführenden Angreifers eingreifen kann.

Erfolgt ein solches Abspiel, wägt der Verteidiger ab, ob er aus dem Tor eilen soll, um den Angreifer zu stellen, oder ob der Torhüter ihn aus der besseren Position durch ein schnelles Verschieben zur Seite stellen kann.

- In jedem Fall teilt der Verteidiger dem Torhüter seinen Entschluß kurz mit.
- **Merke:** Der hintere Spieler dirigiert immer den vorderen und trifft die Entscheidung!

Praktische Übungsform

ÜBUNG

Außerhalb des Strafraums bewegen sich Angreifer A und Verteidiger C innerhalb eines 15 x 15 Meter großen Feldes. Ein weiterer Angreifer B steht mit Ball außerhalb dieses Feldes.

Durch eine schnelle Freilaufbewegung Richtung B eröffnet A die Übung. Sobald B den Ball auf A gepaßt hat, rückt er ins Feld und das 2 gegen 1 auf das Tor mit Torhüter beginnt.

SCHWERPUNKT

- Erlangen einer zum Eingreifen günstigen Ausgangsposition
- Zusammenarbeit mit dem Verteidiger (kurze Kommandos!)

VARIATIONEN

1. A läßt den Ball *direkt* auf B zurückprallen, bevor der Angriff auf das Tor erfolgen kann.
2. Nach der Freilaufbewegung von A darf B sofort mit Ball in das abgesteckte Feld rücken und eigenständig entscheiden, ob er den Ball auf A paßt.
3. A und B befinden sich jetzt beide außerhalb des abgesteckten Feldes.
4. Der Torhüter und C dürfen über eine Ziellinie kontern.
5. Der Torhüter und C können bei Ballgewinn durch einen Schuß, Paß, Flugball oder Abwurf auf ein 5-Meter-Tor (frontal in doppelter Strafraumtiefe vor dem großen Tor) einen Punkt erzielen.

1 gegen 1 im Luftzweikampf

Verhalten des Torhüters

Diese Situation ergibt sich, wenn der Torhüter bei einem hohen Schuß von vorn oder einer Flanke das Tor verläßt. Er hat dann folgende Möglichkeiten:

Er versucht, den Ball abzufangen oder, wenn sich zu viele Spieler vor dem Tor aufhalten und die Gefahr eines Ballverlusts beim Fangen zu groß ist, aus der Gefahrenzone zu lenken.

Für beide Situationen gelten folgende Hinweise, wobei wir drei Konstellationen unterscheiden wollen:

a) Der Gegenspieler steht und der Ball fliegt genau auf ihn zu.

Dies ist die einfachste Situation, da der Torhüter aus der Vorwärtsbewegung ab- und damit dem Ball entgegenspringen kann.

b) Der Ball fliegt zwischen den Torhüter und den Richtung Tor laufenden Gegenspieler.

Eine schwierige Situation, da beide den Ball in der Vorwärtsbewegung erwarten, sich also aufeinander zu bewegen. Der Torhüter sollte mit dem gegnerfernen Bein abspringen und das Schwungbein leicht anziehen, um den Gegenspieler (im regeltechnisch erlaubten Maße) auf Abstand zu halten.

c) Der Torhüter steht und der Ball fliegt genau über ihn.

Eine sehr schwierige Situation, da der Gegenspieler aus einer Vorwärtsbewegung Richtung Ball springt. Hier empfehlen wir dem Torhüter, sich mit kurzen und schnellen Schritten zunächst nach rückwärts zu bewegen, um dem Ball dann ebenfalls in der Vorwärtsbewegung entgegenspringen zu können.

Grundsätzlich gilt: Fangen vor Fausten, d.h., daß für den Torhüter das sichere Abfangen eines hohen Balls erste Wahl sein sollte. Fausten ist immer nur eine Notlösung! Eine gezielte Schulung der Ablenktechniken setzt im übrigen immer das Beherrschen der jeweiligen Fangtechniken voraus!

Verschiedene altersgemäße Übungsformen zur Schulung des torhüterspezifischen Verhaltens im Luftzweikampf finden sich in den folgenden Kapiteln. Sie verfolgen folgende Ziele:

1. Das sichere Abfangen hoher Bälle von der Seite oder frontal (mit und ohne Gegenspieler)
2. Die Gewöhnung an den Körperkontakt im Luftzweikampf
3. Das Behaupten im Luftzweikampf
4. Die gezielte Spielfortsetzung nach erfolgreichem Luftzweikampf.

Verhalten bei Rückpässen

Bedeutung für das Training

Durch die noch recht junge Rückpaßregel werden die Torhüter häufig gezwungen, zurückgespielte Bälle in Bedrängnis zu klären oder ungenau zurückgespielte Bälle ebenfalls unter Zeit- und Gegnerdruck unter Kontrolle zu bringen und weiterzuleiten. Ungeachtet dessen werden aber in Sachen Ballannahme und Paßtechniken mit den Torhütern zu wenig geübt.

Selbstverständlich soll der Torhüter nicht zum perfekten Feldspieler ausgebildet werden; ein spielstarker und ballsicherer Torhüter jedoch ist für jede Mannschaft ein enormer Pluspunkt. Wir sollten uns ein Beispiel an unseren niederländischen Nachbarn nehmen, die Torhüter bereits im Juniorenalter konsequent als zusätzliche Feldspieler in den Spielaufbau ihrer Mannschaft einbeziehen.

Im Ergebnis ist also der allgemeinen fußballtechnischen Ausbildung der Juniorentorhüter innerhalb des Trainings Rechnung zu tragen. Mindestens im E- und D-Juniorenalter sollten die Torhüter regelmäßig im Wettspiel (E-Junioren) und Training (D-Junioren) als Feldspieler ausgebildet und eingesetzt werden.

Was muß ein Torhüter nun beherrschen?

Er muß balltechnisch versiert sein, um den Ball beliebig spielen zu können, also mindestens Ballannahme und -mitnahme beherrschen. Er sollte beidfüßig gezielt mit der Innenseite und mit dem Innenspann flach und hoch passen können.

- Beidfüßigkeit ist auch beim Torhüter vorteilhaft!
- Ein Torhüter muß Sicherheit und Selbstbewußtsein ausstrahlen; dabei hilft ihm eine gute Technik.

Was können die eigenen Mitspieler tun, um den Torhüter bei Rückpässen in eine günstige Ausgangsposition zu bringen? Riskante Situationen werden vermieden, wenn sie die folgenden einfachen „Leitsätze" beachten:

1. Den Torhüter so früh wie möglich flach anspielen, um den Abstand zwischen Torhüter und Gegenspieler groß zu lassen.
2. Den Torhüter auf dessen „starkem" Fuß anspielen.
3. Den Torhüter seitlich anspielen, so daß er den Ball – wenn erforderlich – sofort spielen kann, ohne ihn sich nochmals vorlegen zu müssen.
4. Die technischen Fertigkeiten ihres Torhüters berücksichtigen; ihn also in puncto Dosierung und Richtung des Rückpasses nicht überfordern.
5. Sich nach einem Rückpaß sofort wieder freilaufen, um eine zusätzliche Anspielmöglichkeit zu bieten.
6. Den Torhüter nach einer mißglückten Aktion moralisch aufrüsten.

Der Torhüter sollte seinerseits Folgendes beherzigen:

1. Das Spiel durch Zurufe lenken; Rückpässe je nach Situation fordern oder „ablehnen".

2. Spielsituationen antizipieren; rechtzeitig einen Rückpaß fordern und nach möglichen Anspielstationen suchen.

3. Selbstbewußtsein demonstrieren!

4. Sich dem Ball mit höchster Konzentration widmen; Mit- und Gegenspieler beobachten.

5. Risiken vermeiden: Immer die einfachste und sicherste Lösung wählen!

6. Auch unter Druck situativ richtig entscheiden!

7. Sich *seitlich des Tors* für einen Rückpaß anbieten.

8. Den Ball möglichst früh sicher annehmen.

9. Sich bei einem ungenauen Rückpaß immer zuerst seitwärts (der Körper kommt dadurch als zusätzliche Sicherheit hinter den Ball) und dann erst nach vorn bewegen.

10. Rasch entscheiden, wie die Spielfortsetzung erfolgen soll.

11. Die Mitspieler genau anspielen; wenn möglich flach.

12. Ein Querspielen vor dem leeren Tor vermeiden.

Der erste Ballkontakt ist von entscheidender Bedeutung: Der Ball muß mit dem ersten Kontakt nach vorn gespielt werden, um so eine Anschlußaktion sicher und schnell ausführen zu können.

Übungsformen zur Rückpaßregel

Zur Schulung der technischen Fertigkeiten (Ballannahme, beidfüßiges gezieltes Passen mit der Innenseite und dem Innenspann) eignen sich unsere Spiel- und Übungsformen aus den *Aufwärmprogrammen* der jeweiligen Altersstufen.

Die folgenden Übungen können in allen Altersstufen eingesetzt werden, wobei stets die unterschiedlichen Prinzipien für die jeweilige Altersstufe im Hinblick auf Intensität und Schwierigkeitsgrad zu berücksichtigen sind.

Beidfüßigkeit und Leichtfüßigkeit

ÜBUNG 1

Es üben zwei Torhüter und der Trainer (T). Torhüter 1 steht vor einem Hütchen, 2 Meter schräg links und rechts vor ihm befinden sich zwei weitere Hütchen. T und Torhüter 2 stehen mit je einem Ball 8 Meter links und rechts vor Torhüter 1. Dieser bewegt sich bis auf die Höhe des rechten Hütchens nach vorn und paßt dort einen von T flach zugespielten Ball mit dem rechten Fuß direkt zurück. Nun bewegt er sich mit schnellen Schritten wieder rückwärts zum zentralen Hütchen, läuft vor bis auf Höhe des linken Hütchens und paßt den Ball von Torhüter 2 mit dem linken Fuß direkt zurück.

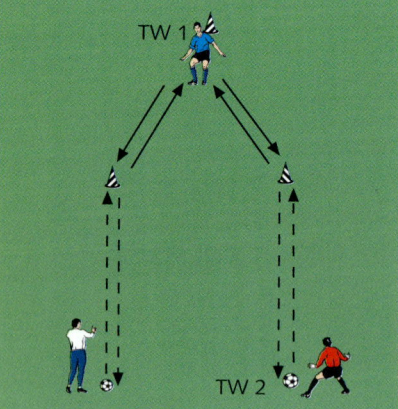

VARIATION

Es wird mit nur einem Ball gespielt. Der von T zugespielte Ball wird mit dem rechten Fuß diagonal auf Torhüter 2 gepaßt, anschließend schnelles Rückwärtslaufen zum zentralen Hütchen. Dann Start zum linken Hütchen und direkter Diagonalpaß mit dem von Torhüter 2 erhaltenen Ball auf T.

SCHWERPUNKT
- Schulung der Beidfüßigkeit
- Schulung der Leichtfüßigkeit

ÜBUNG 2

Zwei Torhüter üben gemeinsam mit dem Trainer (T). Torhüter 1 steht vor einem Hütchen, 2 Meter schräg links
und rechts vor ihm befinden
sich je ein weiteres Hütchen.
T (mit Ball) und Torhüter 2
(ohne Ball) stehen 8 Meter
schräg rechts und links vor
Torhüter 1.
T spielt den Ball so, daß Torhüter 1 ihn im Lauf zum linken Hütchen mit links direkt
auf Torhüter 2 weiterleiten
kann, anschließend Rück-
wärtslauf zurück zum zentralen Hütchen. 1 startet sodann
zum rechten Hütchen und
paßt den Ball von Torhüter 2
mit rechts direkt auf T.

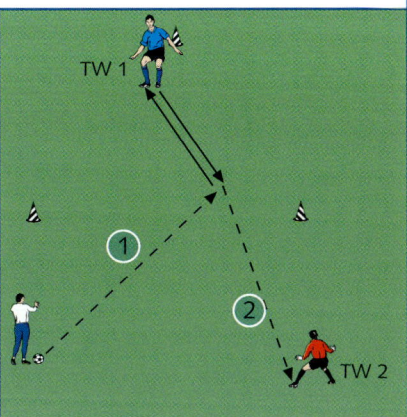

SCHWERPUNKT
• Wie Übung 1

VARIATION
Torhüter 1 umläuft das zentrale Hütchen.

ÜBUNG 3

Wie zuvor.
Der Trainer (T) spielt den Ball
flach auf Torhüter 1. Dieser
paßt ihn mit dem rechten Fuß
direkt zurück, Rückwärtslauf
zurück zum zentralen Hütchen
und erneuter Start nach vorn.
T spielt den Ball wieder auf
den rechten Fuß; er wird von
Torhüter 1 diagonal auf Torhüter 2 weitergeleitet, anschließend Bewegung zurück
zum zentralen Hütchen; die
Übung beginnt erneut, aber
auf der anderen Seite.

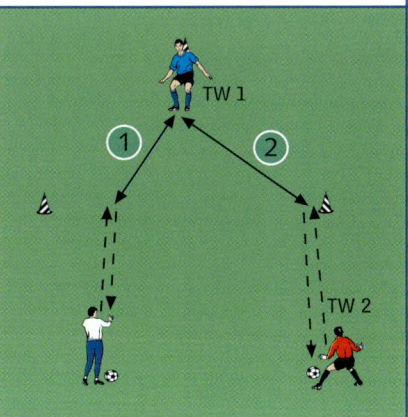

SCHWERPUNKT
• Wie Übung 1

VARIATION
Diagonale Bälle werden nicht
direkt, sondern stets erst mit
dem zweiten Kontakt gespielt.

Übungsformen ohne Tor

ÜBUNG 1

Vier Torhüter (1-4) üben gemeinsam. Vier Hütchen bilden ein 5 x 10 Meter großes Rechteck. An jedem Hütchen steht ein Torhüter. Torhüter 1 hat einen Ball und paßt ihn mit der Innenseite des rechten Fußes auf 2, der sich den Ball mit links vorlegt und dann mit rechts diagonal zu 3 paßt, der ihn mit rechts vorlegt und dann mit links auf 4 paßt. 4 spielt den Ball mit rechts vor und anschließend mit links diagonal auf 1, der ihn mit dem linken Fuß seitlich nach vorn spielt und dann mit rechts auf 2 paßt usw.

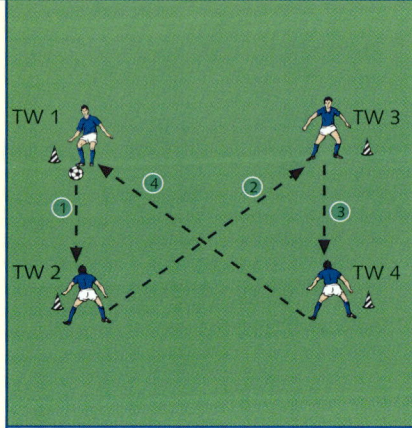

TW 1 TW 3
TW 2 TW 4

HINWEIS

• Nach mehreren Durchgängen Positions- und Aufgabenwechsel der Torhüter (auch die Spielrichtung kann gewechselt werden).

VARIATIONEN

1. Es wird mit zwei Bällen gespielt; 1 und 3 leiten die Übung gleichzeitig ein.
2. 1 und 4 sowie 2 und 3 üben als Paare gemeinsam. 1 und 2 haben einen Ball. Sie passen ihn flach und gezielt mit der Innenseite diagonal zu ihrem Partner. Der Ball wird mit einem Kontakt angenommen, seitlich nach vorn gespielt und wieder diagonal zum Partner zurückgepaßt. Die Torhüter sollen gezielte Pässe spielen, ohne den Ball des anderen Paares zu treffen. Der Trainer gibt vor, mit welchem Fuß der Ball angenommen und mit welchem er gepaßt wird.

ÜBUNG 2

Vor dem Torhüter mit 4 Hütchen drei Hütchentore nebeneinander markieren (mit 3, 2 und 3 Meter Breite). Der Trainer (T) steht mit Ball 5 Meter davor. Wenn er den Ball durch das mittlere Hütchentor paßt, spielt ihn der Torhüter mit dem ersten Kontakt zur Seite und mit dem zweiten durch ein äußeres Hütchentor zurück auf T. Spielt T den Ball durch das linke Hütchentor, paßt ihn der Torhüter mit dem linken Fuß direkt zurück (rechts entsprechend).

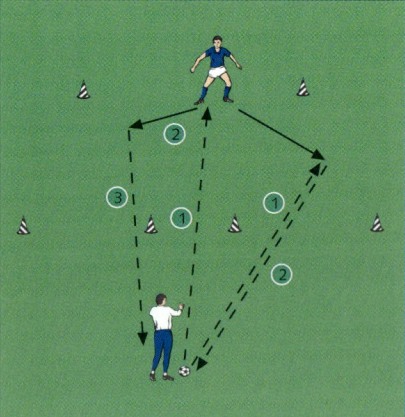

SCHWERPUNKT

• Schulung der Beidfüßigkeit
• Schulung der Ballan- und -mitnahme

VARIATION

T wirft den Ball; er muß durch das mittlere Hütchentor zurückgeköpft und durch die beiden äußeren Hütchentore volley zurückgespielt werden.

ÜBUNG 3

Torhüter 1 und 2 stehen sich 10 Meter entfernt gegenüber in einem abgesteckten Feld von 3 x 3 Metern. 1 spielt den Ball flach auf 2, der ihn mit dem linken Fuß an- und mitnimmt und außerhalb des Feldes mit rechts flach neben das Feld von 1 zurückspielt. Nun bewegt er sich wieder zur Mitte aus seinem Feld. 1 läuft, spielt den Ball mit links ins eigene Feld zurück und paßt mit rechts auf 2, der den Ball mit rechts an- und zur anderen Seite mitnimmt und ihn außerhalb des Feldes mit links neben das Feld von 1 spielt. 1 bewegt sich zur rechten Seite, spielt den Ball mit rechts ins Feld zurück und paßt mit links auf 2 usw.

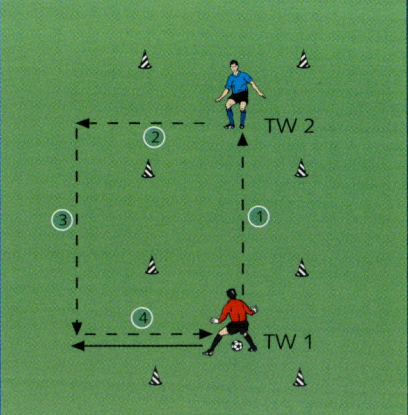

SCHWERPUNKT
- Schulung der Beidfüßigkeit
- Nach mehreren Durchgängen Aufgabenwechsel der Torhüter

VARIATIONEN
1. Immer mit dem selben Fuß vorlegen und passen.
2. Den Ball mit der Innenseite oder dem Innenspann spielen.
3. Den Ball innerhalb des Feldes hochhalten. Nach mehreren Kontakten volley zum Partner spielen. Der Ball darf auch außerhalb des Feldes angenommen, muß aber innerhalb des Feldes gespielt werden.

ÜBUNG 4

Drei Torhüter üben gemeinsam. 1 steht an einem Hütchen, 2 und 3 befinden sich an Hütchen ungefähr 10 Meter rechts und links schräg vor ihm. 1 bietet sich seitlich an und wird von 2 flach angespielt. Er nimmt den Ball mit dem rechten Fuß nach links vorne mit und spielt dann links auf 3. Danach orientiert sich 1 wieder zu seinem Hütchen, bietet sich nun links an, wird flach angespielt, nimmt den Ball mit dem linken Fuß mit und paßt ihn mit rechts auf 2 usw.

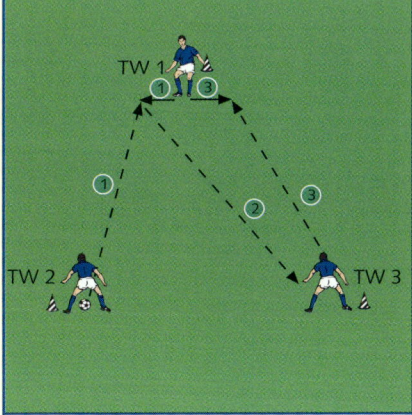

HINWEIS
- Spielfortsetzung auf der entgegengesetzten Seite. Dabei sollte der Torhüter mit zwei Ballkontakten auskommen: Ballan- und -mitnahme sowie Paß.

VARIATIONEN
1. Den Ball direkt auf 2 bzw. 3 weiterleiten (abwechselnd mit rechts und links).
2. Die Abstände erweitern und entweder flache oder hohe Zuspiele von 2 und 3 . 1 leitet den Ball hoch oder flach weiter.

ÜBUNG 5

Drei Torhüter üben gemeinsam an Hütchen, die im Abstand von 25 Metern in Form
eines Dreiecks angeordnet
sind. Die Torhüter spielen sich
einen Ball flach mit dem Innenspann zu; er muß jeweils
mit einem Fuß (links oder
rechts) angenommen und mit
dem anderen zum Partner gepaßt werden. Alle sollten den
Ball mit dem ersten Kontakt
nach schräg vorn spielen, um
ihn anschließend direkt weiterleiten zu können – im
Idealfall also nur mit zwei
Ballkontakten spielen.

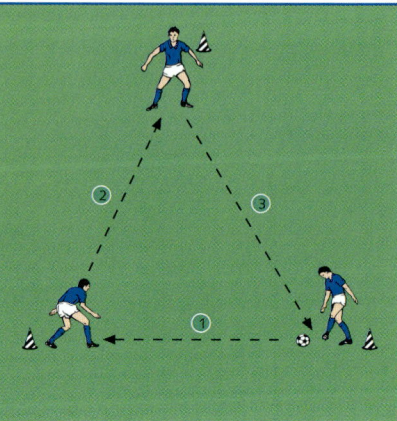

HINWEIS
• Nach mehreren Durchgängen Wechsel
der Spielrichtung; die Torhüter üben
Ballan- und -mitnahme sowie Paßspiel
sowohl mit dem starken als auch mit
dem schwächeren Fuß.

VARIATIONEN

1. Unmittelbar nach der Ballannahme eines Torhüters entscheidet der Trainer per Zuruf
die Art des Zuspiels („flach"
oder „Flugball").
Der Torhüter muß rasch reagieren.
2. Der Ball wird als halbhoher
Flugball gespielt. Wichtig: Bei
einem ungenauen Anspiel zuerst seitlich und dann nach
vorn verschieben!
3. Dasselbe mit zwei (drei)
Bällen gleichzeitig!

ÜBUNG 6

Im Abstand von 30 Metern
zwei 7 Meter breite Hütchentore aufbauen. Torhüter 1 und
3 stehen in den Toren, 2 in
der Mitte.
1 paßt einen Ball flach auf 2,
der ihn direkt leicht seitlich
neben 1 zurückspielt und sich
zu 3 dreht. 1 paßt mit dem
Innenspann des rechten
Fußes direkt und flach auf den
linken Fuß von 3. Dieser spielt
ihn möglichst direkt auf 2, der
den Ball direkt leicht rechts
seitlich neben 3 zurückspielt
und sich in Richtung 1 dreht.
3 paßt ihn flach und direkt
mit dem rechten Innenspann
auf den linken Fuß von 1 usw.

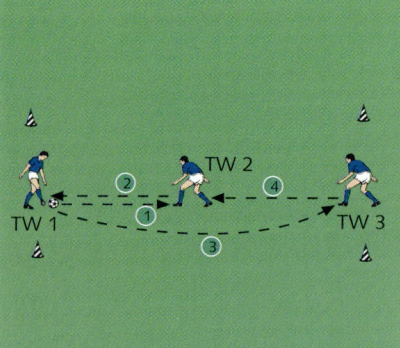

HINWEIS
• Nach mehreren Durchgängen Wechsel
der Positionen und anschließend der
Spielrichtung; nun wird mit dem linken
Fuß gepaßt.

VARIATION

Den lange Paß zwischen Torhüter 1 und 3 als Flugball
spielen, das Anspiel auf Torhüter 2 erfolgt weiterhin
flach.

ÜBUNG 7

Vier Torhüter üben gemeinsam. Jeweils 5 Meter innerhalb einer Großfeldhälfte stehen vier 7 Meter breite Hütchentore mit je einem Torhüter; je zwei Tore stehen sich
gegenüber: Auf Höhe der Mit-
tel- und der Torauslinie die
Tore A und C, vor den Seitenlinien B und D. Es wird gegen
den Uhrzeigersinn geübt: 1
legt sich den Ball mit links
seitlich nach vorn vor und
paßt ihn dann mit dem rechten Innenspann flach auf 2,
der sich links vor seinem Tor
anbietet, den Ball mit links
an- und mitnimmt und ihn
dann mit rechts auf 3 paßt,
der sich links seitlich vor seinem Hütchentor anbietet
usw.

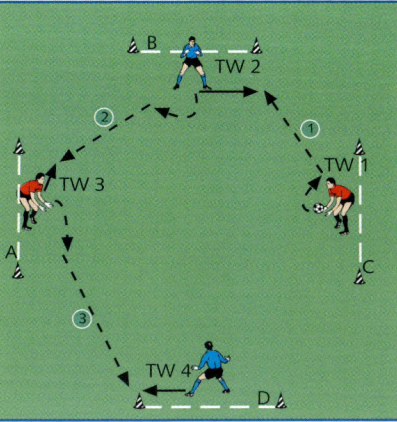

HINWEIS
• Nach mehreren Durchgängen Wechsel
der Spielrichtung.

VARIATIONEN
1. Jetzt mit zwei Bällen
gleichzeitig spielen; 1 und 3
haben je einen Ball.
2. Die Art des Zuspiels verändern: halbhohe und hohe
Flugbälle.
3. Nur noch drei Hütchentore:
Jeder läuft seinem Ball nach
und wechselt in das nächste
Tor.
4. Es können weitere Torhüter
hinzukommen. Jeder läuft
seinem Ball nach und wechselt in das nächste Hütchentor.

ÜBUNG 8

Wie zuvor.
Die Torhüter A und B sowie C
und D üben paarweise.
Jedes Paar hat einen Ball. Jeweils einer von beiden beginnt mit einem scharfen flachen Zuspiel mit dem Innenspann.

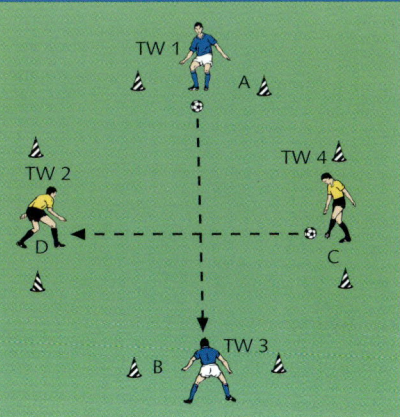

HINWEIS
• Den Ball abwechselnd links und rechts
annehmen und mit dem jeweils anderen
Fuß passen.
• Beide Paare üben gleichzeitig; ein Zusammenstoßen der Bälle soll vermieden
werden.

VARIATION
Gleichzeitig mit vier Bällen
spielen. Dabei sollen zwei
Torhüter flach, die beiden anderen Flugbälle spielen.
Diese Übung stellt hohe Anforderungen an die technischen Fertigkeiten der Torhüter!

Übungsformen am Tor

ÜBUNG 1

Zwei Torhüter üben gemein-sam. Torhüter 1 steht 3 Meter vor seinem Tor. 5 Meter davor ist mit Hütchen eine 10 Meter lange Linie markiert, auf der sich Torhüter 2 bewegt. Der Trainer (T) steht mit Ball 20 Meter vor dem Tor. Er spielt flach auf Torhüter 1, dem Tor-hüter 2 die Sicht verdecken soll. Er bewegt sich dazu zwi-schen den Hütchen und läßt den Ball entweder durch seine Beine oder dicht am Körper vorbei. Torhüter 1 soll den Ball sicher an- und mitneh-men und dann zu T zurück-spielen.

HINWEIS

• Nach mehreren Durchgängen Wechsel der Aufgaben und Positionen.

VARIATIONEN

1. Torhüter 1 spielt den Ball nicht zu T zurück, sondern zu-erst zu Torhüter 2, dieser zurück zu Torhüter 1, dieser wiederum direkt zu T zurück.
2. Wie 1; aber mit halbhohen (hohen) Pässen seitens Tor-hüter 1.
3. 3 Meter vor Torhüter 2 steht zentral ein weiteres Hütchen. Sobald T den Ball Richtung Tor gespielt hat, läuft Torhüter 2 um dieses Hütchen und attackiert Torhü-ter 1.

ÜBUNG 2

Vor einem großen Tor bilden vier Felder (je 9 x 7 Meter) ein großes Rechteck. Der Tor-hüter postiert sich wie in der Abbildung. Der Trainer (T) steht mit Ball 25 Meter vor dem Tor. Er spielt den Ball entweder flach in eines der beiden vorderen oder hoch in eines der beiden hinteren Fel-der. Ein flacher Ball ist direkt zurückzuspielen, ein hoher Ball muß erst angenommen und dann flach oder als Flug-ball zu T gespielt werden. Nach jeder Aktion rückt der Torhüter wieder zentral vor sein Tor.

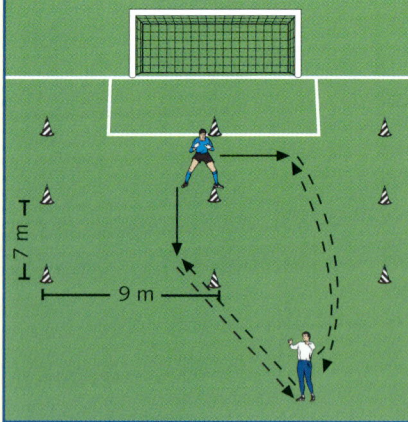

SCHWERPUNKT

• Schulung der allgemeinen technischen Fertigkeiten
• Sichere Annahme von hohen Bällen

VARIATIONEN

1. Ein zweiter Torhüter fun-giert als teilaktiver Gegen-spieler.
2. Ein zweiter Torhüter befin-det sich im rechten vorderen Feld, T spielt einen hohen Ball in das linke hintere Feld. Nun läuft der zweite Torhüter in dieses Feld und attackiert den ersten Torhüter.

ÜBUNG 3

Es üben drei Torhüter: 1 steht in der Mitte eines großen Tores, 2 und 3 agieren mit Ball auf der Torraumlinie als Zuspieler auf Höhe des linken und rechten Pfostens. Der Trainer (T) steht auf gleicher Höhe ebenfalls mit Ball zentral vor dem Tor.
1 bewegt sich im Sidestep nach rechts, spielt den von 2 flach zugepaßten Ball mit rechts zurück und wirft sich sofort nach einem flachen Ball von T auf die linke Seite. Den rollt er zu T zurück und stellt sich wieder mitten ins Tor. Nun wird spiegelbildlich auf der anderen Seite geübt. Auf jeder Seite drei Durchgänge, dann kurze Pause, dann Wechsel der Torhüter.

HINWEISE

* Ist nur ein Torhüter vorhanden, können Feldspieler die Funktionen der Zuspieler übernehmen.
* Sowohl der Torhüter im Tor als auch die beiden Zuspieler sollen die Bälle gezielt passen.

ÜBUNG 4

Drei Torhüter plus Trainer (T) üben gemeinsam. Torhüter 1 steht auf der Torraumlinie halblinks vor dem Tor, davor im Abstand von 5 Metern Torhüter 2 mit Ball. Am Elfmeterpunkt ist ein 2 Meter breites Hütchentor markiert. Unmittelbar dahinter steht Torhüter 3, T mit Ball 7 Meter halbrechts vor dem großen Tor. 2 spielt 1 flach auf dem linken Fuß an. 1 spielt den Ball direkt seitlich nach rechts vorn, paßt durch das Hütchentor auf 3 und wirft sich sofort nach einem von T flach gespielten Ball auf die rechte Seite.
Nach 6 Wiederholungen Positions- und Aufgabenwechsel der Torhüter. Wenn jeder Torhüter eine Serie absolviert hat, wird die Übung spiegelbildlich auf der anderen Seite fortgesetzt.
An Pausen denken!

SCHWERPUNKT

* Schulung allgemeiner technischer Fertigkeiten
* Schulung der torhüterspezifischen Kondition

ÜBUNG 5

Zwei Torhüter und ein Trainer (T) üben gemeinsam. Torhüter 1 im großen Tor, vor ihm 3 Hütchen in Reihe. T steht mit Ball 10 Meter vor, Torhüter 2 mit Ball 5 Meter seitlich der Hütchen. Torhüter 1 wird von T flach auf dem linken Fuß angespielt, legt sich den Ball auf rechts und dribbelt mit diesem Fuß durch die Reihe. Dann spielt er flach auf T. Torhüter 2 wirft seinen Ball im Bogen hoch in Richtung Tor. Torhüter 1 erläuft ihn und lenkt ihn über das Tor. T spielt seinen nächsten Ball als Dropkick auf Torhüter 1.

HINWEISE

- Nach jedem Durchgang muß der Ball mit dem anderen Fuß angenommen und gedribbelt werden.
- Nach einigen Durchgängen Positionswechsel der Torhüter.

ÜBUNG 6

Ein Torhüter und ein Trainer (T) üben. Der Torhüter steht auf der Torlinie eines großen Tors und berührt bei gestrecktem Arm mit der Hand den linken Pfosten. T steht mit mehreren Bällen etwa 6 Meter zentral vor dem Tor. Er spielt den ersten Ball flach Richtung rechter Pfosten. Der Torhüter startet dorthin und wehrt im Grätschen zur Seite ab, kommt schnell hoch und wirft sich nach dem zweiten, flach zur anderen Seite gespielten Ball von T.
Nach mehreren Wiederholungen Durchführung der Übung beginnend vom anderen Torpfosten.

HINWEIS

- Der Torhüter soll den ersten Ball ins Seiten-, nicht ins Toraus lenken. Ziel kann ein zweiter Torhüter etwas seitlich vor der bedrohten Torecke sein.

VARIATIONEN

1. Der Torhüter startet aus der Bauchlage mit Blick zum rechten Torpfosten. Nach der Grätsche hechtet er nach einem jetzt halbhoch geworfenen Ball.
2. Der Torhüter klärt erst auf der rechten, dann auf der linken Seite einen Ball, bevor er sich nach einem flachen Ball auf die Seite wirft.
3. Der Torhüter klärt 6 Bälle in schneller Folge auf Zieltore, die in unterschiedlichen Abständen mit Hütchen markiert werden: 3 Bälle mit dem rechten und 3 mit dem linken Fuß (Schulung der torhüterspezifischen Ausdauer).

ÜBUNG 7

Ein Torhüter und ein Trainer (T) üben. Der Torhüter steht mit dem Rücken zu T 8 Meter zentral vor dem Tor, T mit mehreren Bällen auf Höhe des Elfmeterpunkts. Er spielt den ersten Ball rechts am Torhüter vorbei in Richtung Tor. Der Torhüter startet sofort und klärt per Grätsche nach rechts zur Seite, kommt schnell hoch und hechtet zu einem halbhoch auf die andere Seite gespielten Ball. T spielt den nächsten Ball links am Torhüter vorbei usw.

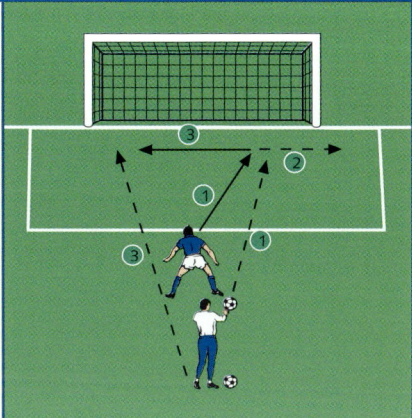

VARIATION

T spielt den Ball jetzt in willkürlicher Folge links und rechts am Torhüter vorbei.

ÜBUNG 8

Der Torhüter steht auf Höhe des Elfmeterpunkts zentral vor dem Tor. Im Abstand von 30 Metern wird jeweils schräg links und rechts von ihm ein weiteres Tor aufgestellt oder markiert, bei dem sich ein weiterer Torhüter zum Aufnehmen der Bälle befindet. Der Trainer steht mit mehreren Bällen 15 Metern vor dem Torhüter und spielt ihm diese auf unterschiedliche Weise zu. Der Torhüter soll sie möglichst schnell annehmen und auf eines der beiden Zieltore spielen.

VARIATIONEN

1. Der Torhüter muß jetzt direkt auf ein Zieltor abschließen.
2. Der Torhüter wird durch einen Gegenspieler (zweiter Torhüter) unter Druck gesetzt.

ÜBUNG 9

Drei Torhüter üben gemeinsam. Torhüter 1 steht in einem großen Tor, Torhüter 2 20 Meter zentral vor dem Tor hinter einem 7 Meter breiten Hütchentor. Torhüter 3 befindet sich mit mehreren Bällen 15 Meter hinter dem Tor. Er spielt einen Abstoß über das Tor genau auf 2, der den Ball vor seinem Hütchentor annimmt und mit einem gezielten Spannstoß auf das Tor abschließt. Nach einem Treffer von 2 Wechsel der Positionen.

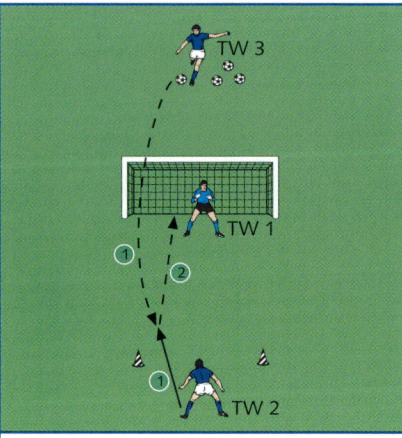

VARIATION

Torhüter 3 spielt den Ball als Abschlag, Dropkick oder Abwurf. Torhüter 2 versucht, im 1 gegen 1 gegen Torhüter 1 zum Erfolg zu kommen.

HINWEIS

• Die Position von Torhüter 2 kann auch ein Feldspieler einnehmen.

ÜBUNG 10

Torhüter 1 steht auf Höhe des Torraums zentral vor dem Tor, der Trainer (T) mit mehreren Bällen 3 Meter vor ihm. 18 Meter zentral vor dem Tor wartet Torhüter 2 (mit Ball). T spielt abwechselnd rechts oder links flach neben 1, der aus der Sidestep-Bewegung mit dem ballnahen Fuß direkt zurückpaßt. In unregelmäßigen Abständen spielt T einen Ball so weit seitlich neben 1, daß dieser sich zum flachen Ball werfen muß, um den Ball seitlich abzuwehren. In diesem Moment läuft 2 zu einem gezielten Spannstoß an. 1 kommt schnell hoch und versucht, auch diesen Ball zu erreichen. Gelingt 2 ein Treffer, Aufgabenwechsel.

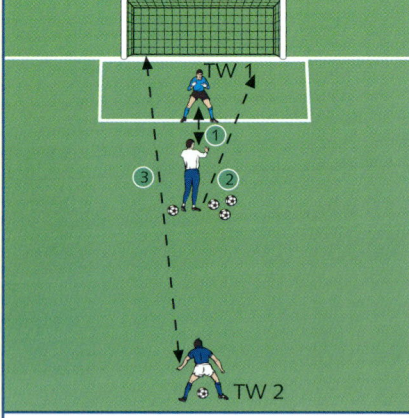

VARIATION

T spielt den Ball nicht flach neben Torhüter 1, sondern wirft halbhoch. 1 spielt ihn volley zu T zurück. Plötzlich wirft T den Ball hoch über sich. Torhüter 1 fängt den hohen Ball (T kann hier als teilaktiver oder aktiver Gegenspieler fungieren) und rollt ihn sofort auf 2 ab. Sobald 1 den Ball gefangen hat, läuft 2 an und versucht, mit einem gezielten Spannstoß zum Erfolg zu gelangen.

ÜBUNG 11

Torhüter 1 steht in der Nähe des Elfmeterpunkts, der Trainer (T) mit mehreren Bällen 5 Meter schräg links vor ihm. 15 Meter schräg rechts von Torhüter 1 steht Torhüter 2. T spielt flach scharf auf 1, der mit links nach rechts mitnimmt und dann mit rechts auf 2 spielt. Nach einer Rolle startet 1 zu einem zweiten Ball, den T flach in die kurze Ecke gespielt hat, und lenkt diesen links zur Seite ab. Im Anschluß versucht 2, Torhüter 1 mit einem gezielten Dropkick zu überwinden.

HINWEIS

● Nach mehreren Wiederholungen wechseln die Torhüter ihre Positionen. Anschließend spiegelbildliche Durchführung der Übung.

ÜBUNG 12

Torhüter 1 steht zentral vor einem großen Tor. 10 Meter vor ihm werden drei Hütchentore markiert. 10 Meter vor Hütchentor A befindet sich der Trainer (T) mit Ball. Torhüter 2 steht hinter den Hütchentoren B und C. T spielt den Ball flach durch Hütchentor A. 1 nimmt ihn an, währenddessen zeigt ihm 2 an, durch welches Hütchentor 1 spielen soll. Anschließend paßt 2 den Ball flach durch dasselbe Hütchentor zu 1 zurück. T zeigt nun an, durch welches Tor er angespielt werden will.

VARIATIONEN

1. Torhüter 1 leitet das Anspiel jetzt jeweils *direkt* weiter.
2. Das Anspiel erfolgt jetzt halbhoch oder hoch, der Ball wird flach zurückgepaßt.
3. Das Anspiel erfolgt jetzt halbhoch oder hoch, der Ball wird als Flugball zurückgespielt.

HINWEISE

● Torhüter 1 muß bereits im Moment des Anspiels des Trainers Blickkontakt mit Torhüter 2 aufnehmen!
● Nach mehreren Durchgängen Aufgabenwechsel der Torhüter.

Spielformen zur Rückpaßregel

SPIELFORM 1

Beide Mannschaften beginnen mit einem festen Torhüter, der seine Position nur dann wechselt, wenn die gegnerische Mannschaft ein Tor erzielt hat.

Alle Torhüter dürfen den Ball zur Abwehr und Balleroberung überall mit der Hand berühren. Das Paßspiel erfolgt jedoch mit dem Fuß. Gerät der Ball über die Seitenlinie, muß er zunächst ins Feld gedribbelt werden, bevor ein Schuß auf das Tor erfolgen darf. Gerät er über die Torauslinie, bringt ihn der Torhüter ins Spiel. Er darf aber erst dann auf das Tor schießen, wenn er zuvor einen Mitspieler angespielt hat. Für alle gilt die Rückpaßregel. Ein Grät-

schen nach dem Ball ist nicht erlaubt.

Welche Mannschaft erzielt mehr Tore?

ORGANISATION
- 3 gegen 3 auf zwei 5-Meter-Tore in einem Feld von 15 x 15 Metern

SPIELFORM 2

Die 4er-Mannschaft versucht, sich den Ball so zuzuspielen, daß die gegnerischen Torhüter den Ball nicht erobern. Erobert einer der beiden gegnerischen Torhüter den Ball, darf er sofort auf das Tor schießen. Nach einem Treffer tauscht er die Aufgabe mit dem bezwungenen Torhüter, nach Balleroberung ohne Torerfolg mit dem Torhüter, dessen Paß abgefangen wurde. Für den Torhüter gilt die Rückpaßregel.

ORGANISATION
- 4 gegen 2 auf nur ein 5-Meter-Tor in einem Feld von 10 x 15 Metern.
- Ein Torhüter der 4er-Mannschaft steht im 5-Meter-Tor, die übrigen drei besetzen die Seitenlinien.

SPIELFORM 3

Die vier Torhüter derselben Mannschaft (bzw. drei Torhüter plus ein Trainer oder Feldspieler) spielen sich den Ball zu. Der Torhüter in der Mitte versucht, den Ball zu berühren (= 1 Punkt) oder ihn sogar zu erobern (= 2 Punkte). Die Belastung für den Torhüter in der Mitte soll 45 bis maximal 60 Sekunden dauern. Welcher Torhüter sammelt die meisten Punkte?

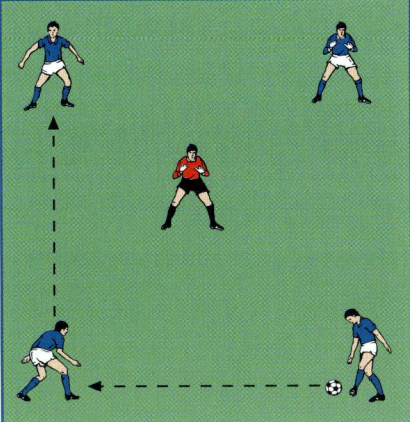

ORGANISATION
- 4 gegen 1 in einem Feld von 5 x 5 Metern

SPIELFORM 4

Innerhalb des Feldes spielen immer 2 + ihr Torhüter gegen 2 + ihr Torhüter; die Torhüter dürfen im Gegensatz zu den Feldspielern auch aus der eigenen Spielfeldhälfte heraus Tore erzielen.

ORGANISATION
- 2 (+ Torhüter) gegen 2 (+ Torhüter) auf zwei große Tore in einem Feld von 20 x 30 Metern mit Mittellinie (Hütchen)

SPIELFORM 5

Die in Überzahl agierende
Mannschaft spielt einen ge-
zielten flachen, halbhohen
oder hohen Ball auf den Tor-
hüter und setzt ihn durch
Nachsetzen sofort unter
Druck. Bei Kontern seiner
Mannschaft soll er in den
Spielaufbau einbezogen
werden.

ORGANISATION
- 3 gegen 2 (oder 4 gegen 3) auf ein
  großes Tor mit Torhüter und zwei Kontertore
- Für den Torhüter gilt die Rückpaßregel

SPIELFORM 6

Der Torhüter der Mannschaft
in Unterzahl darf den Ball mit
den Händen berühren, der andere Torhüter nicht. Der Torhüter der 6er-Mannschaft
spielt einen Mitspieler an der
Außenlinie mit einem gezielten Flugball an. Danach versucht die Mannschaft, zum
Torerfolg zu gelangen. Die
Gegner sollen den Ball erobern und ihrerseits zum Torerfolg gelangen. Beide Torhüter dürfen wie Feldspieler
aufs Tor schießen und als zusätzliche Aufbauspieler fungieren.

ORGANISATION
- 4 gegen 6 auf zwei große Tore mit
  Torhütern
- Die Spielfeldgröße ist abhängig von
  Altersstufe und Leistungsniveau

VARIATION
Beide Torhüter spielen mit
den Händen. Rund 5 Meter
links und rechts von dem Tor
der 6er-Mannschaft kleine
Stangen- oder Hütchentore
aufbauen, die dem Torhüter
der 4er-Mannschaft als zusätzliches Ziel dienen.

SPIELFORM 7

Nur die Unterzahl-Mannschaft spielt mit Torhüter. Er darf nach einem Rückpaß mit einem Spannstoß oder nach Abfangen einer Flanke oder Halten eines Balls mit einem Abwurf/Dropkick auf einem der beiden Tore einen Treffer erzielen.

Der Torhüter fungiert für seine Mitspieler als ständige Anspielstation.

6-Sekunden-Regel: Der Torhüter soll die ihm zur Verfügung stehende Zeit je nach Spielsituation ausnutzen.

ORGANISATION
- 4 gegen 6 auf ein großes Tor mit Torhüter und zwei kleine „Kontertore"
- Die Spielfeldgröße ist abhängig von Altersstufe und Leistungsniveau

SPIELFORM 8

Es wird „ohne Beschränkungen" gespielt, allerdings muß immer ein Spieler der verteidigenden Mannschaft das Spielfeld verlassen (Überzahl für die Angreifer). Die Torhüter sollen aktiv in das Spielgeschehen einbezogen werden und dürfen Tore erzielen.

ORGANISATION
- 6 gegen 6 mit zwei Torhütern auf zwei große Tore (Spielfeldgröße: doppelter Strafraum)

Vorbereitende Ballschule

Das E-Juniorenalter als Schnupperphase für die Torhüterposition (8-10 Jahre)

Im E-Juniorenalter sollte prinzipiell noch keine Spezialisierung stattfinden – auch nicht hinsichtlich der Torhüterposition. Im Mittelpunkt des Trainings sollte hier eine umfassende und vielseitige koordinativ-technische Ausbildung stehen. Besonders die fußballspezifischen Techniken wie Ballbeherrschung oder Paßspiel über kurze Entfernungen sollten in diesem Alter spielerisch erlernt werden. Auch oder gerade bei den E-Junioren finden sich sehr viele Kinder, die mit Spaß und Mut im Tor stehen. Diese Tatsache sollten Sie als Trainer dazu nutzen, einer möglichst großen Zahl von Spielern das Torhüterspiel näher zu bringen und dabei gleichzeitig Torhütertalente zu entdecken. Geeignete Spielformen für eine allgemeine spielerische und auf das Torhüterspiel vorbereitende Ballschule stellen wir in diesem Kapitel vor.

Die ersten Schritte als Torhüter: freiwillig und mit Spaß!

Einige Grundregeln für die Arbeit mit E-Junioren

Sie sollen vielseitige sportliche Erfahrungen sammeln!

Das E-Juniorenalter ist die *Vorstufe des „Goldenen Lernalters"*. Jetzt werden die Grobformen grundlegender Techniken spielerisch erlernt.

Achtung: Bewegungen werden ebenso schnell wieder vergessen wie sie erlernt werden!

- Die intra- und intermuskuläre Koordination der Muskulatur ist bereits gut trainierbar.
- Gezielte Koordinationsschulung steht in Verbindung mit Technikschulung im Vordergrund; feinkoordinierte Bewegungen gelingen selten.
- Für das Training der Gelenkigkeit und der Reaktionsfähigkeit ist dies die „sensible Phase".
- Durch „spielerische" Gymnastik wird die Grundlage für eine gute Beweglichkeit in der Zukunft gelegt.
- Abstraktionsvermögen und die Fähigkeit zu vorausplanendem, taktischem Handeln sind noch gering entwickelt.
- Eine rein positionsspezifische Ausbildung ist zu vermeiden.
- *Alle* fußballspezifischen technischen Fertigkeiten werden in *Grobform* durch Übungen mit dem Ball erlernt und in Übungsspielen angewendet.
- Es sollen wenig intensive, aber kontinuierliche Belastungen bevorzugt werden.
- Auch in dieser Altersstufe ist Konzentration notwendig; sie kann jedoch nur über einen kurzen Zeitraum erwartet werden. Sobald Sie als Trainer merken, daß Ihre Spieler die Konzentration verlieren, gilt es die Begeisterung durch motivierende Übungs- und Spielformen neu zu entfachen. Nach einer Spielphase kann dann wieder eine konzentrierte Übungsphase erfolgen!

- Die richtige Pausenlänge wird auch durch die Kinder selbst bestimmt.
- Zu lange „Stehpausen" sollten Sie durch geschickte Organisation vermeiden.
- Abstraktionsvermögen und die Fähigkeit zu vorausplanendem, taktischem Handeln sind noch gering entwickelt.
- Konzentrieren Sie sich auf die Beseitigung der Hauptfehler; diese lassen sich durch eine gezielte Fehleransprache und einfache Korrekturhinweise reduzieren.
- Die Demonstration technischer Abläufe oder taktischer Grundlagen durch den Trainer ist für die Bildung von Bewegungsvorstellungen der Kinder unumgänglich.
- Als Trainer müssen Sie schon mit „kleinen" Lernerfolgen zufrieden sein!
- Die Motivation im Training entsteht durch interessante, bewegungs- und abwechslungsreiche Trainingsformen.
- Am Ende jeder Trainingseinheit sollte eine Übungsform mit „Motivationscharakter" stehen.

Grundregel: Das Training sollte immer vom Leichten zum Schweren, vom Einfachen zum Komplexen führen!

Hinführen zum Torhüterspiel

Koordinative Schulung und Geschicklichkeitsübungen

Der Spieltrieb ist in dieser Altersstufe sehr stark entwickelt. Die Kinder erscheinen in den meisten Fällen hochmotiviert, oft regelrecht „aufgedreht" zum Training. Sie besitzen im allgemeinen eine positive Grundstimmung, einen ausgeprägten Bewegungsdrang, einen Kräfteüberschuß und Abenteuerlust. Neugierde auf alles Neue und Unbekannte ist der Hauptantrieb in Training und Wettkampf.

Ihre Aufgabe als Trainer ist es zunächst, diesen „Erregungszustand" so zu reduzieren, daß Sie mit dem eigentlichen Training beginnen können. Dazu eignet sich eine Vielzahl von unterschiedlichen Spielformen, zum Beispiel:

Torwarttennis:
4 Spieler in einem 5 x 4 Meter großen Feld; es werden eine „Zauberschnur", vier Markie-

rungshütchen und ein möglichst ebener Untergrund benötigt.

Auf jeder Seite der Schnur befinden sich zwei Spieler. Der Ball wird zugeworfen und gefangen. Die Größe des Feldes ist abhängig vom Leistungsniveau. Die Spieler müssen jeden Ball nach kurzen und schnellen Schritten wenigstens im Fallen erreichen können.

Es gelten folgende Regeln: Der Ball darf den Boden nicht berühren! Andernfalls wechselt er sofort zum Gegner, ebenso, wenn er ins Seitenaus gespielt wurde. Zur Motivationssteigerung wird bis zu einer bestimmten Punktzahl gespielt; die Verlierer erfüllen eine Zusatzaufgabe.

Torwarttennis

ÜBUNG 1
2 gegen 2 mit unterschiedlichen Aufgaben:
1. Der Ball wird über den Kopf geworfen („Einwurf")
2. Der Ball wird volley zugespielt.
3. Wer den Ball geworfen oder geschossen hat, setzt sich schnell hin und steht sofort wieder auf. Das Spieltempo wird dadurch erhöht!

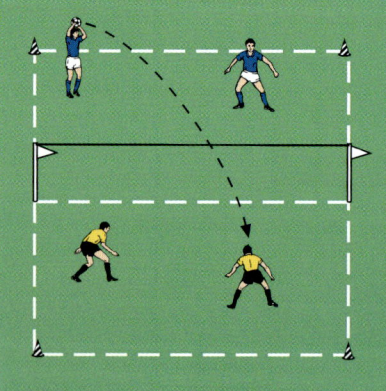

VARIATIONEN
1. Der Spieler legt sich nach jeder Aktion auf den Bauch, führt eine Rolle vorwärts oder rückwärts aus und steht sofort wieder auf.
2. Es werden unterschiedliche Bälle benutzt (Minifußball, Tennisball usw.).

ZIEL:
• Motivierendes Aufwärmen
• Schulung koordinativer Fähigkeiten
• Schulung technischer Fertigkeiten

ÜBUNG 2

Zweimal ein 1 gegen 1 mit
unterschiedlichen Aufgaben

Auf jeder Seite der Schnur
stehen ein Spieler von Team
A und einer von Team B. Sie
versuchen, den vom Partner
auf der anderen Seite zugeworfenen Ball im Zweikampf
mit den Händen unter Kon-
trolle zu bringen. Nach Balleroberung durch den Gegner
muß dieser seinen Mitspieler
auf der anderen Seite erfolgreich anspielen, um einen
Punkt zu erzielen.

Ein Zweikampf erfolgt nur in
der Phase der Balleroberung;
man darf den Gegner also
nicht am Wurf hindern.

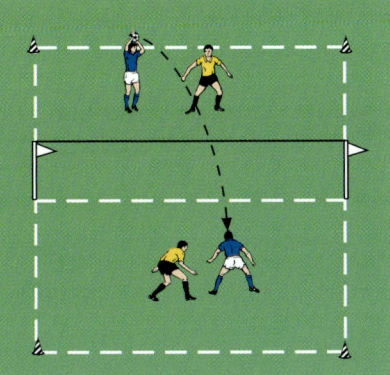

ZIEL:
- Motivierendes Aufwärmen
- Schulung koordinativer Fähigkeiten
- Schulung technischer Fertigkeiten
- Spielerische Schulung des Durchset-
  zungsvermögens im Kampf um den Ball
- Schulung des Zusammenspiels

VARIATIONEN
1. Der Ball wird volley zugespielt (Das Spielfeld muß
eventuell vergrößert werden).
2. Es werden unterschiedliche
Bälle benutzt (Minifußball,
Tennisball usw.).

ÜBUNG 3

3 gegen 3
Das Spielfeld wird auf beiden
Seiten in drei Felder unterteilt
(siehe Abb.); jeder Spieler ist
für ein Feld verantwortlich,
das er nicht verlassen darf.
Außerdem gilt:
Aus den Feldern am Netz darf
der Ball nur geworfen werden.
Aus dem Hinterfeld darf der
Ball nur volley auf die andere
Seite gespielt werden.

ZIEL:
- Motivierendes Aufwärmen
- Schulung koordinativer Fähigkeiten
- Schulung technischer Fertigkeiten

VARIATIONEN
1. Wer den Ball gespielt hat,
setzt sich schnell hin, legt
sich auf den Bauch oder führt
eine Rolle vorwärts bzw. rückwärts aus und steht sofort
wieder auf.
2. Es werden unterschiedliche
Bälle benutzt (Minifußball,
Tennisball usw.).

Ballkontakte

ÜBUNG 1

3 gegen 3 (4 gegen 4) im markierten Feld

Es spielen zwei Mannschaften in einem Feld von 10 x 7 Metern gegeneinander. Ein Ball wird zugeworfen und gefangen. Eine Mannschaft erzielt einen Punkt, wenn sie eine bestimmte Zahl von Ballkontakten schafft, ohne daß ein gegnerischer Spieler den Ball berührt hat. Wer zuerst drei Punkte hat, hat gewonnen. Die Verlierer erfüllen eine Zusatzaufgabe.

Berührt der Ball den Boden oder gelangt er ins Seitenaus, wechselt der Ballbesitz. Der Ball darf nur in der Luft erobert, der Ballbesitzer nicht berührt, jedoch bedrängt werden.

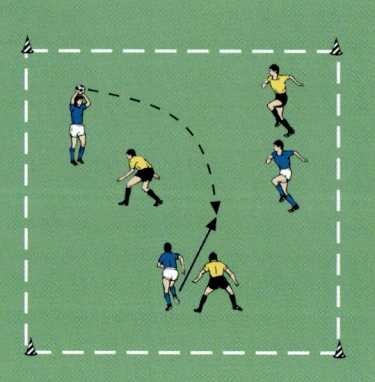

ZIEL:
- Motivierendes Aufwärmen
- Schulung koordinativer Fähigkeiten
- Schulung technischer Fertigkeiten
- Spielerische Schulung des Durchsetzungsvermögens im Kampf um den Ball
- Schulung des Zusammenspiels

VARIATIONEN

1. Die Spieler bewegen sich nur krabbelnd.
2. Es werden unterschiedliche Bälle benutzt.
3. In der Mitte des Feldes darf eine Zone nicht durchlaufen werden.
4. Bei einer ungeraden Spielerzahl wird ein Spieler zum neutralen Anspieler – die jeweils ballbesitzende Mannschaft spielt in Überzahl.

ÜBUNG 2

3 gegen 3 in markierten Feldern

In drei Feldern kommt es jeweils zum 1 gegen 1. Die Spieler dürfen ihr Feld nicht verlassen, um sich den Ball zuzuwerfen oder als Volley zuzuspielen.

Regeln wie oben!
Die Felder können unterschiedlich angeordnet werden:
- Drei gleich große, aneinander angrenzende Felder hintereinander.
- Drei gleich große Felder, „frei" auf dem Platz angeordnet (z.B. zwei Felder nebeneinander und ein Feld davor).

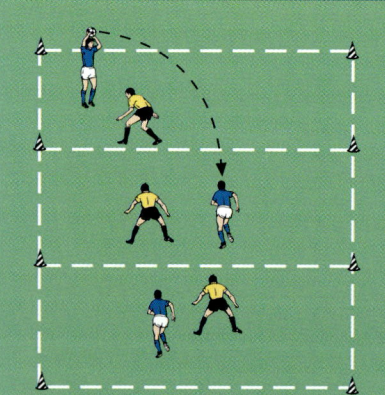

ZIEL:
- Wie oben

VARIATIONEN

1. Nach einer bestimmten Zeit die Felder im Uhrzeigersinn wechseln.
2. Unterschiedliche Fortbewegungsarten vorgeben: Laufen, Krabbeln, Rollen.

Mini- oder Hütchentore

ÜBUNG 1

2 gegen 2 (3 gegen 3) im markierten Feld
Es spielen jeweils 2 (oder 3) Spieler in einem Feld von 10 x 7 Metern mit 2 Hütchentoren auf den Längsseiten zusammen, die sich krabbelnd fortbewegen. Der Ballbesitzer darf sich nicht von der Stelle bewegen. Er darf nicht berührt, jedoch bedrängt werden. Der Ballbesitz wechselt, wenn der Ball im Seitenaus landet. Tore dürfen von allen Spielern erzielt werden.
Der Ball darf nur geworfen werden. Tore dürfen aus jeder Entfernung erzielt werden.

ZIEL:
• Wie Spielform 2

VARIATIONEN

- Der Ball wird zugeworfen.
- Der Ball wird zugerollt.
- Der Ball darf beliebig zugespielt werden.
- Tore dürfen erst ab einer bestimmten Markierung erzielt werden.
- Es werden unterschiedliche Bälle benutzt (Minifußball, Tennisball usw.).

Bei einer ungeraden Spielerzahl wird ein Spieler zum neutralen Anspieler – die jeweils ballbesitzende Mannschaft spielt also in Überzahl.

ÜBUNG 2

2 gegen 2 (3 gegen 3) im markierten Feld
Die Spieler passen sich den Ball jetzt mit dem Fuß zu und versuchen, auf Hütchentore zum Torerfolg zu gelangen.

Organisation wie oben.

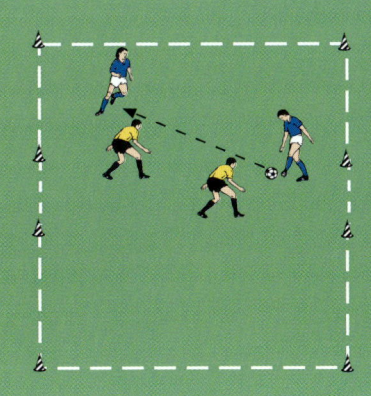

ZIEL:
• Wie Spielform 2

VARIATIONEN

1. Tore dürfen erst ab einer bestimmten Markierung erzielt werden.
2. Es wird ein Torraum markiert, in dem ein Spieler den Ball mit der Hand abwehren darf.
3. Die Balleroberung darf generell auch mit den Händen erfolgen; danach muß der Ball jedoch wieder mit dem Fuß gespielt werden.
4. Es werden unterschiedliche Bälle benutzt (Minifußball, Tennisball usw.).

Zuwerfen

Zuwerfen und Fangen von Bällen in der Gruppe
Mehrere Spieler sitzen im Kreis auf dem Boden. Zuerst werfen sie sich in nicht festgelegter Reihenfolge einen Ball zu. Nach kurzer Zeit kommt ein zweiter Ball hinzu. Allerdings dürfen nicht beide Bälle zum selben Spieler geworfen werden. Wer einen Ball fallen läßt, ihn ungenau zuwirft oder einen Spieler anwirft, der bereits einen Ball in den Händen hält, bekommt einen Minuspunkt. Bei einer festzulegenden Zahl von Minuspunkten muß der Spieler den Kreis verlassen. Es wird so lange gespielt, bis nur noch zwei Spieler übrig sind.

ZIEL:
- Motivierendes Aufwärmen
- Schulung koordinativer Fähigkeiten
- Motivationsförderung

Geschicklichkeit

ÜBUNG 1

Geschicklichkeit und Technik mit Ball
In einem Feld von 6 x 6 Metern bewegen sich mehrere Spieler mit je 1 Ball.
1. Sie prellen den Ball im Gehen oder Laufen nur mit der rechten Hand (nach einer bestimmten Zeit mit der anderen Hand).
2. Sie prellen den Ball im Gehen oder langsamen Laufen abwechselnd mit der rechten und der linken Hand.
3. Sie prellen den Ball im Gehen oder langsamen Laufen. Nach einigen Schritten prellen sie ihn stärker, drehen sich schnell um die Körperlängsachse und prellen weiter.

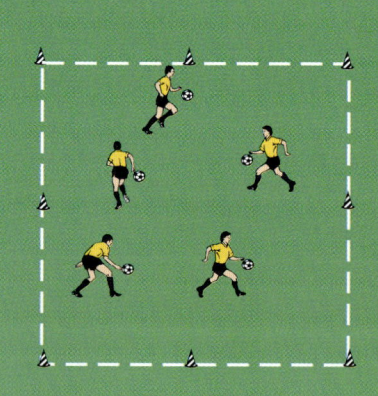

ZIEL:
- Motivierendes Aufwärmen
- Schulung koordinativer Fähigkeiten
- Entwicklung des Ballgefühls
- Motivationsförderung

VARIATIONEN

Wie 2.; die Bälle werden nicht geprellt, sondern abwechselnd mit der rechten und der linken Hand gerollt.
Wie 3.; statt der Drehung setzen sich die Spieler auf den Boden und stehen schnell wieder auf (oder legen sich auf den Bauch und stehen schnell wieder auf).
Wie 3.; die Spieler führen eine Rolle vorwärts oder rückwärts aus.
Wie 3.; die Spieler laufen unter dem geprellten Ball durch, drehen sich um 180 Grad und prellen den Ball in die andere Richtung weiter.

ÜBUNG 2

Geschicklichkeit und Technik mit Ball

In einem 6 x 6 Meter großen Feld bewegen sich mehrere Spieler und der Trainer (T). Die Ecken des Feldes werden mit Hütchen markiert, auf jeder Seitenlinie steht jeweils in der Mitte ein weiteres Hütchen. Jeder Spieler mit Ball. Die Spieler prellen abwechselnd mit der rechten und der linken Hand. T ruft einen Spielernamen. Der Aufgerufene wirft T seinen Ball zu. Dieser wirft ihn hoch, der Spieler fängt ihn in der Luft. Anschließend prellt er weiter.

ZIEL:
- Motivierendes Aufwärmen
- Schulung koordinativer Fähigkeiten
- Schulung technischer Fertigkeiten
- Entwicklung des Ballgefühls
- Motivationsförderung
- Einführen bestimmter Techniken

VARIATIONEN

1. Bevor der Spieler den Ball in der Luft fängt, muß er eine koordinative Aufgabe erfüllen (Rolle vorwärts oder rückwärts; Drehung um die Körperlängsachse usw.).
2. T wirft den Ball nicht in die Luft, sondern prellt ihn kräftig vor dem Spieler auf den Boden.
3. Der Spieler führt zuerst eine Rolle vorwärts in Richtung eines der Markierungshütchen aus, umläuft es und fängt den Ball.
4. Der Spieler krabbelt erst durch die gegrätschten Beine von T, bevor er den Ball fängt.

ÜBUNG 3

Geschicklichkeit und Technik mit Ball

Wie zuvor.

Die Spieler dribbeln mit dem Ball, ohne ihn zu verlieren oder zusammenzustoßen. Der Trainer (T) ruft einen Spieler mit Namen, dieser paßt den Ball präzise zu ihm, führt eine Rolle rückwärts aus und fällt zu einem flach gespielten Ball von T auf die Seite. Anschließend dribbelt er weiter.

ZIEL:
- Wie oben

VARIATIONEN

1. Der Spieler führt zuerst eine Rolle vorwärts in Richtung eines Markierungshütchens aus, umläuft das Hütchen und wirft sich dann nach dem flachen Ball von T auf die Seite.
2. Der Spieler paßt den Ball zu T und bleibt mit gegrätschten Beinen stehen. T spielt den Ball durch die gegrätschten Beine zurück, der Spieler hechtet rückwärts nach ihm.
3. Nachdem T durch die gegrätschten Beine des Spielers gepaßt hat, führt dieser eine Rolle rückwärts aus, dreht sich schnell um 180 Grad und wirft sich vorwärts nach dem Ball.

Ballwurfübungen in der Zweier-Gruppe

ÜBUNG 1

Die Spieler stehen sich in einem Abstand von 5 Metern gegenüber und werfen sich zwei Bälle zu.
Spieler 1 wirft seinen Ball über den Kopf in die Luft. Anschließend wirft Spieler 2 seinen Ball zu Spieler 1. Dieser fängt ihn und wirft ihn schnell zurück, um dann seinen eigenen Ball zu fangen, bevor er den Boden berührt (Aufgabenwechsel nach 5 bis 8 Durchgängen).

VARIATION

Alle Übungen im Sitzen und mit unterschiedlichen Bällen durchführen!

ZIEL:
- Motivationsförderung
- Schulung koordinativer Fähigkeiten
- Entwicklung des Ballgefühls
- Schulung der Lauf- und Bewegungstechnik

ÜBUNG 2

Die Spieler stehen sich in einem Abstand von 5 Metern gegenüber und werfen sich einen Ball zu:
1. Der Ball wird einhändig geworfen und beidhändig gefangen.
2. Der Ball wird einhändig geworfen und gefangen.
3. Der Ball wird in einer bestimmten Reihenfolge geworfen; Beispiel: Spieler 1 wirft mit rechts auf die linke Hand von Spieler 2, dieser mit links diagonal auf die linke Hand von 1, dieser wieder mit der linken Hand auf die rechte Hand von 2, dieser diagonal mit rechts auf die rechte Hand von Spieler 1 usw. (Wechsel nach 4 bis 5 Durchgängen).

ZIEL:
- Wie Übung 1

VARIATIONEN

1. Der Ball wird vor den Füßen des Partners kräftig aufgeprellt.
2. Spieler 1 (mit Ball) leitet die Aktion durch ein akustisches Signal ein. Er prellt den Ball kräftig auf. Spieler 2 führt auf das akustische Signal eine koordinative Aufgabe aus und fängt den Ball (z.B.: „Hopp" – Aufprellen des Balls – Drehung um die Körperlängsachse – Fangen des Balls mit beiden Händen hinter dem Rücken).
3. Es werden unterschiedliche Bälle benutzt (Minifußball, Tennisball usw.).

ÜBUNG 3

Die Spieler stehen sich in einem Abstand von 3-4 Metern gegenüber und werfen sich einen Ball zu:

1. Die Wurfübungen werden mit koordinativen Aufgaben verbunden: Nach einem Wurf erfolgt eine schnelle Drehung um die Körperlängsachse (abwechselnd nach links und rechts) oder eine Rolle vorwärts oder rückwärts.
2. Die Spieler tauschen ihre Positionen: Spieler 1 wirft den Ball vor sich hoch und wechselt auf die Position von Spieler 2. Spieler 2 wechselt mit kurzen und schnellen Schritten auf die Position von Spieler 1 und fängt den Ball einhändig.

ZIEL:
• Wie Übung 1.

VARIATIONEN

1. Der Abstand zwischen den Spielern wird verringert. Der Ball wird mit beiden Händen geworfen und gefangen; Spieler 1 wirft den Ball mit beiden Händen hoch zu Spieler 2, der ihn mit beiden Händen hinter dem Rücken fängt, nach vorn in beide Hände nimmt und dann auf Spieler 1 wirft. Das Fangen hinter dem Rücken ist leichter, wenn die Spieler kurz vor dem Fangen unter dem Ball stehen und im letzten Moment einen kleinen Schritt nach vorne machen.
2. Es werden unterschiedliche Bälle benutzt (Minifußball, Tennisball usw.).

ÜBUNG 4

Die Spieler stehen sich in einem Abstand von 3-4 Metern gegenüber. Jeder Spieler hat einen Ball in der Hand.

1. Auf Kommando werfen sich die Spieler die Bälle zu. Ein Ball wird hoch, der andere halbhoch geworfen, um eine Kollision der Bälle zu vermeiden.
2. Jeder Spieler hält seinen Ball in der rechten Hand. Auf Kommando wirft er ihn auf die linke Hand des Partners, dann mit links wieder auf die rechte Hand usw.
3. Ein Spieler hält beide Bälle und wirft sie gleichzeitig zum Partner.

ZIEL:
• Steigerung der Motivation
• Schulung koordinativer Fähigkeiten
• Entwicklung des Ballgefühls
• Immer in Bewegung bleiben und auf den Fußballen stehen (Schulung der Leichtfüßigkeit)

VARIATIONEN

1. Die Bälle müssen diagonal geworfen werden (Wechsel der Wurf- und der Fanghand nach mehreren Durchgängen).
2. Es werden unterschiedliche Bälle benutzt (Tennisball, Fußball usw.).
3. Alle Übungen werden im Sitzen und mit unterschiedlichen Bällen durchgeführt.

D-Junioren: Jetzt beginnt das gezielte Training

Ziele und Inhalte des Aufbautrainings bauen auf den im Grundlagentraining gesammelten Erfahrungen auf. Im Mittelpunkt steht das systematische Erlernen der torhüterspezifischen Techniken und ihre situative Anwendung. Trainingsgestaltung und -inhalte unterscheiden sich deutlich von denen für C-Juniorentorhüter, obwohl auch dieser noch dem Ausbildungsabschnitt noch dem „Aufbautraining" zugeordnet wird.

Die Rahmenbedingungen

• Das D-Juniorenalter ist das beste Lernalter („Lernen auf Anhieb"); die Spieler zeichnen sich durch Lerneifer, hohe Einsatzbereitschaft und Wagemut aus.
• Weiterhin herrscht ein großer Spiel- und Bewegungsdrang.
• Dazu gesellen sich Rangel- und Rauflust; das Bedürfnis nach dem Bestehen in Wettbewerben wächst.
• Die Last-, Kraft- und Hebelverhältnisse verändern sich positiv; gute Voraussetzungen für ausgezeichnet koordinierte Feinmotorik.
• Im Zweikampf zeigen sich steigender Mut und Risikobereitschaft. Im Umgang mit Ball und Gegner werden wachsende Spontaneität und Kreativität sichtbar.
• Die Fähigkeit zu planvollem (taktischen) Handeln in überschaubaren Räumen entwickelt sich. Diese günstigen Voraussetzungen müssen unbedingt für eine gezielte Weiterentwicklung der technischen Grobformen genutzt werden!

Jens Lehmann: Exzellente Torhütertechnik auf der Linie und im Herauslaufen.

• Übergeordnetes Ziel ist das exakte Erlernen der einzelnen Bewegungsfertigkeiten.

• Eine gezielte Fehleransprache und -korrektur (durch isoliertes Üben) sind dabei hilfreich.

• Einzelne Techniken werden zunächst isoliert, dann miteinander kombiniert geschult; Technik- und Koordinationsübungen werden verbunden.

• Die sich entwickelnde Koordinationsfähigkeit bewirkt eine Verbesserung der Reaktionsschnelligkeit und der Schrittfrequenz.

• Die Entwicklung der konditionellen Fähigkeiten ist zweitrangig; sie erfährt mit Erreichen der nächsten Altersstufe größere Bedeutung. Umfang und Intensität des Trainings müssen aber über Umfang und Intensität bei den E-Junioren liegen.

• Anaerobe (hochintensive) Dauer- und Kraftbelastungen sind noch nicht angesagt.

• Die Spezialisierung geeigneter Spieler in Richtung Torhüter beginnt.

• Taktische Ausbildungsinhalte werden in das Mannschaftstraining integriert; dadurch werden Wettkampfsituationen realistisch dargestellt.

GRUNDSATZ:

Es wird vom Leichten zum Schweren, vom Einfachen zum Komplexen trainiert.

Basistraining zum Erlernen der torhüterspezifischen Grundtechniken

Im folgenden stellen wir praktische Übungsformen zum Erlernen der einzelnen torhüterspezifischen Techniken vor. Für jede Technik gibt es vier Basisübungen. Sie lassen sich variieren, miteinander kombinieren und führen zu einem speziellen Torhütertraining.

Basisübung 1: Einzel-Technikschulung

Basisübung 2: Technikschulung in Verbindung mit Koordinationstraining

Basisübung 3: Technikschulung mit mehreren Spielern

Basisübung 4: Übungsformen am Tor

Anmerkungen:

• Die Schulung der koordinativen Fähigkeiten erfolgt sowohl innerhalb des Aufwärmprogramms als auch in Verbindung mit technischen Übungsformen (siehe Basisübung 2).

• Auf die taktischen Elemente „Stellungsspiel", „Zweikampf" und „Spielaufbau" wird in Basisübung 4 eingegangen. Sie sollten jedoch schwerpunktmäßig innerhalb des Mannschaftstrainings geschult werden.

• Die Konditionsschulung beschränkt sich auf Schnelligkeits- und Beweglichkeitstraining im Rahmen der koordinativen Ausbildung.

• Die beachtliche kindliche Vorstellungskraft (Kognition) wird für den Schulungsprozeß genutzt und die Einsatzbereitschaft der jungen Spieler wird durch geschickte Anregungen gesteigert (Motivation).

• Bei allen Übungsformen am Tor (Basisübung 4) empfehlen wir, zur besseren Orientierung und zur Schulung des Stellungsspiels stets ein zusätzliches Hütchen in die Mitte des Tors zu legen.

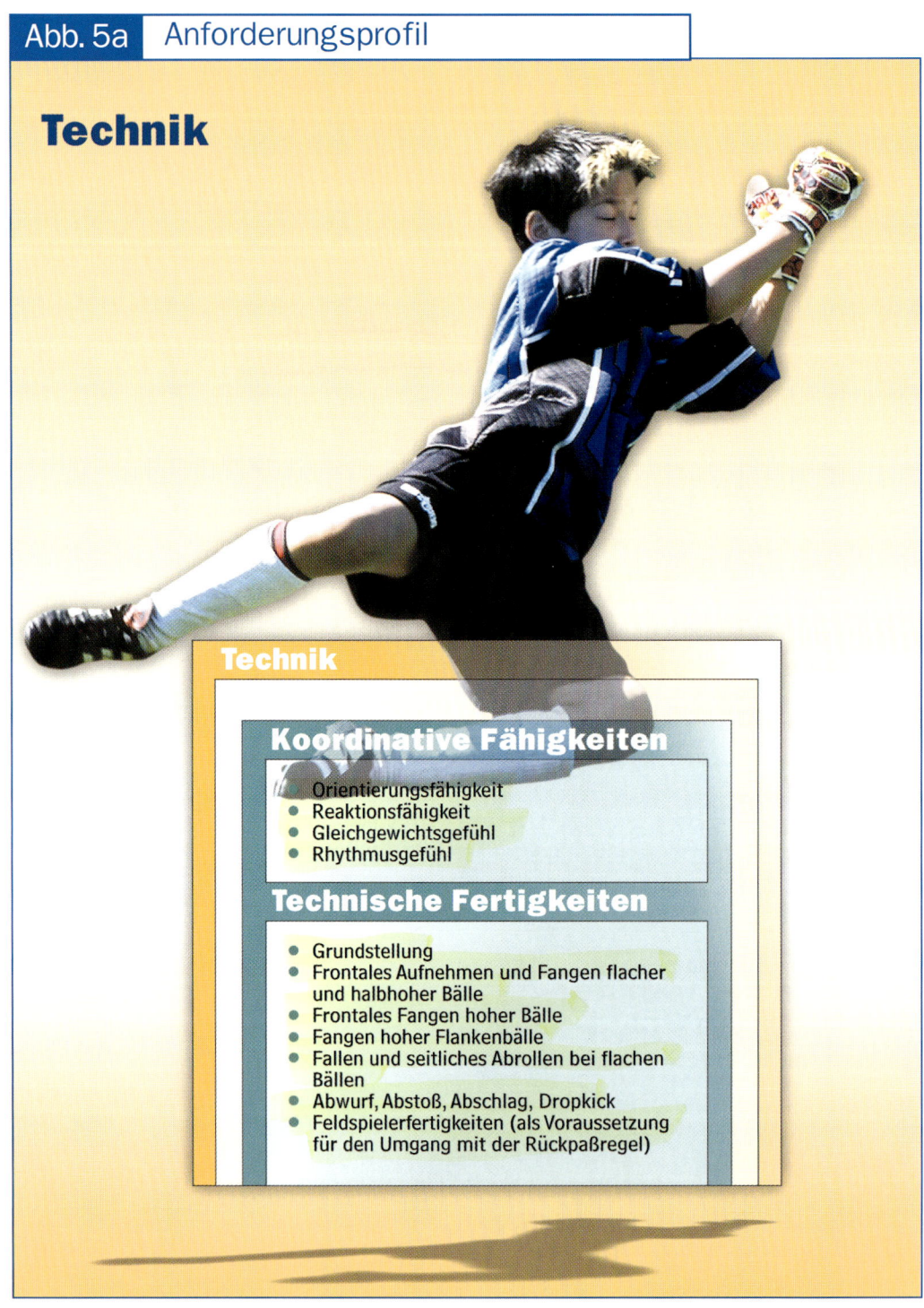

Technik

Technik

Koordinative Fähigkeiten

- Orientierungsfähigkeit
- Reaktionsfähigkeit
- Gleichgewichtsgefühl
- Rhythmusgefühl

Technische Fertigkeiten

- Grundstellung
- Frontales Aufnehmen und Fangen flacher und halbhoher Bälle
- Frontales Fangen hoher Bälle
- Fangen hoher Flankenbälle
- Fallen und seitliches Abrollen bei flachen Bällen
- Abwurf, Abstoß, Abschlag, Dropkick
- Feldspielerfertigkeiten (als Voraussetzung für den Umgang mit der Rückpaßregel)

Abb. 5b

Taktik/Kondition/Psyche

Taktik

- Stellungsspiel
- Verhalten bei Standardsituationen
- Zweikampf
- Durchsetzungsvermögen im Kampf um den Ball
- Spielaufbau bei Ballbesitz

Kondition

- Schnelligkeits- und Beweglichkeitstraining im Rahmen der Koordinationsschulung
- Einführung allgemeiner und fußballspezifischer Stretchingübungen

Psyche

- **Motivation:** Steigerung der Einsatzbereitschaft und der Einstellung zu Training und Spiel

Die technischen Fertigkeiten

Zur Grundstellung

Spezielle Übungsformen zum Erlernen der Grundstellung bieten wir hier nicht an:

- Die **eine** Grundstellung existiert nicht. Die jeweils richtige ist immer von mehreren Faktoren abhängig; beispielsweise der Entfernung zum Ball, der zu erwartenden Flugkurve und Geschwindigkeit des Balls. Bei einer Flanke ist zudem eine andere Grundstellung als bei einem Schuß aus mittlerer Distanz einzunehmen (siehe Kapitel 3).
- Bei jeder der nachfolgenden Übungsformen müssen Sie als Trainer auf das Einnehmen der passenden Grundstellung achten und gegebenenfalls korrigieren. Besonders junge Spieler sollten lieber zu oft als zu selten an die richtige Grundstellung erinnert werden.

Hinweis

Das gezielte Abrollen trainieren wir in Verbindung mit anderen torhüterspezifischen Techniken. Siehe hierzu die Übungsformen am Tor beim Fangen hoher Bälle, beim Fallen und seitlichen Abrollen bei flachen Bällen usw. (S. 87ff.).

Technisch perfekt: Aufnehmen eines flachen Schusses

TIPS IM DOPPELPACK

FUSSBALL VON MORGEN: Die DFB-Lehrbuchreihe für Nachwuchstrainer

So sieht modernes Nachwuchstraining aus: Zielgerichtet, altersbezogen und mit starkem Akzent auf dem Spielerischen. Wie sich das in die Praxis umsetzen läßt, zeigt die DFB-Lehrbuchreihe **Fußball von morgen,** das zentrale Medium der DFB-Trainerausbildung.

Kindertraining sollte ganz anders gestaltet sein als Erwachsenentraining! Die richtigen Praxistips für Jugendtrainer – umfassend und prägnant zusammengestellt – bietet Band 1:

▶ Leicht verständliche Grundinformationen zu Training, Spiel und zur pädagogischen Betreuung von F- bis C-Junioren,

▶ eine umfangreiche Palette an in der Praxis erprobten Trainingsformen für eine attraktive, altersangemessene und zielgerichtete Fußballausbildung. Dazu: Organisationstips, Variationsmöglichkeiten und Korrekturhilfen,

▶ Anregungen für eine zeitgemäße Vereinsarbeit.

Band 1 • Gero Bisanz/Norbert Vieth: Grundlagen- und Aufbautraining
132 Seiten, DM 29,00 (€ 14,90)

Trainern im Junioren- und Amateurbereich bietet dieses Buch ein überzeugendes Konzept für die Vermittlung einer attraktiven, erfolgreichen Spielweise durch:

▶ abwechslungsreiche Trainingsformen zur Optimierung der technischen Fertigkeiten,

▶ neue Spielformen zur Verbesserung taktischer Elemente wie Zweikampfverhalten, Kombinationsspiel, Ballsicherung, ballorientierte Deckung u.v.m.,

▶ attraktive Spiel- und Übungsformen für mehr Ausdauer, Schnelligkeit, Kraft und Beweglichkeit ,

▶ Leitlinien für das Torhütertraining mit Anforderungsprofil und Anregungen zur Trainingsorganisation.

Band 2 • Gero Bisanz/Norbert Vieth: Leistungstraining für B-/A-Junioren und Amateure
288 Seiten, DM 45,00 (€ 23,90)

SPORTVERLAG
w w w . p h i l i p p k a . d e

Fon: 0251/23005-11, Fax: -99,
E-Mail: buchversand@philippka.de
oder Post: Postfach 15 01 05,
48061 Münster

Einzel-Technikschulung

BASISÜBUNG 1

Der Spieler steht in einem 5 Meter breiten Hütchentor. Der Trainer (T) befindet sich mit Ball zentral 4-5 Meter davor. Er spielt den Ball flach direkt auf den Spieler (o. Abb.), der ihn aufnimmt und auf T abrollt. Dabei setzt der Spieler immer abwechselnd den rechten und den linken Fuß nach vorn.

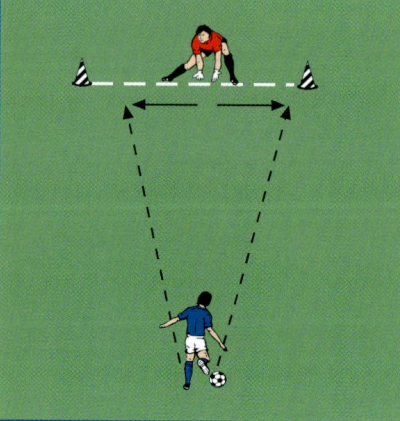

SCHWERPUNKT

- Tiefe Schrittstellung hinter dem Ball, Körpergewicht auf den Fußballen
- Ball knapp rechts vom Torhüter: rechter Fuß vorn
- Ball knapp links vom Torhüter: linker Fuß vorn

VARIATIONEN

1. T spielt den Ball flach links oder rechts neben den Spieler; dieser nimmt ihn nach einer kurzen Sidestep-Bewegung auf.
2. Der Spieler steht an einem Hütchen, T mit Ball 4 Meter zentral davor. Er spielt den Ball flach auf den Spieler, der ihn aufnimmt und auf T abrollt. Anschließend läuft er einmal um das Hütchen und nimmt wieder die Grundstellung ein. Jetzt paßt T erneut einen flachen Ball auf den Spieler. Dieser setzt immer abwechselnd einmal den rechten und einmal den linken Fuß nach vorn und läuft abwechselnd links- bzw. rechtsherum um das Hütchen.

Einzel-Technikschulung und Koordination

BASISÜBUNG 2

Wie Übung 1; nach dem Abrollen auf den Trainer (T) führt der Spieler eine Rolle vorwärts über die Schulter durch, bewegt sich rückwärts wieder in sein Tor, nimmt die Grundstellung ein und erwartet den nächsten flachen Ball. Er setzt abwechselnd den rechten und den linken Fuß nach vorn.

SCHWERPUNKT

- Wie Übung 1

VARIATIONEN

1. Der Spieler führt jetzt eine Rolle rückwärts durch, bewegt sich vorwärts wieder in sein Tor, nimmt die Grundstellung ein und erwartet den nächsten flachen Ball.
2. Der Spieler liegt in der Mitte des Tores auf dem Bauch. Auf Handzeichen von T führt er eine Rolle um die Körperlängsachse in die angezeigte Richtung aus, nimmt die Grundstellung ein, einen von T flach zugespielten Ball kurz neben dem entsprechenden Hütchen auf und rollt ihn auf T ab. Anschließend nimmt er wieder die Ausgangsstellung ein und die Übung beginnt von vorn.

Technikschulung mit mehreren Spielern

BASISÜBUNG 3

Es stehen sich zwei Spieler im Abstand von 6 Metern gegenüber. Beide befinden sich in der Mitte eines 5 Meter breiten Hütchentors. Sie rollen sich einen Ball zu; abwechselnd den rechten und den linken Fuß nach vorn setzen.

SCHWERPUNKT
• Wie Übung 1

VARIATIONEN

1. Die Spieler rollen sich den Ball so zu, daß sie eine kurze Sidestep-Bewegung ausführen müssen, bevor sie den Ball aufnehmen können.
2. Die Spieler rollen sich zwei Bälle gleichzeitig zu; beide rollen ihren Ball immer auf die linke Seite ihres Gegenübers. Wenn sie den Ball des Partners aufgenommen haben, bewegen sie sich wieder in die Mitte ihres Tores. Anschließend rollen sie den Ball erneut ab. Nach mehreren Durchgängen wird der Ball auf die rechte Seite des Gegenübers gerollt.

Übungsform am Tor

BASISÜBUNG 4

Spieler 1 steht in einem 5-Meter-Tor, Spieler 2 zentral davor in einem 8 Meter entfernten Hütchentor. Der Trainer (T) steht mit Ball genau in der Mitte. Er spielt einen flachen Ball auf Spieler 2. Dieser nimmt ihn auf und rollt ihn flach links oder rechts an T vorbei auf das 5-Meter-Tor. Spieler 1 soll ein Tor verhindern. Nach einem Torerfolg wechseln die Spieler Positionen und Aufgaben.

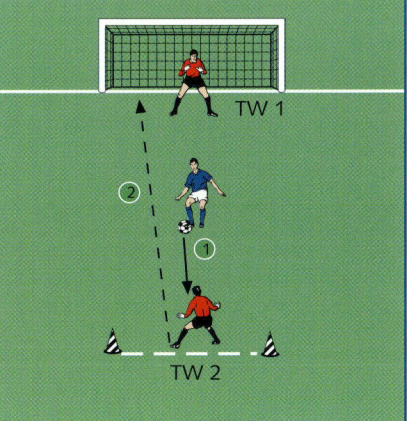

TW 1

TW 2

SCHWERPUNKT
• Übung 1

VARIATION

Seitlich neben dem 5-Meter-Tor wird ein Hütchenparcours aufgebaut. Spieler 1 steht außerhalb des Tors vor dem Parcours. 8 Meter mittig vor dem Tor gibt es einen identischen Hütchenparcours. Vor diesem befindet sich Spieler 2 mit Ball und Blickrichtung zum Tor.
Auf Kommando von T durchlaufen beide Spieler ihren Parcours. Spieler 1 nimmt anschließend die passende Grundstellung ein, Spieler 2 versucht durch ein gezieltes Abrollen des Balles in Richtung 5-Meter-Tor, zum Torerfolg zu gelangen. Nach einem Treffer erfolgen Positions- und Aufgabenwechsel.

Einzel-Technikschulung

BASISÜBUNG 1

Der Spieler steht in einem 5 Meter breiten Hütchentor, der Trainer (T) mit Ball 5 Meter zentral davor. Als Orientierungshilfe steht zentral hinter dem Tor ein weiteres Hütchen, das als Ausgangspunkt der nachfolgenden Aktion des Spielers dient. T wirft einen Ball hoch auf den Spieler. Dieser fängt ihn, wirft ihn zu T zurück und nimmt wieder die Grundstellung vor dem mittleren Hütchen ein. Der Spieler springt abwechselnd mit dem rechten und dem linken Fuß ab.

SCHWERPUNKT

- Körperschwerpunkt über das Absprungbein bringen
- Befindet sich der Ball aus Sicht des Spielers rechts, ist das Absprungbein links (und umgekehrt)

VARIATIONEN

1. T wirft den Ball jetzt immer leicht seitlich hoch neben den Spieler; dieser fängt ihn nach einem kurzen Sidestep. Er springt abwechselnd mit dem linken und dem rechten Fuß ab.
2. Der Spieler steht unmittelbar rechts neben seinem Hütchentor. T wirft von der Seite einen hohen Ball in Richtung der entfernten Torecke. Der Spieler läuft zum Ball, springt mit dem rechten Fuß ab und fängt ihn von der Seite mit einer kurzen Drehung zum Ball. Anschließend nimmt er am linken Hütchen die Grundstellung ein; die Übung beginnt erneut.

Einzel-Technikschulung und Koordination

BASISÜBUNG 2

Drei Hütchen bilden ein Dreieck (Seitenlänge 4 Meter). Der Trainer (T) steht 4 Meter vor der Grundlinie des Dreiecks, der Spieler am entferntesten Hütchen. T wirft den Ball abwechselnd in Richtung des linken und rechten Hütchens. Der Spieler bewegt sich mit folgenden Laufwegen außerhalb des Hütchendreiecks: hoher Ball in Richtung linkes Hütchen = vorwärts zum Ball, Absprung mit *rechts*, rückwärts zum hinteren Hütchen; hoher Ball in Richtung rechtes Hütchen = vorwärts zum Ball, Absprung mit *links*, rückwärts zum hinteren Hütchen.

SCHWERPUNKT

- Körperschwerpunkt über das Absprungbein bringen
- Explosiver Abdruck mit dem Sprungbein (kurzer Bodenkontakt)

VARIATIONEN

1. Der Spieler führt jetzt zu Beginn seiner Vorwärtsbewegung eine Drehung um die Körperlängsachse durch, bevor er den hohen Ball fängt.
2. Der Spieler führt zu Beginn der Rückwärtsbewegung eine Rolle vorwärts durch.
3. Der Spieler führt zu Beginn der Rückwärtsbewegung eine Rolle rückwärts durch.

Technikschulung mit mehreren Spielern

BASISÜBUNG 3

Drei Hütchen bilden ein Dreieck (Seitenlänge 4 Meter). Die Spieler stehen mit Ball hintereinander auf der Grundlinie. Der Trainer (T) befindet sich 4 Meter hinter der Dreiecksspitze. Spieler 1 spielt volley zu T, startet zum vorderen Hütchen, berührt es kurz und läuft rückwärts zu dem von T per Zuruf („1" oder „2") vorgegebenen Hütchen zurück, umläuft es, startet dann zu einem vom Trainer hoch zugeworfenen Ball und stellt sich hinten an. Jetzt startet Spieler 2.

SCHWERPUNKT
- Körperschwerpunkt über das Absprungbein bringen
- Explosiver Abdruck mit dem Sprungbein (kurzer Bodenkontakt)

VARIATION

Vor dem Rückwärtslauf zum vorgegebenen Hütchen Rolle rückwärts in dessen Richtung. Sobald T „stop" ruft, bricht der Spieler die Rückwärtsbewegung ab und läuft direkt zum hohen Ball.

Übungsform am Tor

BASISÜBUNG 4

Torhüter 1 steht in einem 5-Meter-Tor, der Trainer (T) mit einem Ball 5 Meter rechts oder links daneben auf der Torauslinie. 12 Meter zentral vor dem Tor wartet Torhüter 2 an einem Hütchen. T wirft den Ball hoch vor das Tor, Torhüter 1 fängt ihn von der Seite und rollt ihn auf Torhüter 2. Er soll durch einen gezielten Schuß (Innenseite oder Innenspann) ein Tor erzielen. Gelingt das, erfolgt ein Positions- und Aufgabenwechsel.

SCHWERPUNKT
- Körperschwerpunkt über das Absprungbein bringen
- Explosiver Abdruck mit dem Sprungbein (kurzer Bodenkontakt)
- Rasches Reagieren

VARIATIONEN

1. Torhüter 2 steht nicht zentral vor dem Tor, sondern halblinks bzw. halbrechts.
2. T steht auf Höhe der rechten oder linken Torraumecke und hat einen zweiten Ball. Nachdem Torhüter 1 einen hohen Ball von der Seite gefangen und auf Torhüter 2 abgerollt hat, spielt T den zweiten Ball in die kurze Torecke. Torhüter 1 fällt zum flachen Ball auf die Seite, rollt ihn aus der Seitenlage zum Trainer zurück und kommt schnell hoch, um den Schuß von Torhüter 2 abzuwehren.

Einzel-Technikschulung

BASISÜBUNG 1

Der Spieler steht zentral mit Ball in einem 6 Meter breiten Hütchentor. Er rollt den Ball flach auf den Trainer (T), der ihn flach und dosiert auf die linke Seite spielt.

Der Spieler witft sich nach einem Schritt zur Seite nach dem Ball und steht wieder auf. Anschließend beginnt die Übung von vorn; der Ball wird jetzt von T nach rechts gespielt.

VARIATIONEN

1. Der Spieler startet erst auf Kommando von T zum Ball.
2. Wie zuvor; jetzt beginnt der Spieler in Bauchlage.

SCHWERPUNKT

- Abrollen über Hüfte, Körperseite und Schulter
- Die Hände gehen zum Ball
- Den Ball am Körper sichern

Einzel-Technikschulung und Koordination

BASISÜBUNG 2

Hütchen wie in der Abbildung aufstellen.

Der Trainer (T) befindet sich mit Ball 3 Meter zentral davor. Der Spieler durchläuft die Hütchenreihe im Sidestep und wirft sich nach einem flachen Ball von T auf die Seite. Läuft der Spieler rechts um das erste Hütchen, wird der flache Ball auf die rechte Seite gespielt und umgekehrt (Sidestep nach links, Sidestep nach rechts und Fallen zum flachen Ball auf die Seite).

VARIATION

Der Spieler rollt den Ball aus der Seitenlage zu T zurück, durchläuft die Hütchenreihe zunächst rückwärts bis zur Ausgangsposition und anschließend im Sidestep erneut. Jetzt soll er einen flachen Ball auf der anderen Seite halten.

SCHWERPUNKT

- „Bein vorbringen" – wirft sich der Torhüter auf die rechte Seite, muß er das Knie des linken Beines leicht nach vorne mitnehmen, um ein Überdrehen auf den Rücken zu vermeiden (auf der linken Seite entsprechend)

Technikschulung mit mehreren Spielern

BASISÜBUNG 3

Zwei Torhüter üben gemeinsam; beide stehen mit Ball in der Hand in der rechten Ecke ihrer 6 Meter breiten und 7 Meter voneinander entfernten Hütchentore. Auf Kommando des Trainers (T) rollen beide ihren Ball gleichzeitig gerade in Richtung des anderen Tors und werfen sich nach dem Ball des Partners. Im Anschluß beginnt die Übung in der anderen Torecke von vorn.

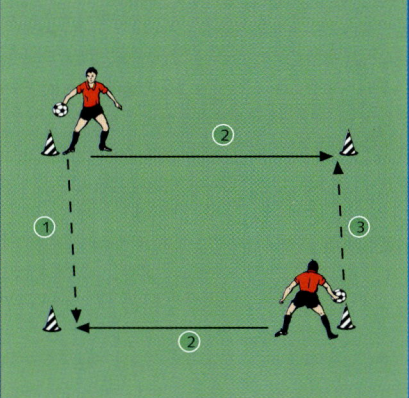

VARIATIONEN

1. Der Ball wird jetzt nicht abgerollt, sondern mit der Innenseite flach gepaßt.
2. Wettkampf: Beide Torhüter liegen in der rechten Ecke ihres Tores auf dem Bauch, der Ball liegt vor ihnen. Auf Kommando von T sollen sie durch gezieltes Abrollen zum Torerfolg beim Gegenüber gelangen und gleichzeitig einen Treffer des Partners verhindern.

SCHWERPUNKT

* Abrollen über Hüfte, Körperseite und Schulter
* „Ball vorne halten": Bei einem flachen Ball rechts/links mit dem rechten/linken Fuß einen kleinen Schritt zum Ball ausführen und ihn möglichst früh halten

Übungsform am Tor

BASISÜBUNG 4

Torhüter 1 steht in einem 5-Meter-Tor, 3 Meter vor ihm befindet sich der Trainer (T) mit Ball. 12 Meter zentral vor dem Tor steht Torhüter 2 an einem Hütchen. T spielt einen flachen Ball abwechselnd auf den linken und rechten Fuß von Torhüter 1, der ihn direkt zurückspielt. T läßt plötzlich einen Ball durch seine gegrätschten Beine laufen. Torhüter 2 soll nun mit Innenseite oder Innenspann (Flachschuß!) ein Tor erzielen. Im Erfolgsfall Positions- und Aufgabenwechsel. T bleibt während des Schusses von Torhüter 2 vor 1, um die Sicht zu versperren oder den Ball abzufälschen.

VARIATION

Torhüter 2 hat einen zusätzlichen Ball. T läßt den Ball nicht länger durch seine gegrätschten Beine laufen, sondern paßt überraschend links oder rechts neben Torhüter 1, so daß dieser den Ball nur im Fallen auf die Seite erreichen kann. Er rollt den Ball aus der Seitenlage auf T zurück, kommt schnell hoch und hält den nun folgenden Schuß von Torhüter 2.

SCHWERPUNKT

* Rasches Reagieren
* Abrollen über Hüfte, Körperseite und Schulter
* Die Hände gehen zum Ball
* Den Ball am Körper sichern

Einzel-Technikschulung

BASISÜBUNG 1

Der Torhüter und der Trainer (T) stehen sich im Abstand von 15 Metern gegenüber, zwischen beiden befindet sich ein 5-Meter-Tor. Beide spielen sich einen Ball über das kleine Tor als Abschlag/Volley zu.

VARIATIONEN

1. Jetzt dasselbe mit zwei Bällen.
2. T verändert seine Position zur Seite und muß jetzt dort angespielt werden.
3. T wirft dem Torhüter einen Ball frontal über das Tor zu; dieser fängt ihn und spielt ihn als Abschlag/Volley wieder auf den Trainer.
4. T wirft den Ball hoch, aber seitlich neben den Torhüter. Weiter wie 3.

SCHWERPUNKT

- Fließende Bewegungen: Nach dem Treffen des Balls schwingt das Schußbein in Spielrichtung aus und geht einen Schritt nach.

Einzel-Technikschulung und Koordination

BASISÜBUNG 2

Der Torhüter steht mit Ball in der Mitte eines 5 Meter breiten Hütchentores, der Trainer (T) 10 Meter zentral davor. Der Torhüter spielt T den Ball zunächst als Abschlag/Volley oder Dropkick in die Hände. Danach bewegt er sich im Sidestep zum linken Hütchen, berührt dieses und fängt einen ihm hoch zugeworfenen Ball von der Seite. Im Anschluß spielt er T den Ball wieder als Abschlag/Volley oder Dropkick zu und bewegt sich zum rechten Hütchen usw.

VARIATIONEN

1. Der Torhüter führt eine Drehung um die Körperlängsachse durch, bevor er das Hütchen berührt.
2. Nachdem er das Hütchen berührt hat, wirft sich der Torhüter nach einem flach zur Seite gespielten Ball.

SCHWERPUNKT

- (Abschlag) Den Ball nach wenigen kurzen Schritten mit beiden Händen nur kurz anwerfen
- (Dropkick) Den Ball mit ausgestreckten Armen vor dem Körper fallenlassen oder mit einer Hand anwerfen

Technikschulung mit mehreren Spielern

BASISÜBUNG 3

Zwei Torhüter stehen sich im Abstand von 15 Metern in 6 Meter breiten Hütchentoren gegenüber. Ein Torhüter hat einen Ball, den sich beide als Abschlag/Volley oder Dropkick zuspielen.

VARIATIONEN

1. Der Torhüter ohne Ball bietet sich am linken oder rechten „Torpfosten" an und wird von seinem Partner genau angespielt.
2. Beide Torhüter haben einen Ball und spielen gleichzeitig.
3. Ein Torhüter spielt seinen Ball immer als Abschlag/Volley; der andere stets als Dropkick. Nach mehreren Durchgängen Aufgabenwechsel.

SCHWERPUNKT (DROPKICK)

- Das Knie des Spielbeins ist angehoben; der Ball wird unter Kniehöhe getroffen
- Kurze, schnelle Bewegung zum Ball (kein Ausschwingen des Spielbeins)
- Das Fußgelenk ist fixiert, die Fußspitze zeigt nach unten

Übungsform am Tor

BASISÜBUNG 4

Der Torhüter steht mit Ball hinter einem 5-Meter-Tor, der Trainer (T) 12 Meter zentral davor an einem Hütchen. Der Torhüter spielt T mit einem gezielten Abschlag an, läuft schnell um das Tor und hält einen flachen Schuß von T in eine Torecke.
Diese Übung sollte im Idealfall mit mehreren Torhütern ausgeführt werden.

VARIATIONEN

1. Ein zusätzlicher Torhüter steht im Tor. Nachdem T den Ball von Torhüter 1 gefangen hat, legt er ihn am Hütchen ab. 1 läuft vor das Tor. Torhüter 2 startet zum abgelegten Ball, nimmt ihn auf und versucht, durch einen gezielten Abschlag oder Dropkick auf das 5-Meter-Tor zum Erfolg zu gelangen, bevor sich Torhüter 1 orientieren kann.
2. Beide Torhüter führen zuerst eine Rolle vorwärts aus, bevor sie zum Tor bzw. Ball starten dürfen.

SCHWERPUNKT (ABSCHLAG)

- Das Schußbein nach vorne schwingen, den Ball mit dem Vollspann treffen
- Fließende Bewegungen: Nach dem Treffen des Balles das Schußbein in Spielrichtung ausschwingen und einen Schritt nachgehen

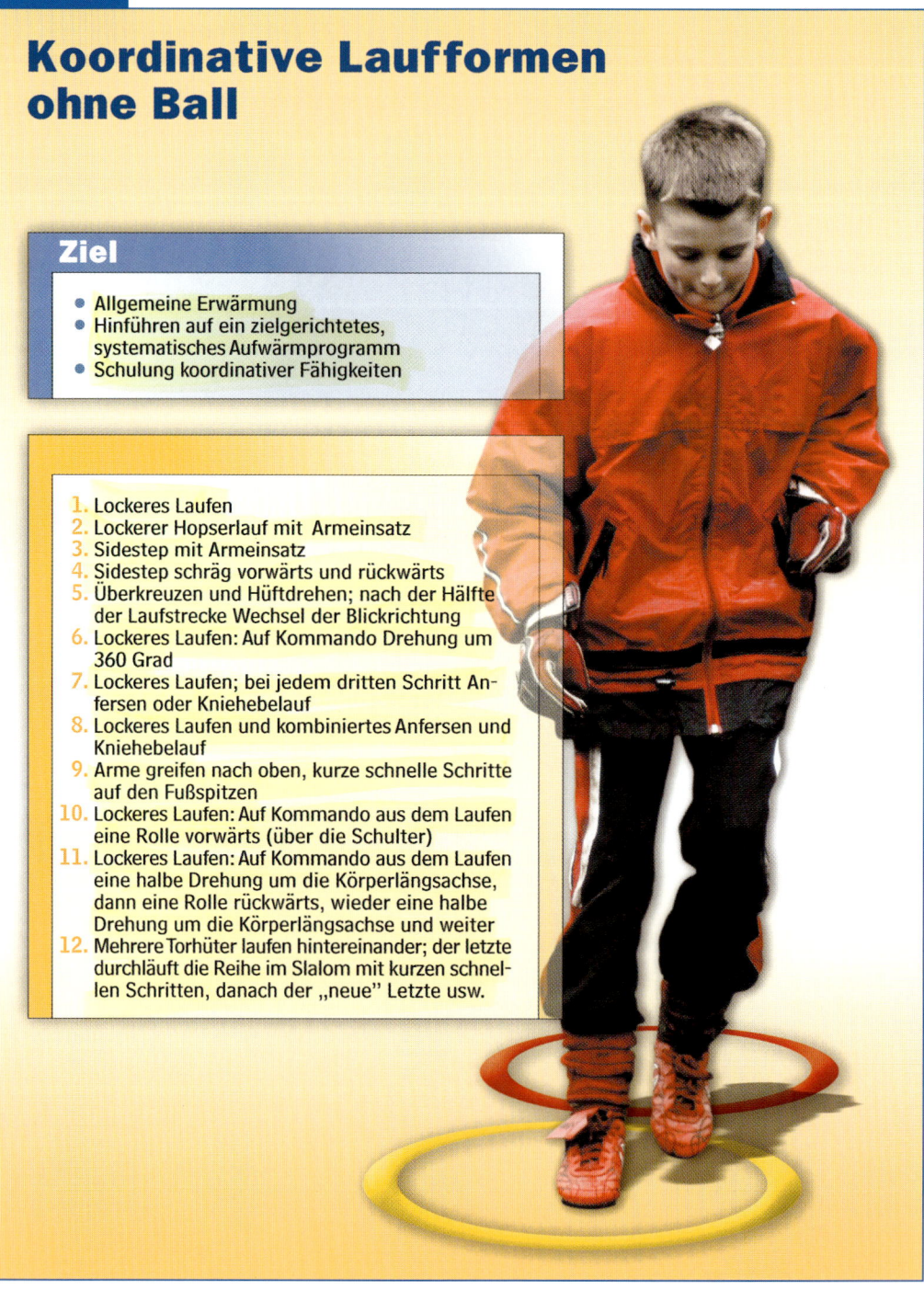

Abb. 6

Koordinative Laufformen ohne Ball

Ziel

- Allgemeine Erwärmung
- Hinführen auf ein zielgerichtetes, systematisches Aufwärmprogramm
- Schulung koordinativer Fähigkeiten

1. Lockeres Laufen
2. Lockerer Hopserlauf mit Armeinsatz
3. Sidestep mit Armeinsatz
4. Sidestep schräg vorwärts und rückwärts
5. Überkreuzen und Hüftdrehen; nach der Hälfte der Laufstrecke Wechsel der Blickrichtung
6. Lockeres Laufen: Auf Kommando Drehung um 360 Grad
7. Lockeres Laufen; bei jedem dritten Schritt Anfersen oder Kniehebelauf
8. Lockeres Laufen und kombiniertes Anfersen und Kniehebelauf
9. Arme greifen nach oben, kurze schnelle Schritte auf den Fußspitzen
10. Lockeres Laufen: Auf Kommando aus dem Laufen eine Rolle vorwärts (über die Schulter)
11. Lockeres Laufen: Auf Kommando aus dem Laufen eine halbe Drehung um die Körperlängsachse, dann eine Rolle rückwärts, wieder eine halbe Drehung um die Körperlängsachse und weiter
12. Mehrere Torhüter laufen hintereinander; der letzte durchläuft die Reihe im Slalom mit kurzen schnellen Schritten, danach der „neue" Letzte usw.

Koordinative Laufformen mit Ball

ÜBUNG 1

Jeder Torhüter hat einen Ball und übt selbständig. Er dribbelt über eine Laufstrecke, die nächsten beiden Laufstrecken werden ohne Ball unter Erfüllung koordinativer Aufgaben zurückgelegt (siehe koordinative Laufformen ohne Ball).

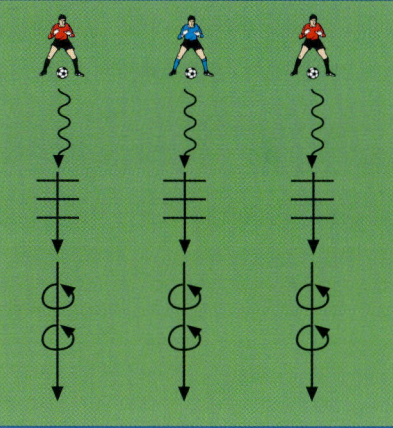

ZIEL

- Allgemeine Erwärmung
- Schulung koordinativer Fähigkeiten
- Schulung technischer Fertigkeiten (Verarbeiten von Rückpässen)

VARIATIONEN

1. Nur mit dem rechten bzw. linken Fuß dribbeln.
2. Den Ball abwechselnd mit der rechten bzw. linken Innenseite spielen.
3. Den Ball mit der rechten bzw. linken Fußsohle seitlich mitnehmen.
4. Den Ball kurz dribbeln, dann zwischen den Füßen schnell hin und her spielen („tänzeln"), anschließend wieder dribbeln.
5. Den Ball aus dem Dribbling kurz vorspielen, es folgt eine Drehung um die Körperlängsachse, anschließend wieder dribbeln.

ÜBUNG 2

Jeder Torhüter hat einen Ball und übt selbständig. Jede Laufstrecke wird mit Ball zurückgelegt.
Die Torhüter prellen den Ball im Laufen abwechselnd mit der rechten und der linken Hand.

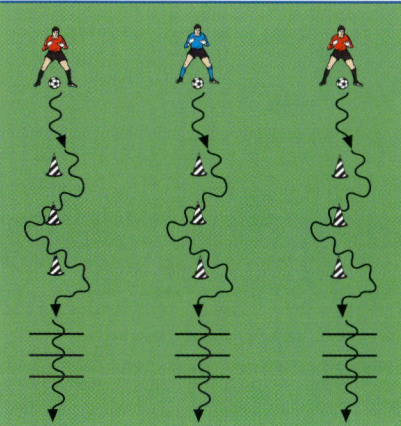

ZIEL

- Allgemeine Erwärmung
- Motivierendes Aufwärmen
- Schulung koordinativer Fähigkeiten
- Schulung torwartspezifischer Techniken
- Verbesserung des Ballgefühls und der Geschicklichkeit

VARIATIONEN

1. Kräftig prellen, im Hopserlauf abwechselnd mit rechts und links.
2. Kräftig prellen im Lauf, schnelle Drehung um die Körperlängsachse, dann weiterprellen.
3. Prellen mit der rechten Hand. Der Ball wird einmal kräftig aufgeprellt, die Torhüter laufen seitlich unter ihm durch und prellen ihn dann mit der linken Hand weiter (ständiger Wechsel der Seiten und Hände).
4. Der Torhüter führt den Ball im Gehen in Form einer Acht durch die Beine (abwechselnd links und rechts).

ÜBUNG 3

Jeder Torhüter hat einen Ball und übt selbständig. Jede Laufstrecke wird mit Ball zurückgelegt.
Der Torhüter führt den Ball im Gehen in Form einer Acht durch die Beine. Auf Kommando des Trainers bleibt er stehen, grätscht seitlich die Beine, rollt den Ball mit beiden Händen von hinten durch die gegrätschten Beine und wirft sich vorwärts nach dem Ball (und zwar abwechselnd auf die rechte und auf die linke Seite).

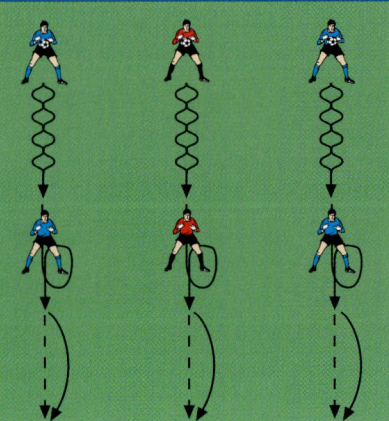

ZIEL
• Wie bei Übung 2

VARIATION

Der Torhüter macht einen kurzen Ausfallschritt nach vorn, rollt den Ball mit der rechten (linken) Hand von rechts (links) durch die Beine und wirft sich auf die linke (rechte) Seite.

ÜBUNG 4

Jeder Torhüter hat einen Ball und übt selbständig. Jede Laufstrecke wird mit Ball zurückgelegt.
Die Torhüter führen den Ball im Lauf abwechselnd rechts und links in Hüfthöhe um den Körper.

ZIEL
• Wie bei Übung 2

VARIATIONEN

1. Der Ball wird nur einmal um den Körper geführt, dann mit der rechten (linken) Hand über den Kopf auf die andere Seite geworfen; die Übung beginnt erneut.
2. Den Ball abwechselnd im Laufen mit dem rechten und linken Knie hochspielen und wieder fangen.
3. Den Ball im Lauf aus der Hand abwechselnd mit dem linken und dem rechten Fuß kurz hochschießen und wieder fangen.

ÜBUNG 5

Zwei Torhüter (jeweils mit Ball) üben gemeinsam.
Sie laufen nebeneinander und werfen sich die Bälle auf Kommando gleichzeitig zu (ein Ball wird hoch, der andere halbhoch geworfen).

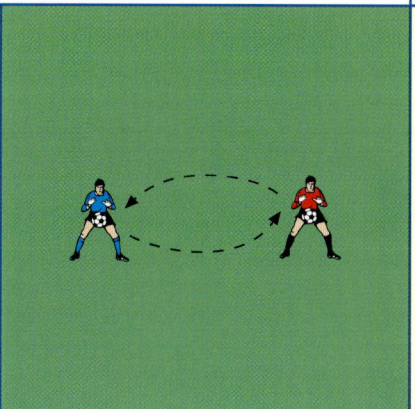

ZIEL
• Wie Übung 2

VARIATIONEN

1. Selbe Übung, nur bewegen sich die Torhüter im Sidestep.
2. Beide Torhüter laufen nebeneinander, prellen auf Kommando ihren Ball auf den Boden und wechseln schnell auf die andere Seite zum Ball des Partners.

ÜBUNG 6

Zwei Torhüter (jeweils mit Ball) üben gemeinsam.
Beide laufen hintereinander. Auf Kommando prellt der vordere Torhüter seinen Ball kräftig vor sich auf den Boden und startet nach vorn. Der zweite Torhüter wirft seinen Ball sofort im Bogen über seinen Vordermann. Beide starten zum Ball des anderen und versuchen, ihn möglichst früh zu sichern.

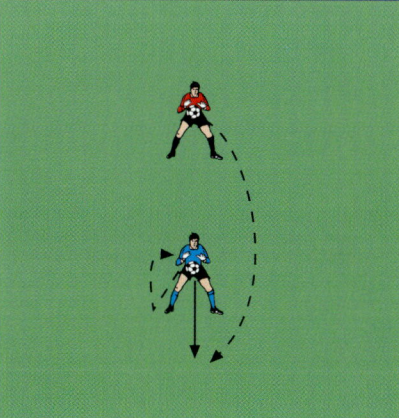

ZIEL
• Wie Übung 2

VARIATIONEN

1. Den Abstand zwischen beiden Torhütern ein wenig vergrößern. Der vordere Torhüter prellt seinen Ball durch die gegrätschten Beine nach hinten, der zweite wirft seinen Ball im Bogen über seinen Vordermann. Beide versuchen, den Ball des anderen so früh wie möglich zu sichern.
2. Der vordere Torhüter wirft seinen Ball hoch über seinen Kopf, der hintere reagiert sofort und wirft seinen Ball über seinen Partner nach vorn. Beide versuchen, den Ball so früh wie möglich zu sichern.

Laufformen mit Ball und Trainer

ÜBUNG 1

Es üben zwei Torhüter und der Trainer (T) gemeinsam; beide Torhüter haben einen Ball.
T läuft zwischen den Torhütern. Auf sein Kommando wirft ein Torhüter T seinen Ball zu. T wirft ihn seitlich hoch und der Torhüter fängt ihn aus dem Lauf in der Luft.

VARIATIONEN

1. Nachdem ein Torhüter T den Ball zugeworfen hat, führt er eine Drehung um die Körperlängsachse aus, bevor er den Ball fängt (T wirft den Ball leicht verzögert hoch, damit der Torhüter Zeit für die Drehung hat).
2. Der Torhüter muß eine Rolle vorwärts ausführen, bevor er den Ball fängt.

ZIEL

- Allgemeine Erwärmung
- Motivierendes Aufwärmen
- Schulung koordinativer Fähigkeiten
- Schulung torwartspezifischer Techniken
- Verbesserung des Ballgefühls und der Geschicklichkeit

ÜBUNG 2

Wie oben, auf ein akustisches Signal des Trainers werfen beide Torhüter ihren Ball aus dem Lauf gerade vor sich hoch, wechseln auf die andere Seite und fangen den Ball des Partners in der Luft.

Hinweis: Die Laufwege vorgeben, um ein Zusammenstoßen der Torhüter zu vermeiden. Exaktes Timing des Ballwurfs ist notwendig. Sollte die Übungsform zu anspruchsvoll sein, zunächst nur mit einem Ball üben!

„Hepp"

VARIATIONEN

1. Ein Torhüter wirft seinen Ball hoch in die Luft, der andere prellt seinen Ball kräftig auf den Boden.
2. Ein Torhüter wirft seinen Ball hoch in die Luft, der andere läßt seinen Ball fallen.

ZIEL
- Wie Übung 1

ÜBUNG 3

Wie zuvor; auf Kommando des Trainers rollen beide Torhüter ihren Ball gleichzeitig gerade nach vorne, wechseln auf vorgegebenen Laufwegen schnell auf die andere Seite und werfen sich dann zum gerollten Ball des Partners (der von rechts kommende Torhüter wirft sich immer auf die rechte Seite, der von links kommende Torhüter auf die linke).

ZIEL
• Wie Übung 1

VARIATION

Bevor die Torhüter sich nach dem Ball werfen, müssen sie eine koordinative Aufgabe erfüllen (Drehung um die Körperlängsachse, Rolle vorwärts usw.).

ÜBUNG 4

Zwei Torhüter üben gemeinsam mit dem Trainer (T). Sie laufen ohne Ball hintereinander; T mit Ball seitlich daneben. Auf sein Kommando bleibt der vordere Torhüter stehen und grätscht die Beine; der hintere Torhüter krabbelt durch die gegrätschten Beine und wirft sich nach einem von T flach zugerollten Ball.
Anschließend Aufgabenwechsel.

ZIEL
• Wie Übung 1

VARIATIONEN

1. Wie zuvor, nur macht der Torhüter noch eine Rolle vorwärts, bevor er sich nach dem Ball wirft.
2. Auf Kommando von T bleibt der vordere Torhüter stehen und nimmt eine Bockstellung ein. Der hintere springt über ihn und fängt einen hohen, von T seitlich zugeworfenen Ball.

Spielform 1

ÜBUNG 1

In einem Feld von 10 x 10
Metern üben zwei Torhüter
gemeinsam (4 Torhüter
wären eine optimale Grup-
penstärke). Das Feld ist in der
Mitte durch zwei oder drei
Hütchentore von 2 Metern
Breite in zwei Hälften geteilt.
Jeder Torhüter hat einen Ball;
je ein Torhüter von jeder 2er-
Gruppe befindet sich in der
linken, der andere in der rechten Hälfte.
Ohne zusammenzustoßen
oder das Feld zu verlassen,
dribbeln die Torhüter den
Ball. Auf Kommando des Trainers passen sie sich die Bälle
durch ein beliebiges Hütchentor zu, nehmen den Ball des
Partners an und dribbeln weiter.

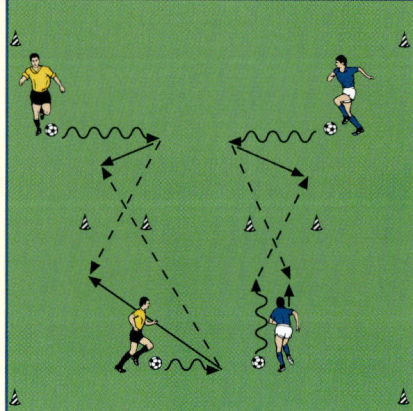

ZIEL
• Motivierendes Aufwärmen
• Schulung koordinativer Fähigkeiten
• Schulung torwartspezifischer und allge-
  meiner Techniken
• Verbesserung des Ballgefühls und der
  Geschicklichkeit

VARIATIONEN

1. Die Torhüter übergeben
den Ball wie folgt an den Partner: Sie dribbeln aufeinander
zu, stoppen den Ball in einem
Hütchentor und dribbeln sofort mit dem Ball des Partners
in die andere Hälfte. Durch
Blickkontakt einigen sie sich
auf ein Hütchentor.
2. Die Torhüter passen ihren
Ball durch dasselbe (einigen!)
Hütchentor, laufen um es herum und dribbeln ihren Ball in
der anderen Hälfte weiter.

ÜBUNG 2

Wie zuvor.
Die Torhüter prellen ihren Ball
abwechselnd mit der linken
und der rechten Hand. Auf
Kommando des Trainers prellen sie den Ball einmal kräftig
auf den Boden, wechseln
durch ein beliebiges Tor in die
andere Hälfte und sichern den
Ball des Partners möglichst
schnell am Körper.

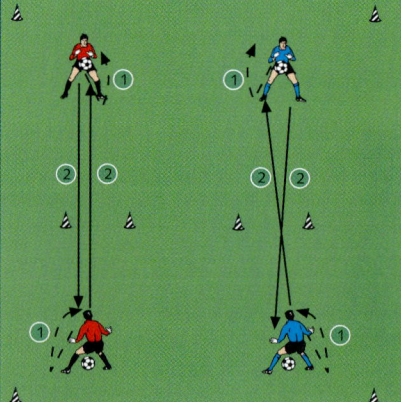

ZIEL
• Wie Übung 1

VARIATION

Die Torhüter müssen erst eine
koordinative Aufgabe erfüllen
(Drehung um die Körper-
längsachse, Rolle vorwärts
usw.), bevor sie in die andere
Hälfte wechseln.

Spielform 2

ÜBUNG 1

In einem abgesteckten Feld von 10 x 10 Metern bewegen sich mehrere Torhüter mit Ball. Das Feld ist durch ein Hütchentor (2 Meter breit) in der Mitte in zwei Hälften geteilt.

Die Torhüter dribbeln den Ball. Auf Kommando paßt der aufgerufene Torhüter seinen Ball genau zum Trainer, läuft im Sidestep durch das Hütchentor und wirft sich noch zu einem vom Trainer flach zugespielten Ball.

VARIATION

Der Torhüter muß erst eine koordinative Aufgabe durchführen, bevor er nach dem flachen Ball wirft (Drehung um die Körperlängsachse, Rolle vorwärts, Bauchlage, Lauf um ein Hütchen usw.).

ZIEL

- Motivierendes Aufwärmen
- Schulung koordinativer Fähigkeiten
- Schulung torwartspezifischer und allgemeiner Techniken
- Verbesserung des Ballgefühls und der Geschicklichkeit

ÜBUNG 2

Wie zuvor.

Ohne zusammenzustoßen oder das Feld zu verlassen, dribbeln die Torhüter den Ball in einer Hälfte. Auf Kommando des Trainers wechseln alle Torhüter mit ihrem Ball durch das Hütchentor in die andere Hälfte usw.

VARIATIONEN

1. Die Torhüter spielen den Ball auf Kommando durch das Hütchentor, drehen sich um die Körperlängsachse und erlaufen den Ball in der anderen Hälfte.
2. Die Torhüter führen jetzt eine Rolle vorwärts aus, bevor sie den Ball erlaufen.

ZIEL

- Wie Übung 1

ÜBUNG 3

Wie zuvor.
Ohne zusammenzustoßen oder das Feld zu verlassen, dribbeln die Torhüter den Ball in einer Hälfte. Auf Kommando des Trainer stoppen sie ihren Ball, laufen durch das Hütchentor in die andere Hälfte, führen eine Rolle vorwärts aus, laufen wieder durch das Hütchentor zu einem anderen Ball und dribbeln weiter.

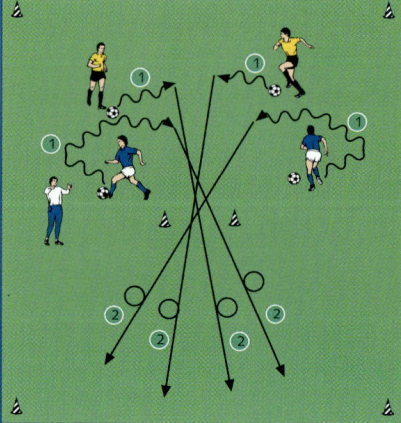

ZIEL
● Wie Übung 1

VARIATION

Wettkampf: Ein Torhüter hat keinen Ball.
Wer hat nach der Rückkehr aus der anderen Hälfte keinen Ball?

Spielform 3

ÜBUNG 1

In einem Feld von 10 x 10 Metern üben zwei Torhüter gemeinsam (4 Torhüter wären eine optimale Gruppenstärke); jeder Torhüter hat einen Ball.
Die Torhüter prellen ihren Ball abwechselnd mit der rechten und der linken Hand und übergeben ihn im Laufen oft an den Partner.

ZIEL
● Motivierendes Aufwärmen
● Schulung koordinativer Fähigkeiten
● Schulung torwartspezifischer Techniken
● Verbesserung des Ballgefühls und der Geschicklichkeit

VARIATIONEN

1. Die Torhüter werfen sich die Bälle im Laufen oft zu.
2. Nach jedem Balltausch rollt jeder seinen Ball kurz vor sich und wirft sich nach ihm. (Hinweis: Abwechselnd auf die linke bzw. die rechte Seite!)
3. Bevor der Torhüter sich nach dem Ball wirft, führt er eine koordinative Übung aus (Drehung um die Körperlängsachse, Rolle vorwärts usw.).

ÜBUNG 2

Wie zuvor.
Die Torhüter führen ihren Ball im Lauf in Hüfthöhe um den Körper. Auf Kommando des Trainers prellt jeder seinen Ball einmal kräftig auf den Boden, läuft zum Ball des Partners und sichert diesen so schnell wie möglich am Körper. Die Laufwege werden festgelegt.

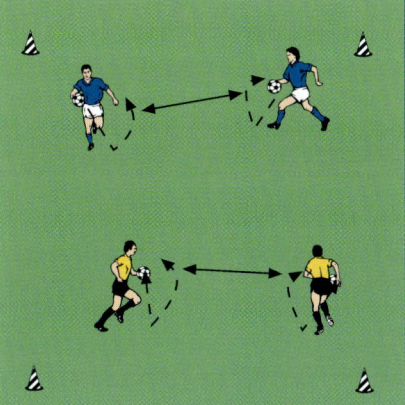

ZIEL
• Wie Übung 1

VARIATIONEN

1. Jeder Torhüter prellt seinen Ball von vorn durch die gegrätschten Beine, läuft zum Ball des Partners und sichert diesen so schnell wie möglich am Körper.
2. Jeder Torhüter wirft seinen Ball hoch, läuft zum Ball des Partners und versucht, diesen noch in der Luft zu fangen.

Praktische Übungsformen zu den einzelnen Techniken

Fangen halbhoher Bälle (frontal und von der Seite)

Beherrscht ein D-Juniorentorhüter die Grundtechniken, kann er sich anspruchsvolleren Übungen widmen. Für jede im Anforderungsprofil aufgeführte Technik stellen wir drei Basisübungen vor, die sich variieren und miteinander kombinieren lassen. Auf eine isolierte Technikschulung wird verzichtet; sie erfolgt jetzt immer in Verbindung mit koordinativen Übungen oder einer weiteren torhüterspezifischen Technik.

Auf die taktischen Elemente „Stellungsspiel", „Verhalten bei Standardsituationen", „Spielaufbau bei Ballbesitz", „1 gegen 1" und „Durchsetzungsvermögen im Kampf um den Ball" gehen wir innerhalb der Basisübungen 3 ein. Diese Elemente sollten daneben verstärkt innerhalb des Mannschaftstrainings geschult werden.

MERKE:

Eine koordinative Schulung sollten Sie nicht isoliert vornehmen; sie erfolgt besser innerhalb des Aufwärmprogramms und in Verbindung mit technischen Übungsformen.

Bei allen Übungen am Tor sollte zur leichteren Orientierung in der Tormitte ein Hütchen plaziert werden.

Technik und Koordination

BASISÜBUNG 1A

Der Torhüter steht vor dem linken Pfosten eines 3 Meter breiten Hütchentors, der Trainer (T) mit Ball 5 Meter zentral vor dem Tor. Er spielt halbhoch auf den Torhüter, der den Ball fängt und auf T zurückwirft, eine schnelle Drehung um die Körperlängsachse nach rechts ausführt und vor dem rechten Pfosten die Grundstellung einnimmt. Dort fängt er den nächsten halbhohen Ball von T frontal usw.

VARIATIONEN

1. Der Torhüter läuft nach der Drehung um die Körperlängsachse mit raschen und kurzen Schritten um das Hütchen, bevor er wieder die Grundstellung einnimmt.
2. Der Torhüter dreht sich um die Körperlängsachse, so daß er mit dem Rücken zum Pfosten steht. Jetzt läuft er rückwärts um den Pfosten und nimmt dann die Grundstellung ein.

SCHWERPUNKT

- Leichte Schrittstellung/Bewegung in Richtung Ball, leicht vorgebeugter Oberkörper
- Arme und Hände gehen dem Ball fast ganz ausgestreckt entgegen
- Ellbogen so eng wie möglich aneinander

BASISÜBUNG 1B

Der Torhüter sitzt 2 Meter vor einem 3 Meter breiten Hütchentor. Der Trainer (T) befindet sich mit Ball 5 Meter zentral davor. Auf sein Kommando führt der Torhüter eine Rolle rückwärts aus, steht – ohne seine Hände zu benutzen – schnell auf, nimmt die Grundstellung ein und fängt einen von T frontal zugespielten halbhohen Ball. Nachdem er den Ball auf T zurückgeworfen hat, führt er eine Rolle vorwärts aus und nimmt wieder die Sitzposition zentral vor dem Tor ein.

SCHWERPUNKT
• Wie Übung 1A

VARIATIONEN

1. Der Torhüter befindet sich im Kniestand, fängt einen frontal und halbhohen Ball von T und wirft ihn auf ihn zurück. Anschließend fängt er einen zweiten Ball von T neben dem Körper, sichert ihn, rollt sich auf die Seite ab und kommt durch einen Impuls aus dem Ellbogen wieder hoch. Der Ball wird während der Abrollbewegung am Körper gesichert.
2. Der Torhüter fängt den frontalen, halbhohen Ball von T im Stand; die Abrollbewegung erfolgt ebenfalls aus dem Stand.

Technikschulung mit mehreren Torhütern

BASISÜBUNG 2A

Zwei Torhüter stehen sich 10 Meter gegenüber. Sie befinden sich jeweils in der Mitte eines 7 Meter breiten Hütchentores. 2 Meter hinter jedem Torhüter steht ein weiteres Hütchen. Torhüter 1 wirft einen Ball einhändig von unten so auf Torhüter 2, daß er den halbhohen, frontalen Ball zwischen Hüfte und Brust fangen kann. Anschließend wirft Torhüter 2 auf Torhüter 1 usw.

SCHWERPUNKT
• Hände und Oberarme nehmen dem anfliegenden Ball das Tempo
• Der Oberkörper neigt sich über den Ball, die Hände umschließen den Ball

VARIATION

Der Trainer (T) steht mit Ball 5 Meter seitlich zwischen den Torhütern. Nachdem Torhüter 1 seinen Ball auf Torhüter 2 gespielt hat, dreht er sich in Richtung T, nimmt die Grundstellung ein und fängt einen halbhohen Ball von T von der Seite. Anschließend wirft er ihn zu T zurück, dreht sich in Richtung von Torhüter 2 und nimmt die Grundstellung ein. Torhüter 2 spielt halbhoch auf Torhüter 1, dreht sich in Richtung T, nimmt die Grundstellung ein und fängt einen halbhohen Ball von T von der Seite usw.

BASISÜBUNG 2B

Wie zuvor.
Nachdem Torhüter 1 seinen Ball mit der Innenseite flach auf Torhüter 2 gepaßt hat, dreht er sich in Richtung Trainer (T), nimmt die Grundstellung ein und fängt einen halbhohen Ball von T von der Seite. Torhüter 2 läßt den von 1 gepaßten Ball so lange zwischen den Füßen tänzeln, bis 1 seinen Ball auf T zurückgeworfen hat. Nun paßt 2 seinen Ball zu 1, dreht sich zu T, nimmt die Grundstellung ein und fängt einen halbhohen Ball von T von der Seite. Jetzt läßt 1 den Ball zwischen den Füßen tänzeln usw.

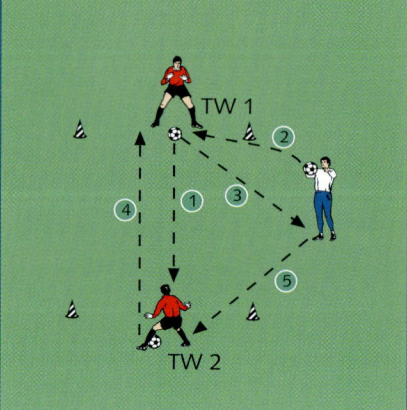

SCHWERPUNKT
• Wie Übung 2A

VARIATIONEN
1. T wirft einen Ball hoch von der Seite, der vom Torhüter gefangen und zurückgeworfen wird.
2. T spielt Ball flach von der Seite, der vom Torhüter mit dem Fuß direkt zurückgespielt wird.

Übungsformen am Tor

BASISÜBUNG 3A

Der Torhüter steht in der Mitte eines großen Tores, der Trainer (T) mit zwei Bällen 10 Meter zentral davor. Einen Ball hält er in den Händen, einer liegt vor den Füßen. Er spielt den ersten als Dropkick halbhoch auf den Torhüter. Dieser fängt ihn und wirft ihn auf T zurück. Anschließend spielt T den zweiten Ball flach auf die Seite des Torhüters.

SCHWERPUNKT
• Leichte Schrittstellung/die Bewegung geht in Richtung Ball, der Oberkörper ist leicht vorgebeugt
• Abrollen über Hüfte, Körperseite und Schulter

VARIATIONEN
1. T wirft den zweiten Ball frontal vor dem Torhüter hoch, der ihn fängt und auf T zurückwirft.
2. Ein zweiter Torhüter steht 15 Meter zentral vor dem Tor. Nachdem Torhüter 1 den Ball gefangen hat, rollt er ihn auf Torhüter 2, der mit einem gezielten Spannstoß zum Torerfolg gelangen soll. Positions- und Aufgabenwechsel nach einem Treffer oder nach mehreren Durchgängen.
3. Torhüter 2 spielt den Ball flach und gezielt mit der Innenseite.

BASISÜBUNG 3B

Die Torraumlinie eines großen Tores durch zwei Hütchen in drei gleich große Abschnitte (Tore) unterteilen. Torhüter 1 steht rechts vor dem Tor, Torhüter 2 auf der Torlinie in der Mitte des Tores an einem Hütchen. Er hat die Aufgabe, das Stellungsspiel von Torhüter 1 zu überprüfen (gedachte Linie: Mitte des Tores – Ball). Der Trainer (T) steht mit Ball 5 Meter zentral vor Torhüter 1. Er spielt einen halbhohen Ball frontal auf Torhüter 1. Dieser fängt den Ball und wirft ihn auf T zurück. Nun wechseln T und Torhüter 1 nach links in das nächste Tor; die Übung beginnt von vorn.

SCHWERPUNKT
- Wie Übung 3A

HINWEIS

Torhüter 1 übt zweimal in jedem Tor, dann Positions- und Aufgabenwechsel mit Torhüter 2.

BASISÜBUNG 3C

Torhüter 1 steht in der Mitte eines großen Tores, Torhüter 2 15 Meter zentral davor. Der Trainer (T) spielt einen Ball halbhoch von der Seite auf Torhüter 1, der ihn fängt und auf Torhüter 2 abrollt. Dieser versucht nun, im 1 gegen 1 zum Torerfolg zu gelangen.

SCHWERPUNKT
- Wie Übung 3A

VARIATION

Der zweite Torhüter steht 10 Meter zentral vor dem Tor. T spielt einen Ball halbhoch auf Torhüter 1. Dieser fängt ihn und spielt ihn per Dropkick halbhoch auf Torhüter 2. Anschließend dreht sich Torhüter 1 sofort wieder in Richtung T, der einen zweiten Ball flach in die kurze Ecke spielt. Torhüter 1 lenkt ihn zur Seite ab und steht schnell wieder auf. Torhüter 2 versucht nun, durch ein gezieltes Abrollen des Balles zum Torerfolg zu gelangen.

Fangen hoher Bälle (frontal und von der Seite)

Dem Fangen hoher Bälle kommt mit Eintritt der Torhüter in den D-Juniorenbereich und dem Wechsel auf das Großfeld eine besondere Bedeutung zu.
Die Technik des Fangens von hohen Bällen soll jetzt gezielt verfeinert und an die veränderten räumlichen Verhältnisse angepaßt werden.
Die Position des Torhüters im Moment des Flankens ist von elementarer Bedeutung. Er nimmt die passende Grundstellung ein und trifft dann eine Entscheidung („Verlasse ich die Torlinie oder nicht?"). Die muß er seinen Mitspielern so früh wie möglich zu erkennen geben.

Entscheidungskriterien:
1. Aus welcher Entfernung und Position wird geflankt?
2. Wie lange ist der Ball unterwegs?

3. Wie hoch ist der „Schwierigkeitsgrad" des Balls (Schärfe, Effet usw.)?

Die Verbesserung torhüterspezifischer Techniken ist im wesentlichen Inhalt eines isolierten Torhütertrainings. Das taktische Verhalten des Torhüters soll dagegen vorwiegend im Mannschaftsverband trainiert werden.

Technik und Koordination

BASISÜBUNG 1A
Torhüter 1 und 2 stehen sich in einem Abstand von 10 Metern in 5 Meter breiten Hütchentoren gegenüber. Der Trainer (T) steht mit Bällen 5 Meter an der Seite. Auf sein Kommando führen beide Torhüter eine Rolle vorwärts aus. T wirft einen Ball hoch auf Torhüter 1. Torhüter 2 wechselt unterdessen vor Torhüter 1 entlang in Hütchentor A. Torhüter 1 wirft den gefangenen Ball auf T zurück und wechselt in Hütchentor B. Nun erneuter Übungsbeginn für Torhüter 2.

SCHWERPUNKT
- Den Ball so früh wie möglich vor oder über dem Kopf fangen
- Den hohen Ball im Sprung am höchstmöglichen Punkt fangen, dabei vollkommene Streckung von Fuß-, Knie- und Hüftgelenk

VARIATIONEN
1. Die Torhüter stehen in der Mitte zwischen den Toren Rücken an Rücken. Auf Kommando von T führen sie eine Rolle vorwärts aus und drehen sich. T wirft einen hohen Ball von der Seite auf Torhüter 1, der ihn fängt und auf T zurückwirft. Beide Torhüter wechseln auf die andere Seite.
2. Beide Torhüter bewegen sich mit kurzen Sidesteps nach rechts und wieder in die Mitte; nun fängt Torhüter 1 den Ball.

BASISÜBUNG 1B

Wie zuvor.
3 Meter vor den Torhütern steht je ein weiteres Hütchen. Auf Kommando des Trainers (T) laufen die Torhüter gleichzeitig nach vorn, berühren das Hütchen und bewegen sich mit Blick zu T im Sidestep rückwärts zurück in ihr Tor. Nun wirft T einen Ball hoch von der Seite auf Torhüter 1, der ihn fängt und auf T zurückwirft. Die Torhüter wechseln auf die andere Seite.

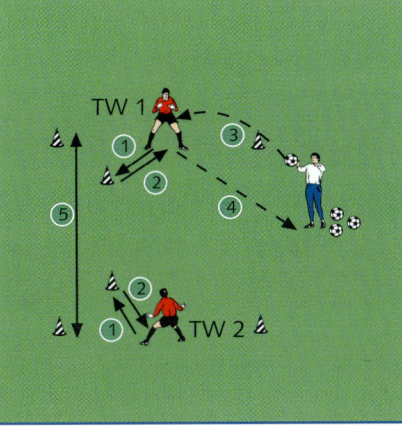

SCHWERPUNKT
- Fließende Gesamtbewegung
- Den hohen Ball im Sprung am höchstmöglichen Punkt fangen, dabei vollkommene Streckung von Fuß-, Knie- und Hüftgelenk

VARIATIONEN
1. Nach dem Berühren des vorderen Hütchens führen die Torhüter eine Rolle rückwärts aus.
2. Beide Torhüter laufen erst um das vordere Hütchen, dann wieder rückwärts in ihr Tor. T wirft einen Ball von der Seite auf Torhüter 1, der ihn fängt und auf T zurückwirft. Beide Torhüter wechseln auf die andere Seite.
3. Die Torhüter führen eine Rolle vorwärts aus, bevor sie um das vordere Hütchen laufen.

Technikschulung mit mehreren Torhütern

BASISÜBUNG 2A

Torhüter 1 steht in der Mitte eines 5 Meter breiten Hütchentores, der Trainer (T) mit Ball 6 Meter entfernt seitlich, Torhüter 2 etwa 6 Meter mittig vor dem Tor.
T wirft einen Ball hoch auf Torhüter 1, der fängt und auf Torhüter 2 abwirft. Nun wirft Torhüter 2 einen Ball hoch auf Torhüter 1, der fängt, auf T abwirft und sich wieder in die Mitte des Hütchentores begibt usw. Nach mehreren Durchgängen Positions- und Aufgabenwechsel.

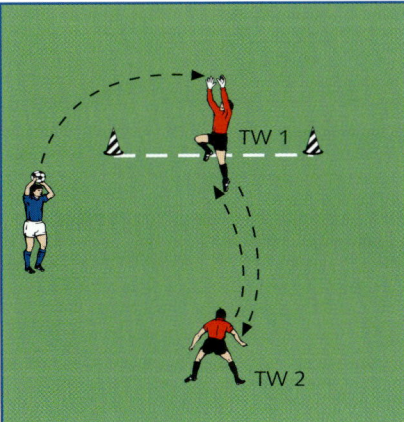

SCHWERPUNKT
- Blick auf den Ball!
- Die Arme unterstützen das Abspringen durch aktiven Einsatz
- Die Arme nach vorne oder oben zum Ball strecken

VARIATION
Nach dem Zurückwerfen des Balls zu T bzw. Torhüter 2, führt Torhüter 1 eine Rolle rückwärts in Richtung des Hütchentors aus.

BASISÜBUNG 2B

Wie zuvor.

T und Torhüter 2 haben je einen Ball. Torhüter 1 fängt zuerst einen von T hoch zugeworfenen Ball, wirft ihn zurück, bewegt sich mit Blick auf Torhüter 2 im Sidestep rückwärts in sein Tor und fängt anschließend einen von Torhüter 2 hoch zugeworfenen Ball. Torhüter 1 wirft den Ball zurück auf Torhüter 2 und bewegt sich mit Blick auf T im Sidestep rückwärts in sein Hütchentor.

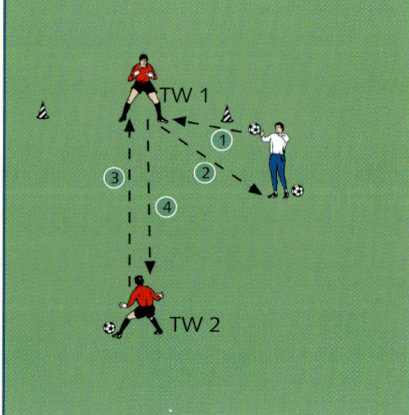

SCHWERPUNKT
- Blick auf den Ball!
- Die Arme unterstützen das Abspringen durch aktiven Einsatz
- Die Arme nach vorne oder oben zum Ball strecken
- Laufen auf dem Vorderfuß

VARIATIONEN
1. Die Torhüter bedrängen sich beim Fangen des hohen und Balles gegenseitig leicht. Im Vordergrund steht jedoch das Fangen und nicht der Zweikampf!
2. Torhüter 2 prellt seinen Ball kräftig in Richtung von Torhüter 1.

Übungsformen am Tor

BASISÜBUNG 3A

Torhüter 1 steht in der Mitte eines großen Tores, der Trainer (T) mit Ball 7 Meter davor, Torhüter 2 etwa an der Strafraumgrenze hinter T an einem Hütchen. T spielt einen Ball halbhoch und frontal auf Torhüter 1, der ihn fängt und auf T zurückwirft. Nach mehreren Schüssen wirft T den Ball vor sich hoch in die Luft. Torhüter 1 fängt ihn und rollt ihn flach auf Torhüter 2 ab. TW 2 versucht nun, mit einem gezielten Spannstoß ein Tor zu erzielen.

Positions- und Aufgabenwechsel nach einem Treffer oder mehreren Durchgängen.

SCHWERPUNKT
- Die Hände fassen den Ball fächerförmig
- Im Moment des Ballkontakts die Arme anwinkeln und den Ball zum Körper ziehen
- Stets einbeiniger Absprung aus dem Lauf

VARIATIONEN
1. T behindert den Torhüter beim Fangen.
2. T prellt den Ball kräftig in Richtung Torhüter und behindert ihn beim Fangen.

BASISÜBUNG 3B

Torhüter 1 steht wieder in der Mitte des großen Tores, der Trainer (T) 5 Meter seitlich. Torhüter 2 befindet sich mit Ball ca. 12 Meter vor dem Tor an einem Hütchen. T wirft einen Ball hoch auf Torhüter 1. Dieser fängt und wirft zurück auf T. Nun dreht sich Torhüter 1 zu Torhüter 2 und fängt einen halbhoch zugeworfenen Ball. Torhüter 1 wirft den Ball zurück auf Torhüter 2 und dreht sich wieder in Richtung T. Positions- und Aufgabenwechsel nach mehreren Durchgängen.

SCHWERPUNKT
• Wie Übung 3A

VARIATION

T wirft einen Ball hoch auf Torhüter 1, der versucht, zu fangen. Torhüter 2 versucht, den Ball ins Tor zu köpfen.

BASISÜBUNG 3C

Wie zuvor. T wirft einen hohen Ball auf Torhüter 1, den dieser in der Luft fängt. Sofort danach startet er in Richtung von Torhüter 2, der seinerseits zum Tor startet. Sobald Torhüter 1 das Hütchen umlaufen hat, darf er den Ball als Volley oder Dropkick auf das Tor spielen. Torhüter 2 versucht, einen Torerfolg zu verhindern. Nun wirft T einen hohen Ball auf Torhüter 2 usw.

SCHWERPUNKT
• Wie Übung 3A

VARIATION

Die Torhüter starten aus unterschiedlichen Ausgangslagen (z.B. Bauch- oder Rückenlage, Liegestütz usw.).

Fallen und Abrollen bei flachen Bällen

Technik und Koordination

BASISÜBUNG 1A

Der Torhüter steht an einem Hütchen. 2 Meter vor ihm bilden 3 Hütchen zwei 3 Meter breite Hütchentore A und B. T befindet sich mit Ball 5 Meter davor. Auf seinen Zuruf („A" oder „B") startet der Torhüter zunächst um das mittlere Hütchen und hält dann einen flachen Ball von T im entsprechenden Tor. Das mittlere Hütchen wird ein wenig zurückgezogen; so muß sich der Torhüter zum Ball nach vorn bewegen.

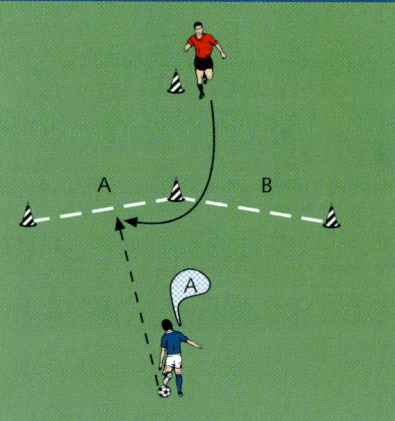

VARIATION

Der Torhüter führt zuerst eine Rolle vorwärts aus, bevor er um das mittlere Hütchen läuft.

SCHWERPUNKT

- Abrollen über Hüfte, Körperseite und Schulter
- „Ball vorne halten"; bei einem flachen Ball rechts mit dem rechten Fuß einen kurzen Schritt zum Ball ausführen und den Ball so früh wie möglich halten

BASISÜBUNG 1B

Der Torhüter steht an einem Hütchen. 3 Meter vor ihm befindet sich ein weiteres Hütchen, der Trainer (T) mit Ball 3 Meter vor dem zweiten Hütchen. Etwa 1 Meter links und rechts der gedachten Linie zwischen den Hütchen befinden sich die 5 Meter breiten Hütchentore A und B. Auf Kommando von T läuft der Torhüter zum vorderen Hütchen, berührt es, läuft rückwärts um das hintere Hütchen und startet zur Abwehr eines von T flach gespielten Balls in das von ihm genannte Tor.

SCHWERPUNKT
• Wie Übung 1A

VARIATIONEN

1. Der Torhüter führt eine Rolle vorwärts aus, bevor er zum vorderen Hütchen startet.
2. Nachdem er das vordere Hütchen berührt hat, führt er eine Rolle rückwärts aus.
3. Der Torhüter startet aus unterschiedlichen Ausgangsstellungen.

Technikschulung mit mehreren Torhütern

BASISÜBUNG 2A

Torhüter 1 steht in der Mitte eines 6 Meter breiten Hütchentores. Torhüter 2 kauert unmittelbar rechts neben Torhüter 1, der Trainer (T) befindet sich mit Ball 5 Meter vor Torhüter 1. Auf Kommando von T umläuft Torhüter 1 rückwärts Torhüter 2, springt einbeinig über ihn (Absprung mit dem hinteren Fuß) und wirft sich nach einem flachen Ball von T auf die Seite. Positions- und Aufgabenwechsel nach mehreren Durchgängen (beide Seiten trainieren!).

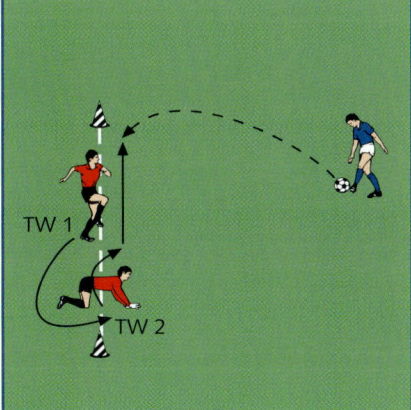

SCHWERPUNKT
• Ball am Körper sichern
• Ellbogen vor dem Körper halten
• Aus der Sidestepbewegung zum Ball fallen

VARIATIONEN

1. Torhüter 2 im Liegestütz. Torhüter 1 umläuft Torhüter 2 rückwärts, krabbelt unter ihm durch und wirft sich dann nach einem flachen Ball von T.
2. Torhüter 1 krabbelt erst unter Torhüter 2 durch, überspringt ihn und weiter wie oben.

BASISÜBUNG 2B

Zwei Torhüter üben gemeinsam. Torhüter 1 liegt auf dem Rücken in der Mitte eines 6 Meter breiten Hütchentores, der Kopf zeigt zum Trainer (T). T steht mit Ball 5 Meter vor dem Tor, Torhüter 2 mit Ball 3 Meter rechts neben T. Auf Kommando von T rollt Torhüter 1 über die rechte Schulter auf den Bauch, steht schnell auf und paßt einen flachen Ball von Torhüter 2 mit der Innenseite des linken Fußes direkt zurück. Anschließend wirft er sich zu einem flachen Ball von T auf die rechte Seite.

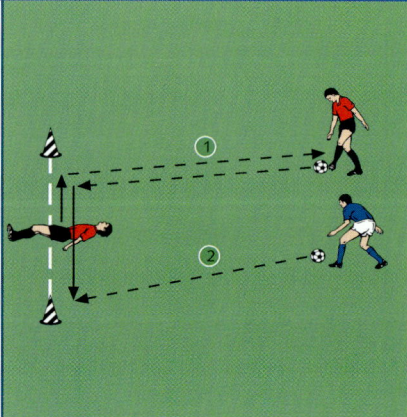

SCHWERPUNKT
- Ellbogen vor dem Körper halten
- Ball am Körper sichern

VARIATIONEN
1. Torhüter 2 wirft den Ball halbhoch auf Torhüter 1, der ihn volley zurückspielt.
2. Torhüter 1 hält einen flachen Ball von Torhüter 2 auf der linken und einen von T auf der rechten Seite.

Übungsformen am Tor

BASISÜBUNG 3A

Torhüter 1 steht in einem großen Tor, der Trainer (T) mit Ball 5 Meter schräg rechts daneben. Torhüter 2 steht ohne Ball 2 Meter vor der linken Strafraumecke, Torhüter 3 mit Ball an der rechten Torraumecke (jeweils an einem Hütchen). T wirft einen hohen Ball auf 1, der ihn fängt und gezielt auf 2 abrollt. In diesem Moment spielt 3 einen Ball flach in die rechte Torecke. 1 hält, steht auf und wirft sich nach einem von 2 in die andere Torecke geschossenen Ball.
Wechsel der Positionen und Aufgaben durch die Torhüter im Uhrzeigersinn nach drei Durchgängen.

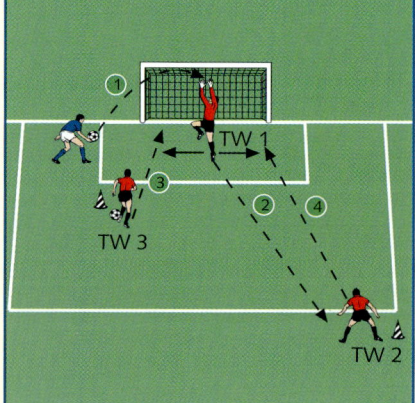

SCHWERPUNKT
- Die Hände gehen zum Ball
- Den Blick auf den Ball richten

VARIATION

Torhüter 1 steht mit Blickrichtung zu T am rechten Pfosten. T paßt flach, TW 1 wirft sich auf die linke Seite und lenkt auf TW 3 ab. Er steht schnell auf und wirft sich nach einem flach in die linke Torecke geschossenen Ball von TW 2 in die linke Ecke des Tores. Anschließend spielt TW 3 seinen Ball in die rechte Torecke.

BASISÜBUNG 3B

Torhüter 1 im Liegestütz (Beine gegrätscht) 6 Meter vor dem Tor. Der Trainer (T) steht mit Bällen dahinter. Links neben dem Tor steht Torhüter 2 an einem Hütchen. T spielt seinen Ball unter TW 1 hindurch in Richtung Tor. TW 1 steht schnell auf und lenkt den Ball mit der linken Hand auf TW 2 ab, steht wieder schnell auf, dreht sich und wirft sich nach einem zweiten flachen Ball von T auf die rechte Seite.
Positions- und Aufgabenwechsel nach mehreren Durchgängen (beide Seiten trainieren).

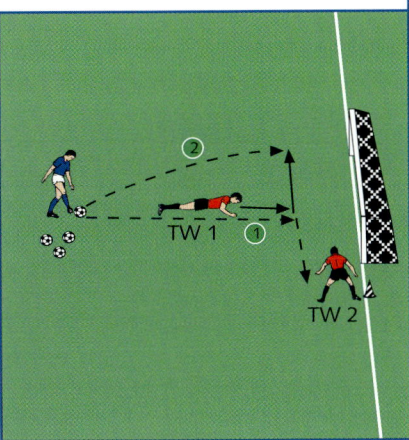

SCHWERPUNKT
• Wie Übung 3A

VARIATION

Ein zusätzlicher Torhüter 3 steht mit Ball etwa an der Strafraumgrenze rechts hinter T. Nachdem TW 1 den ersten Ball auf TW 2 abgelenkt hat, versucht TW 3, durch einen gezielten Spannstoß zum Torerfolg zu gelangen.
Positions- und Aufgabenwechsel nach jedem Durchgang.

BASISÜBUNG 3C

Torhüter 1 im Tor, 16 Meter davor ein 5 Meter breites Hütchentor. Der Trainer (T) befindet sich mit Ball 5 Meter vor diesem Hütchentor. Torhüter 2 steht am linken Pfosten des Hütchentors. T spielt flach in die für TW 2 entfernte Torecke. Dieser wirft sich nach dem Ball, steht schnell auf, dreht sich, legt sich den Ball kurz vor und versucht, durch einen gezielten Spannstoß zum Torerfolg gegen TW 1 zu gelangen.
Positions- und Aufgabenwechsel bei einem Treffer, sonst nach mehreren Durchgängen.

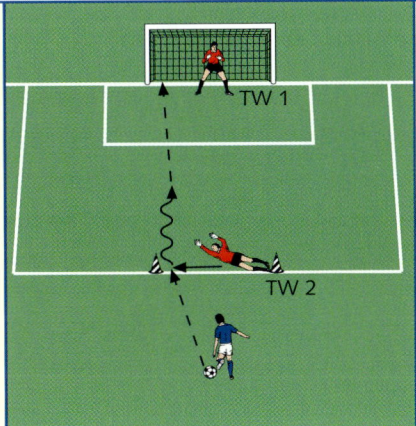

SCHWERPUNKT
• Wie Übung 3A

VARIATIONEN

1. Beide Torhüter liegen auf dem Rücken. Auf ein erstes Kommando von T dreht sich 2 auf den Bauch und steht schnell auf. Er wirft sich nach dem Ball auf die Seite. TW 1 dreht sich auf ein zweites Kommando von T auf den Bauch, steht schnell auf und nimmt in der Mitte des Tors die Grundstellung ein. TW 2 versucht nun, per Spannstoß zum Torerfolg zu gelangen.
2. Jetzt Dropkick oder Volleyschuß von TW 2 (statt Spannstoß).

Abwurf, Abstoß, Abschlag, Dropkick

Technik und Koordination

BASISÜBUNG 1A

Der Torhüter steht mit Ball in einem 5 Meter breiten Hütchentor. 2 Meter davor ein weiteres Hütchen, 5 Meter vor diesem Hütchen der Trainer (T). Der Torhüter wirft seinen Ball auf T ab, läuft um das vordere Hütchen, wieder zurück ins Tor und dreht sich zu T. Dieser spielt volley hoch auf den Torhüter, der den Ball fängt und volley zurück zu T spielt. Jetzt derselbe Ablauf, nur spielt T einen Dropkick auf den Torhüter, der ihn fängt, als Dropkick zurückspielt und um das Hütchen und zurück ins Tor läuft.

SCHWERPUNKT (ABWURF)

- Den Oberkörper „öffnen", dabei den Schwungarm schnell nach vorn bringen, unmittelbar danach den Wurfarm.
- Die Hand möglichst lange am und vor allem hinter dem Ball lassen!

VARIATIONEN

1. Der Torhüter muß das vordere Hütchen einmal komplett umrunden.
2. Er führt zu Übungsbeginn eine Rolle vorwärts aus.
3. Er läuft vom Hütchen aus rückwärts im Rückwärts-Sidestep ins Tor.
4. Er umläuft das Hütchen, führt eine Rolle rückwärts aus und läuft rückwärts zurück ins Tor.

BASISÜBUNG 1B

Ausgangssituation wie bei Übung 1A, jetzt befindet sich das Hütchen 4 Meter vor dem Tor, T 6 Meter vor dem Hütchen. Der Torhüter wirft den Ball auf T, läuft vor zum Hütchen und fängt dort einen ihm von T hoch zugeworfenen Ball. Er läuft mit Ball im Rückwärts-Sidestep zurück ins Tor und spielt den Ball als Abschlag/ Volley oder Dropkick auf T. Anschließend Wiederholung.

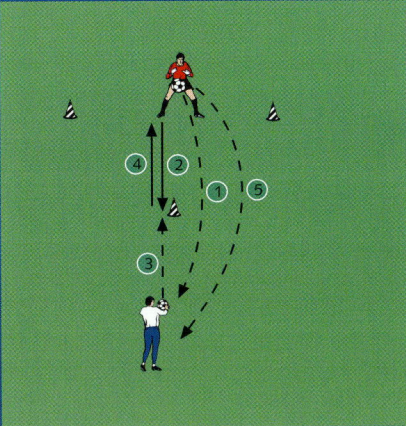

VARIATION

Der Torhüter spielt den ersten Ball als Abstoß auf T, führt eine Rolle vorwärts aus und läuft zum Hütchen. T spielt ihn dort flach an. Er nimmt den Ball an und dribbelt zurück zum Tor. Dort legt er den Ball ab – die Übung beginnt von vorn.

HINWEIS

- T wie der Torhüter sollen die Art des Zuspiels auf den Partner ständig variieren!

Techniksschulung mit mehreren Torhütern

BASISÜBUNG 2A

4 Torhüter üben gemeinsam. TW 1 (mit Ball) und 2 stehen hintereinander im 5 Meter breiten Hütchentor A. 10 Meter davor befinden sich TW 3 und 4 ohne Ball, ebenfalls hintereinander in Hütchentor B. 1 wirft seinen Ball auf 3 ab. Dieser fängt und wirft zurück. Jetzt spielt 1 per Dropkick auf 3 und wechselt in Tor B. 3 fängt, spielt einen Dropkick auf 2 und wechselt in Tor A. 2 fängt und wirft auf 4 ab. 4 fängt und wirft zurück auf 2. 2 spielt einen Dropkick auf 4, wechselt in Tor B usw.

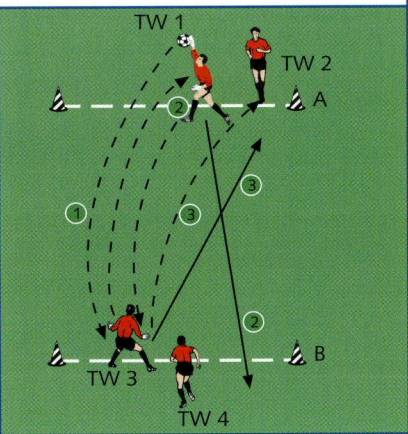

VARIATIONEN

1. Rolle vorwärts bevor man auf die andere Seite wechselt.
2. Rolle rückwärts zur Hälfte der Laufstrecke und Rückwärtslauf zum anderen Tor.

SCHWERPUNKT (DROPKICK)

- Das Fußgelenk fixieren, die Fußspitze zeigt nach unten
- Der Fuß des Standbeins weist in Spielrichtung
- Standbein auf Höhe des Balls!

BASISÜBUNG 2B

Wie zuvor; jetzt stehen Torhüter 3 und 4 aber 20 Meter
vor Hütchentor A.
TW 1 spielt den Ball als Abstoß hoch auf TW 3. Dieser
stoppt den Ball wie einen
Rückpaß an und spielt einen
Abstoß hoch zurück. TW 1
fängt den Ball, spielt einen
Dropkick zurück auf TW 3 und
wechselt in Tor B. TW 3 fängt
den Ball vor dem Körper,
spielt einen Dropkick auf TW
2 und wechselt in Tor A. TW 2
fängt den Ball vor dem Körper
und spielt ihn seinerseits als
Dropkick auf TW 4. Dieser
fängt ihn und spielt einen
Dropkick zurück auf TW 2, der
den Ball wie einen Rückpaß
stoppt, als Abstoß auf TW 4
zurückspielt und in Tor B

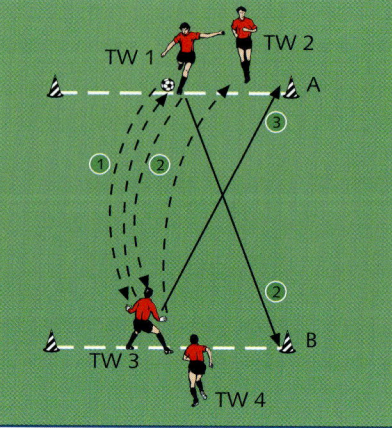

SCHWERPUNKT (DROPKICK)
• Wie Übung 2B

wechselt. TW 4 stoppt den
Ball und stößt auf TW 3 in Tor
A ab.
Die Übung beginnt von vorn.

Übungsformen am Tor

BASISÜBUNG 3A

3 Torhüter üben gemeinsam.
Torhüter 1 steht in einem
großen Tor, Torhüter 2 mit
Ball unmittelbar daneben auf
der Torauslinie, Torhüter 3
ohne Ball 15 Meter vor dem
Tor an einem Hütchen. 2
spielt einen „ruhenden" Ball
als Abstoß auf 3, der fängt
und mit einem gezielten
Dropkick zum Torerfolg kommen soll.
Positions- und Aufgaben-
wechsel der Torhüter im Uhrzeigersinn nach einem Treffer
oder nach mehreren Durch-
gängen.

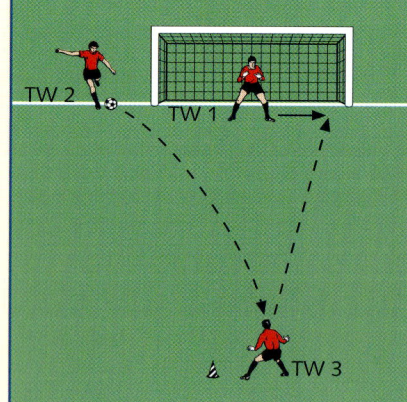

SCHWERPUNKT (ABSTOß)
• Das Standbein ist neben oder hinter
  dem Ball
• Anlauf leicht seitlich
• Den Ball im Zentrum treffen
• Das Schußbein nach vorne ausschwin-
  gen lassen

VARIATIONEN
1. 3 fängt jetzt nicht, sondern
nimmt den Ball als Rückpaß
an.
2. 2 variiert das Zuspiel. 3
muß versuchen, mit der Technik, mit der 2 zuspielte, einen
Treffer zu erzielen.
3. 2 steht jetzt an der rechten
Strafraumecke. Er spielt einen
Abstoß hoch auf 1. Dieser
fängt und wirft auf 3, der den
Ball als Rückpaß annimmt und
versucht, mit Spannstoß zum
Torerfolg zu gelangen.

BASISÜBUNG 3B

Der Trainer (T) steht mit Ball an der Ecke des Torraumes. Etwa mittig vor dem Tor liegt ein Ball auf der Torraumlinie. TW 1 befindet sich im Tor, TW 2 und TW 3 rund 16 Meter davor an Hütchen. T wirft einen hohen Ball über 1 in Richtung langer Pfosten. 1 fängt den Ball und wirft ihn auf 3 ab, der seinerseits fängt. Nun spielt 1 den Ball auf der Torraumlinie als Abstoß auf 2, der annimmt. 3 versucht, mit einem Dropkick zum Torerfolg zu gelangen. Anschließend versucht TW 2 per Spannstoß einen Treffer zu erzielen.

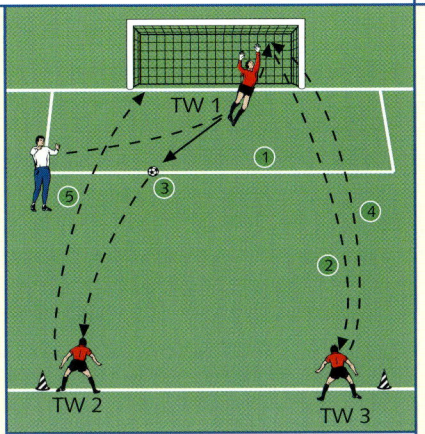

SCHWERPUNKT (ABSTOß)
• Wie Übung 3A

BASISÜBUNG 3C

Wie zuvor.
Einen hohen Ball des Trainers (T) auf den langen Pfosten wirft 1 zurück und spielt dann den Ball auf der Torraumlinie als Abstoß auf 2. T spielt den Ball flach auf 3, der per Direktschuß versucht, einen Treffer zu erzielen.

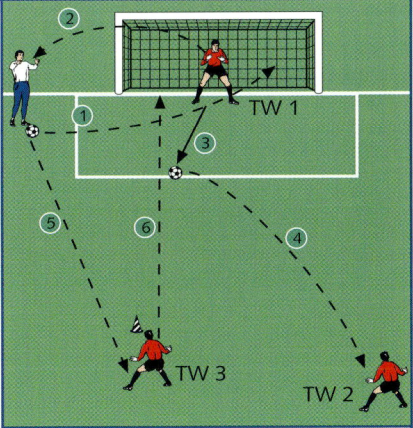

SCHWERPUNKT (ABSCHLAG)
• Den Ball nach wenigen Schritten mit beiden Händen nur kurz anwerfen
• Den Ball mit dem Vollspann treffen, das Schußbein nach vorne ausschwingen lassen

Abb. 7

Exemplarische Trainingseinheit Teil 1

Die folgenden Übungen bilden eine abwechslungsreiche Trainingseinheit, die Ihren Torhütern gefallen wird!

Organisation

Dauer:	50-60 Minuten
Gruppenstärke:	3 bis 4 Torhüter
Medien:	6 Bälle, Hütchen oder Markierungshäubchen, 1 großes Tor
Schwerpunkt:	Grundstellung
	Frontales Fangen halbhoher Bälle
	Fangen hoher Flanken
	Fallen und seitliches Abrollen bei flachen Bällen
	Dropkick
	Allgemeine technische Fertigkeiten (Verarbeiten von Rückpässen)

Trainingseinheit

Aufwärmen:	Siehe den Abschnitt „Koordinative Laufformen mit Ball" in diesem Kapitel.
Dauer:	15-20 Minuten

Technikschulung

- **Hinweis:** Die Grundstellung nicht isoliert schulen. Statt dessen bei jeder Übungsform auf eine korrekte Grundstellung achten!

Frontales Fangen halbhoher Bälle

ÜBUNG 1

Zwei Torhüter befinden sich in 5 Meter breiten Hütchentoren (10 Meter voneinander getrennt). TW 1 rollt den Ball flach auf den rechten (linken) Fuß von TW 2, der ihn direkt und halbhoch auf TW 1 zurückspielt. TW 1 fängt und rollt den Ball wieder auf TW 2, der ihn jetzt mit dem linken Fuß zurückspielt. Aufgabenwechsel nach mehreren Durchgängen.

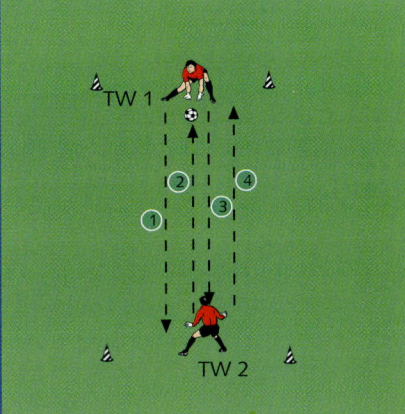

ÜBUNG 2

Wie Übung 1.
Die Torhüter spielen sich den Ball als Dropkick zu; beide führen nach dem Abspiel abwechselnd eine Drehung um die linke/um die rechte Körperlängsachse durch.

HINWEIS

• Diese Übungen schulen auch die allgemeinen technischen Fertigkeiten der Torhüter (Verarbeiten von Rückpässen).

Fangen hoher Flanken

Mit Hütchen eine 2-3 Meter lange Gasse markieren. Der Torhüter steht vor, der Trainer mit Ball 5 Meter neben ihr. Der Torhüter fängt einen hohen Ball von der linken (rechten) Seite, nachdem er folgende Laufaufgabe erfüllt hat: vorwärts (rechts von der Hütchengasse) – rückwärts (durch die Gasse) – vorwärts (links von der Gasse).

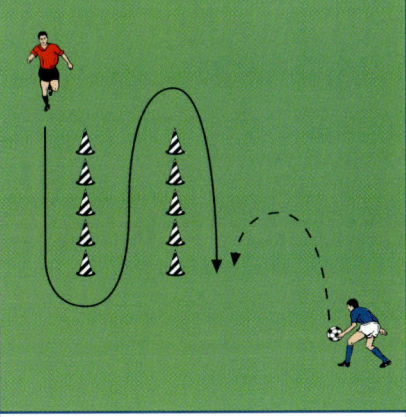

HINWEIS

• Korrektes Absprungbein beachten; Ball von links, Absprungbein links (und umgekehrt)
• Fließende Gesamtbewegung
• Laufen auf dem Vorderfuß

Fallen und Abrollen bei flachen Bällen

ÜBUNG 1

Der Torhüter in einem 6 Meter breiten Hütchentor, der Trainer (T) mit Ball 5 Meter davor. Er wirft den Ball links neben den Torhüter, der ihn nach einer kurzen Sidestep-Bewegung im Fallen fängt. Aus der Seitenlage rollt er den Ball mit ausgestreckten Armen zu T, steht auf, berührt das linke Hütchen und wirft sich nach einer kurzen Sidestep-Bewegung zum flachen Ball auf die rechte Seite.

ÜBUNG 2

Der Torhüter 5 Meter vor dem Hütchentor im Liegestütz. T steht mit zwei Bällen unmittelbar vor ihm. Er spielt den ersten Ball unter dem Torhüter hindurch auf die linke Seite des Tores. Der Torhüter steht schnell auf und versucht, den flachen Ball im Fallen mit der rechten Hand zur linken Seite abzulenken. Anschließend spielt T einen zweiten flachen Ball in die linke Ecke des Tores.

HINWEIS
- Doppelaktion!
- Werfen zum zweiten Ball aus dem Sidestep

Abb. 8

Exemplarische Trainingseinheit, Teil 2

Dropkick
Siehe hierzu die Übungen zum frontalen Fangen halbhoher Bälle in diesem Kapitel.

Allgemeine technische Fertigkeiten
Verarbeitung von Rückpässen:
Siehe hierzu die Übungen zum frontalen Fangen halbhoher Bälle in diesem Kapitel.

Dauer: 15 bis 20 Minuten

2 oder 4 Torhüter auf zwei Tore

ÜBUNG 1

Ein großes und ein 5-Meter-Tor (jeweils mit Torhüter) im Abstand von 15 Metern gegenüber. Zwei weitere Torhüter warten hinter den Toren. Der Trainer steht auf Höhe einer gedachten Mittellinie. Er wirft seinen Ball entweder hoch auf TW 1 oder spielt ihn als Dropkick auf TW 2. Nach dem Fangen des Balls soll 1 durch einen genauen Abwurf auf das 5-Meter-Tor zum Erfolg kommen. 2 soll mit einem Dropkick auf das Normaltor einen Treffer erzielen. Nach jedem Durchgang Wechsel mit dem wartenden Partner.

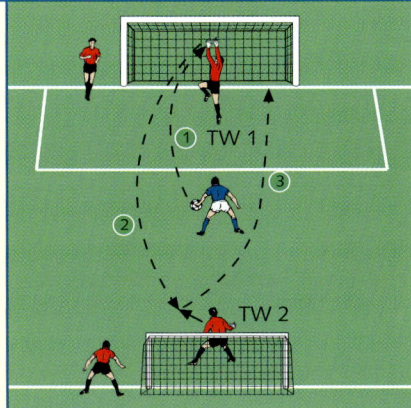

VARIATION

Nach dem Fangen rollt TW 1 den Ball kurz seitlich an und versucht, mit einem Spannstoß zum Torerfolg zu gelangen. TW 2 versucht nach dem Fangen des Balls, im 1 gegen 1 zum Torerfolg zu kommen.

(Die beiden Übungen auf dieser Seite sollten zusammen 15 bis 20 Minuten andauern.)

SCHWERPUNKT

- Kombination der Techniken: „frontales Fangen halbhoher Bälle", „Abwurf" und „Dropkick"

ÜBUNG 2

Torhüter 1 steht in einem großen Tor, der Trainer (T) mit Ball 4 Meter davor, an der Strafraumlinie Torhüter 2 mit Ball. T und TW 1 spielen sich laufend flach und direkt zu, wobei T den Torhüter sowohl auf dem linken als auch auf dem rechten Fuß anspielt. Plötzlich spielt T den Ball seitlich neben 1. Dieser wirft sich, rollt den Ball aus der Seitenlage zurück, steht auf und wirft sich nach einem zweiten Ball von TW 2 auf die andere Seite. 2 darf schießen, sobald 1 den Ball auf T rollt. T bleibt vor 1 und behindert dessen Sicht. Erzielt 2 ein Tor, wechselt er ins Tor.

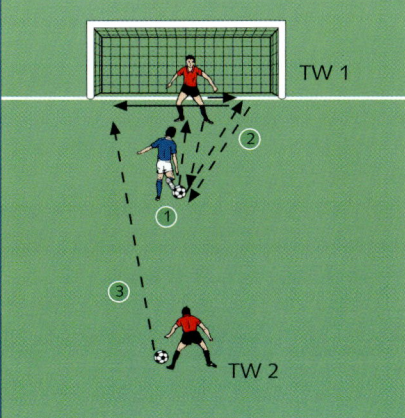

VARIATION

TW 2 spielt den Ball als Dropkick oder Abwurf.

(Die beiden Übungen auf dieser Seite sollten zusammen 15 bis 20 Minuten andauern.)

SCHWERPUNKT

- Kombination folgender Techniken: Hechten nach flachen Bällen, allgemeine technische Fertigkeiten (= Vorbereitung auf die Rückpaßregel), Dropkick und Abwurf

Weiter geht's: Aufbautraining mit C-Junioren

Einige Stichworte zu den Besonderheiten dieses Lernalters*

Das optimale Training für C-Juniorentorhüter unterscheidet sich deutlich von dem im D-Juniorenalter, obwohl wir uns weiterhin in der Phase des „Aufbautrainings" befinden. Im folgenden einige wichtige Leitlinien und Merksätze, die Sie bei Ihrem Training beherzigen sollten.

- Das C-Juniorenalter ist die erste Phase der Reifungszeit (Pubeszenz), die Phase der besten Trainierbarkeit der *konditionellen* Eigenschaften.
- Die hormonelle Entwicklung bewirkt starke Veränderungen der Belastbarkeit und Trainierbarkeit der Jugendlichen.
- Im Training werden schwerpunktmäßig konditionelle Fähigkeiten verbessert, koordinative stabilisiert und möglichst ausgebaut. Der Trainingsumfang und -intensität steigen. Im Vergleich zu den D-Junioren wächst die Wiederholungszahl bei Serienübungen.
- Die Muskulatur entwickelt die Fähigkeit zur Übersäuerung bei Kraft-, Schnelligkeits- und Ausdauerbelastungen.
- Zu hohe Intensitäten bei Kraft- und Ausdauerübungen werden jedoch vermieden. Vorsicht: Das gesteigerte Längenwachstum erhöht die Anfälligkeit des Skelettsystems gegen zu hohe, zu lang andauernde oder zu häufige Kraftbelastungen!
- Der passive Bewegungsapparat muß, insbesondere im Bereich der Wirbelsäule, durch ein gezieltes Krafttraining vor Fehlbelastungen geschützt werden. Das Krafttraining dosiert und kontrolliert betreiben!
- Techniken einführen, die dynamisch sind und einen gesteigerten Kraftaufwand erfordern, wie z.B. das Hechten und Springen nach halbhohen und hohen Bällen. Dabei ist jedoch zu beachten, daß durch den „zweiten Gestaltwandel" mit einem Wachstumsschub von bis zu 10 cm pro Jahr phasenweise mit einer labile Motorik und einem gestörten Koordinationsvermögen zu rechnen ist. Dadurch ist die Fähigkeit zum Erlernen neuer Techniken zeitweise verringert. Bereits verinnerlichte Techniken werden bei kontinuierlichem Training allerdings weiterhin gut beherrscht.

- Erlernte Grundtechniken durch wiederholtes Üben weiter automatisieren.
- Die verschiedenen Techniken kombiniert schulen.
- Fehler ansprechen und korrigieren.
- Das Abstraktionsvermögen und die geistige Kombinationsfähigkeit der Jugendlichen („Entwicklung einer bewußten Spielerfahrung") steigen weiter.
- Die taktische Schulung stärker in das Mannschaftstraining integrieren; hierzu bestimmte Mannschaftsteile heranziehen (z.B. 2 gegen 2 nach Flügelspiel, 3 gegen 2 auf ein Tor mit Torhüter usw.).
- Wettkampfanforderungen an den Torhüter, wie das frühzeitige Erkennen von Spielsituationen (Antizipation) und das Herauslaufen können nur in Zusammenarbeit mit den anderen Mannschaftsteilen simuliert werden.
- Das Bedürfnis nach sozialen Kontakten (Freundeskreis/Freundin) und neuen Hobbies steigt. Die heranreifende Persönlichkeit muß Anerkennung durch den Trainer erfahren.

---

*Siehe zu diesem Komplex u.a.:
Bisanz, Gero/Vieth, Norbert: Fußball von morgen, Bd. 1, Münster 2001, 5.Aufl.

Abb. 9a

Altersgemäßes Aufwärmen

Hinweis: Die Spiel- und Übungsformen für D-Juniorentorhüter können auch im Aufwärmprogramm für C-Junioren zum Einsatz gelangen. Man muß sie aber hinsichtlich Intensität und Schwierigkeitsgrad anpassen und sollte sie außerdem erst nach einem intensiven Aufwärmen durchführen.

Inhalte

- Umfang und Intensität erhöhen
- Den Schwierigkeitsgrad erhöhen
- Eine gezielte Dehn- und Kräftigungsgymnastik durchführen
- Übungsformen zur Verbesserung der fußballspezifischen Techniken (Ballannahme, beidfüßiges Passen usw.) einführen
- Übungen zum Verarbeiten von Rückpässen einbauen

Ziele

- Allgemeine Erwärmung
- Gezielte Einstimmung auf die anstehenden Belastungen
- Schulung koordinativer Fähigkeiten
- Entwicklung eines Standardaufwärmprogramms, das die Torhüter vor dem Training oder Wettkampf selbständig durchführen können

Siehe auch das Beispiel auf der folgenden Seite.

Abb. 9b

Aufwärmen mit C-Junioren-Torhütern

Koordinative Laufformen ohne Ball

1. Lockeres Laufen
2. Lockerer Hopserlauf mit Armeinsatz
3. Hopserlauf mit Armkreisen vorwärts und rückwärts
4. Sidestep mit Armeinsatz
5. Seitlicher Sidestep mit ständigem Wechsel der Blickrichtung
6. Sidestep vorwärts und rückwärts
7. Sidestep vorwärts, auf Kommando aus dem Sidestep heraus eine Rolle vorwärts ausführen
8. Sidestep rückwärts, auf Kommando aus dem Sidestep heraus eine Rolle rückwärts ausführen
9. Überkreuzen und Hüftdrehen; zur Hälfte der Laufstrecke Wechsel der Blickrichtung
10. Lockeres Laufen, auf Kommando Drehung (mal rechts, mal links) um die Körperlängsachse
11. Lockeres Laufen und Armkreisen vorwärts und rückwärts (einarmig, beidarmig, in unterschiedliche Richtungen)
12. Lockeres Laufen, bei jedem dritten Schritt „Anfersen" oder Kniehebelauf
13. Lockeres Laufen, dabei kombiniertes „Anfersen" und Kniehebelauf (z.B. Kniehebelauf rechts, Kniehebelauf links, Anfersen rechts, Anfersen links)
14. Die Arme greifen nach oben, kurze schnelle Schritte auf den Fußspitzen (Laufphasen mit 4 bis 6 kurzen schnellen Schritten wechseln sich mit langsamen, geraden Laufphasen ständig ab); der Impuls kommt aus den Fußspitzen
15. Die Arme sind gestreckt vor dem Körper, die Fingerspitzen zeigen nach unten, bei gestreckten Beinen kurze schnelle Schritte machen; der Impuls kommt aus den Fußspitzen
16. Ständiger Kniehebelauf; die Knie zeigen leicht nach außen, die Hände vor dem Körper nach unten; die Füße bzw. die Fersen zu den Händen führen
17. Die Hände seitlich vom Körper wegstrecken, die Knie leicht nach innen drehen, die Füße zu den Händen führen
18. Lockeres Laufen, auf Kommando aus dem Laufen eine Rolle vorwärts machen (über die Schulter rollen)
19. Lockeres Laufen, auf Kommando im Laufen eine halbe Drehung um die Körperlängsachse machen, Rolle rückwärts, dann wieder eine halbe Drehung um die Körperlängsachse und weiterlaufen
20. Mehrere Torhüter laufen in einer Reihe hintereinander, jeweils der letzte durchläuft die Torhüterreihe mit kurzen schnellen Schritten im Slalom und übernimmt die Spitze.

Koordinative Laufformen mit Ball

ÜBUNG 1

Jeder Torhüter übt selbständig mit Ball. Die Schulung allgemeiner fußballtechnischer Fertigkeiten und die Verbesserung des Ballgefühls und der Geschicklichkeit stehen im Vordergrund.
1. Den Ball abwechselnd mit der rechten bzw. linken Außenseite spielen („mit der rechten bzw. linken Fußsohle seitlich mitnehmen").

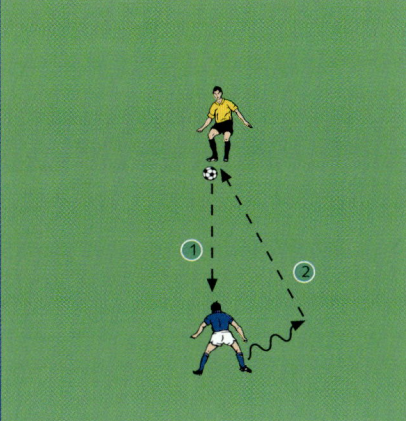

VARIATIONEN

1. Den Ball kurz dribbeln, dann zwischen den Füßen schnell hin und herspielen („tänzeln") und wieder dribbeln.
2. Den Ball aus dem Dribbling kurz vorspielen, dann Drehung um die Körperlängsachse, dann wieder ein Dribbling.
3. Aus dem Lauf eine Rolle vorwärts und wieder ein Dribbling.

ZIEL

• Allgemeine Erwärmung
• Schulung koordinativer Fähigkeiten
• Verbesserung des Ballgefühls und der Geschicklichkeit
• Schulung allgemeiner technischer Fertigkeiten

ÜBUNG 2

Wie zuvor.
Die Übungen dienen der Verbesserung der Geschicklichkeit, des Ballgefühls und der allgemeinen Koordination.
1. Den Ball im Laufen abwechselnd mit der rechten bzw. der linken Hand vor dem Körper prellen.

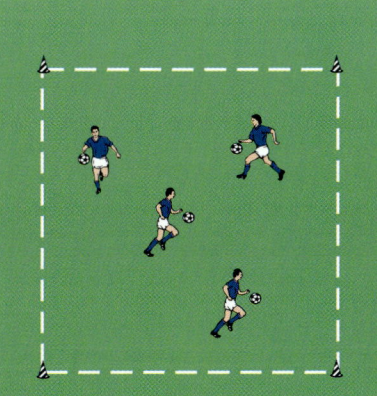

VARIATIONEN

1. Den Ball im Hopserlauf abwechselnd mit der rechten bzw. linken Hand prellen.
2. Den Ball im Laufen prellen. Er wird plötzlich kräftig geprellt, es folgt eine schnelle Drehung um die Körperlängsachse, dann wieder prellen.
3. Der Torhüter führt im Laufen plötzlich eine Rolle vorwärts aus und prellt dann weiter.

ZIEL

• Wie Übung 1

Koordinative Laufformen in Zweier-Gruppe

ÜBUNG 1

Zwei Torhüter (mit Ball) üben gemeinsam.
Sie laufen nebeneinander, prellen gleichzeitig und wechseln schnell auf die andere Seite zum Ball des Partners. Zur Vermeidung eines Zusammenstoßes läuft ein Torhüter auf vorgegebenen Laufwegen vorne, der andere hinten.

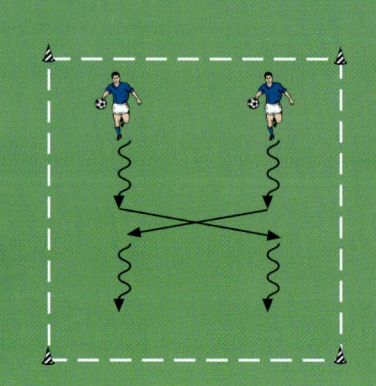

VARIATION

Jetzt gilt es eine koordinative Aufgabe zu erfüllen, bevor man zum Ball des Partners startet (Drehung um die Körperlängsachse, Rolle vorwärts, Rolle rückwärts usw.).

ZIEL

- Motivierendes Aufwärmen
- Schulung koordinativer Fähigkeiten
- Verbesserung des Ballgefühls und der Geschicklichkeit
- Schulung allgemeiner und torwartspezifischer Techniken

ÜBUNG 2

Wie Übung 1.
Die Torhüter laufen hintereinander; TW 1 rückwärts. Auf Kommando prellt TW 1 seinen Ball kräftig auf. TW 2 wirft seinen Ball sofort im Bogen über TW 1. Beide starten zum Ball des anderen und versuchen, ihn möglichst früh zu sichern – TW 1 nach einer Drehung um die Körperlängsachse.

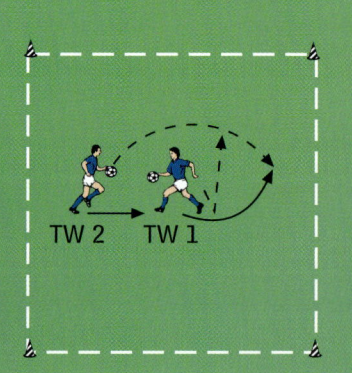

TW 2   TW 1

VARIATIONEN

1. Abstand zwischen beiden Torhütern vergrößern. Der vordere Torhüter prellt seinen Ball durch die gegrätschten Beine nach hinten, der zweite wirft den Ball wieder im Bogen über seinen Partner. Beide versuchen, den Ball möglichst früh zu sichern.
2. Der Torhüter vorn wirft seinen Ball über den Kopf, der hinten muß sofort reagieren und seinen Ball im Bogen über seinen Partner werfen. Beide versuchen, den Ball möglichst früh zu sichern.

ZIEL

- Wie Übung 1

ÜBUNG 3

Wie zuvor.
Die Torhüter laufen nebeneinander und werfen sich gleichzeitig die Bälle zu (ein Ball hoch, der andere halbhoch).

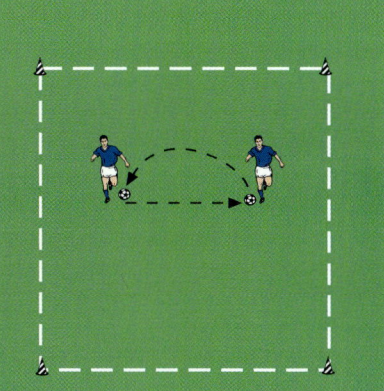

ZIEL
• Wie Übung 1

VARIATIONEN

1. Prellen statt werfen.
2. Die Torhüter bewegen sich einander zugewandt im Sidestep und werfen sich auf Kommando gleichzeitig die Bälle einhändig zu.

ÜBUNG 4

Wie zuvor.
Beide laufen hintereinander, der Vordere bleibt auf Kommando stehen, nimmt eine Bockstellung ein und grätscht leicht die Beine. Der Hintere rollt seinen Ball durch die gegrätschten Beine des Vordermanns, überspringt ihn im Bocksprung und wirft sich nach dem Ball. Anschließend Aufgabenwechsel (die Übenden sollen sich abwechselnd auf die rechte und auf die linke Seite werfen).

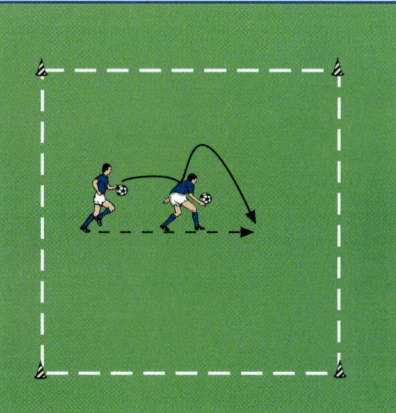

ZIEL
• Wie Übung 1

VARIATION

Nach dem Bocksprung jetzt nach dem Ball hechten!

Koordinative Laufformen mit Ball und Trainer

ÜBUNG 1

Zwei Torhüter üben gemeinsam mit dem Trainer (T, mit Ball).
Die Torhüter laufen im Abstand von 2 Metern nebeneinander, 3 Meter daneben T mit Ball. Er wirft einen Ball hoch, den der Torhüter außen fängt. Der andere Torhüter wechselt sofort im Sidestep auf dessen Position. Der Fänger wirft den Ball auf T zurück und wechselt auf die innere Position. Absprungbein beachten: Ball von rechts – Absprungbein rechts (und umgekehrt)!

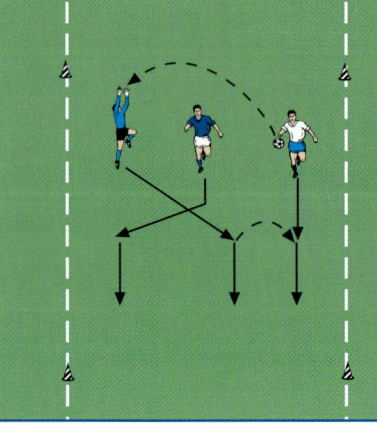

ZIEL
- Allgemeine Erwärmung
- Motivierendes Aufwärmen
- Schulung koordinativer Fähigkeiten
- Schulung torwartspezifischer Techniken

VARIATIONEN

1. Der Torhüter außen führt auf Kommando von T eine Drehung um die Körperlängsachse aus, bevor er den Ball fängt.
2. Der Torhüter außen läuft durch die Lücke zwischen dem anderen Torhüter und T und fängt den Ball.
3. Nachdem er den Ball gefangen hat, wechselt der Torhüter auf die andere Seite von T, um diesmal einen Ball von der anderen Seite zu fangen.

ÜBUNG 2

Wie zuvor.
Der Trainer (T) läuft zwischen den beiden Torhütern. Er wirft den Ball links hoch, der rechte Torhüter läuft vor ihm entlang und fängt den Ball. Der linke Torhüter kreuzt gleichzeitig hinter T auf die rechte Seite. Auf das richtige Absprungbein achten! Nach einer bestimmten Laufstrecke wirft T den Ball eine Zeitlang rechts hoch, dann läuft die Übung spiegelverkehrt.

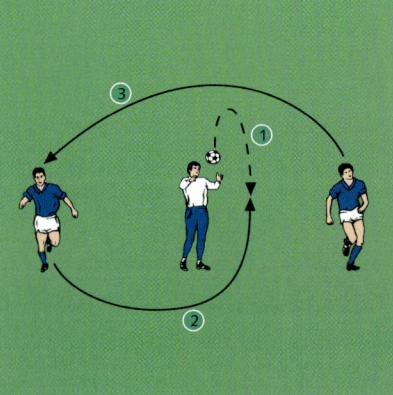

ZIEL
- Wie Übung 1

VARIATIONEN

1. Zusätzlich eine koordinative Aufgabe ausführen.
2. Die Torhüter tauschen die Seiten nicht. Der jeweils übende Torhüter wechselt aus dem geraden Lauf in den Sidestep, läuft zu T, berührt ihn, entfernt sich wieder im Sidestep und fängt dann einen hohen Ball von der Seite (erst nach einer bestimmten Laufstrecke wechseln die Torhüter die Seiten).
3. Aus dem geraden Lauf führen beide Torhüter auf Kommando von T eine Rolle vorwärts aus. Anschließend läuft die Grundübung.

ÜBUNG 3

Wie zuvor.
Die Torhüter laufen hintereinander, der Trainer (T) mit Ball seitlich daneben. Auf sein Kommando überholt der hintere Torhüter den vorderen und fängt einen ihm hoch zugeworfenen Ball.

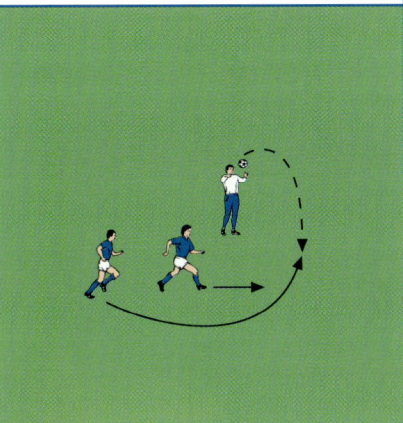

ZIEL

• Wie Übung 1

VARIATIONEN

1. Der hintere Torhüter dreht sich um die Körperlängsachse, bevor er seinen Partner überholt.
2. Auf Kommando von T stoppt der hintere Torhüter, der vordere dreht sich schnell, schlägt beim hinteren ab, dreht sich wieder und fängt einen ihm hoch zugeworfenen Ball (Aufgabenwechsel nach einer bestimmten Laufstrecke).
3. Der vordere Torhüter führt eine Rolle vorwärts aus, bevor er den Ball fängt.

ÜBUNG 4

Wie zuvor.
Beide Torhüter laufen hintereinander. Auf Kommando des Trainers (T) stoppt der vordere Torhüter und grätscht die Beine. Der hintere krabbelt durch die gegrätschten Beine seines Vordermanns und verharrt in Kauerstellung. T wirft dem stehenden Torhüter einen Ball halbhoch zu, den dieser im Sprung über den kauernden Partner fängt (Aufgabenwechsel nach einer bestimmten Laufstrecke).

ZIEL

• Wie Übung 1

VARIATION

Auf Kommando von T stoppt der hintere Torhüter und grätscht die Beine. Der vordere Torhüter läuft schnell um den hinteren, krabbelt durch dessen gegrätschte Beine und fängt einen ihm flach (hoch) zugeworfenen Ball.

Spiel- und Übungsformen

ÜBUNG 1

Drei Torhüter (1 bis 3) üben gemeinsam – der Trainer (T) kann bei Bedarf TW 3 sein. 1 steht zwischen zwei Hütchen (Abstand: 2 Meter), jeweils 5 Meter links und rechts vor ihm steht ein weiteres Hütchen. Dort befinden sich 2 und 3, jeder hat einen Ball. 2 spielt einen Dropkick auf 1, der den Ball fängt und auf 2 zurückwirft. Dann bewegt er sich im Sidestep zum zweiten Hütchen und fängt einen Dropkick von 3, wirft ihm den Ball zurück, bewegt sich wieder im Sidestep zum ersten Hütchen und alles beginnt von vorn …

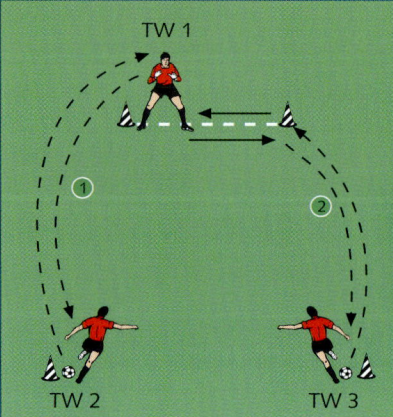

ZIEL

• Allgemeine Erwärmung
• Motivierendes Aufwärmen
• Schulung koordinativer Fähigkeiten
• Schulung allgemeiner und torwartspezifischer Techniken

VARIATIONEN

1. 1 führt eine Drehung um die Körperlängsachse aus, während er zum anderen Hütchen wechselt.
2. 1 hält während der Drehung die Hände auf dem Rücken (Schulung des Gleichgewichtssinns).
3. 2 und 3 spielen ihren Ball flach. 1 wirft sich auf die rechte (linke) Seite und rollt den Ball aus der Seitenlage zurück.
4. 1 paßt flache Bälle direkt mit dem rechten (linken) Fuß zurück.
5. 1 dreht sich um die Körperlängsachse, bevor er zurückpaßt.

ÜBUNG 2

Vier Torhüter (1 bis 4) üben gemeinsam – der Trainer (T) kann bei Bedarf Torhüter 4 sein. Drei Hütchen (A, B und C) stehen im Abstand von 7 Metern hintereinander. 7 Meter rechts von Hütchen B befindet sich Hütchen D. Jeder Torhüter steht an einem Hütchen.

TW 1, 4 und 3 spielen der Reihe nach einen Dropkick auf TW 2 (Reihenfolge stets: 1-2, 4-2, 3-2, 4-2, 1-2 usw.). TW 2 fängt und wirft zurück. Er führt nach dem Zurückwerfen die Hände schnell hinter den Rücken und wieder nach vorn. (Aufgabenwechsel nach 10 Durchgängen)

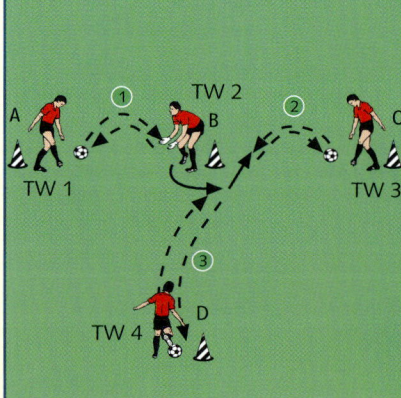

ZIEL

• Wie Übung 1

VARIATIONEN

1. TW 2 spielt den Ball als Dropkick zurück.
2. TW 2 dreht sich um die Körperlängsachse, bevor er den nächsten Ball fängt.

ÜBUNG 3

Wie zuvor. Der Torhüter an Hütchen D hat mehrere Bälle, ist Zuwerfer/Zuspieler und wird nach mehreren Durchgängen abgelöst.
TW 4 wirft einen Ball hoch auf Hütchen B, der von TW 3 im Laufen gefangen wird (Absprungbein: links). Gleichzeitig wechselt TW 2 zu Hütchen C. 3 fängt und wirft zurück auf 4. Dieser wirft den Ball hoch auf Hütchen B, wo er von TW 1 im Laufen gefangen wird (Absprungbein: rechts); gleichzeitig wechselt TW 3 zu Hütchen A usw.

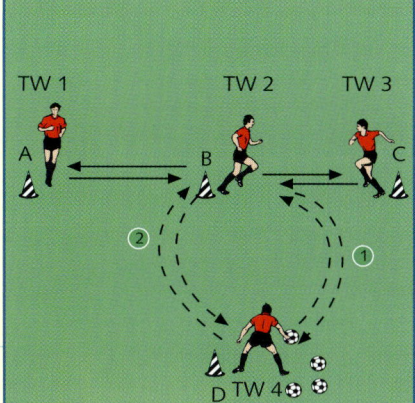

ZIEL
• Wie Übung 1

VARIATIONEN

1. Rolle vorwärts, bevor man fängt oder an ein anderes Hütchen wechselt.
2. Den Ball nicht fangen, sondern mit beiden Händen zurückfausten.
3. Unterschiedliche koordinative Zusatzaufgaben der Torhüter (z.B.: Bewegung zum Ball = Drehung um die Körperlängsachse; Bewegung zum Hütchen = Rolle vorwärts).

ÜBUNG 4

Wie zuvor.
TW 4 spielt einen Ball flach auf Hütchen B, der von TW 3 erlaufen und direkt mit rechts zurückgepaßt wird. 3 wechselt nach dem Paß zu Hütchen A, 1 läuft zu Hütchen B, paßt den Ball von TW 4 mit dem linken Fuß zurück, wechselt zu Hütchen C usw.

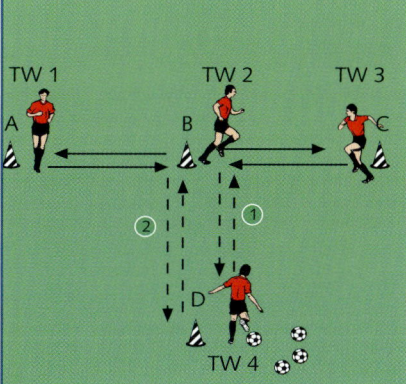

ZIEL
• Wie Übung 1

VARIATIONEN

1. Eine koordinative Aufgabe für den übenden Torhüter, bevor er zurückpaßt.
2. TW 3 nimmt den Ball mit rechts an und mit, dribbelt um Hütchen B und paßt mit links auf TW 4 zurück. Dann wechselt er zu Hütchen A usw.

Schulung der technischen Fertigkeiten

Vorbemerkungen

Nachfolgend stellen wir wie für die Jüngeren praktische Übungsformen zu den torhüterspezifischen Techniken vor, und zwar für jede Technik drei Basisübungen, die sich variieren und kombinieren lassen. Intensität und Schwierigkeitsgrad richten sich jeweils nach dem Entwicklungsstand der Trainierenden.

Basisübung 1: Technikschulung in Verbindung mit Koordination

Basisübung 2: Technikschulung mit mehreren Torhütern

Basisübung 3: Übungsformen am Tor

Hier noch einige Empfehlungen:

Koordination

Die Schulung der koordinativen Fähigkeiten erfolgt auch bei den C-Junioren nicht in isolierten Übungsformen, sondern innerhalb des Aufwärmprogramms und in Verbindung mit technischen Übungen.

Taktik

Auf die *taktischen* Elemente „Stellungsspiel", „Verhalten bei Standardsituationen", „Spielaufbau bei Ballbesitz", „1 gegen 1 gegen durchbrechende Stürmer und hohe Bälle" sowie „Durchsetzungsvermögen im Kampf um den Ball" wird innerhalb der Basisübungen 3 eingegangen. Sie sollten jedoch schwerpunktmäßig *innerhalb des Mannschaftstrainings* geschult werden. Das „Organisieren der Abwehr durch kurze und präzise Kommandos" z.B. kann ausschließlich während eines Trainingsspiels bzw. gruppen- und mannschaftstaktischer Spielformen geübt werden. Der Trainer beobachtet dabei das Verhalten des Torhüters und gibt Hilfestellungen für ein gezieltes Coachen der Mitspieler. Die Mitspieler des Torhüters sind dabei unbedingt einzubeziehen (Terminologie/Zeichensprache verabreden!).

Konditionelle Aspekte

Bei C-Juniorentorhütern sollten schwerpunktmäßig die folgenden konditionellen Komponenten geschult werden:

1. Schnelligkeitstraining (im Rahmen der Koordinationsschulung)
2. Fußballspezifische und allgemeine Stretchingübungen (Beweglichkeitstraining)
3. Allgemeine Körperkräftigung
4. Ausdauerschulung (durch leichte Läufe oder Einsatz der Torhüter als Feldspieler im abschließenden Trainingsspiel).

Persönlichkeitsentwicklung

Außerdem ist an die Motivation zu denken: Einsatzbereitschaft und Einstellung zu Training und Spiel sollen verbessert werden. Die Persönlichkeit entwickeln, dies kann durch gezielte Gespräche unterstützt werden.

Organisation

Bei allen Übungen am Tor (Basisübungen 3) zur besseren Orientierung und zur Schulung des Stellungsspiels stets ein zusätzliches Hütchen in der Mitte des Tors aufstellen. Der Torhüter soll sich auf einer gedachten Linie zwischen der Mitte des Tors (dem Hütchen) und dem Ball bewegen.

TRAININGSPRAXIS „LIVE"

Viele Spiel- und Trainingssituationen lassen sich am besten in bewegten Bildern dar-stellen. Deswegen ergänzt die DFB-Lehrvideoreihe **Fußball pur** Schwerpunktthemen der DFB-Lehrbuchreihe **Fußball von morgen** hervorragend.

Spaß von Anfang an I
F- und E-Junioren,
65 Min., DM 47,- (€ 24,-)

Spaß von Anfang an II
F- und E-Junioren,
65 Min., DM 47,- (€ 24,-)

Techniken attraktiv schulen I
D- und C-Junioren,
85 Min., DM 55,- (€ 28,-)

Techniken attraktiv schulen II
D- und C-Junioren,
85 Min., DM 55,- (€ 28,-)

Täuschungen
Übersteiger, Körpertäu-schung, Schußfinte, Riveli-no-Trick, Ronaldo-Trick u.a. in bewegten Bildern, vorge-führt durch Nachwuchsspie-ler verschiedener Alters-klassen, detailliert erklärt und verständlich kommen-tiert. Mit Trainingstips für eine methodische Erarbei-tung in kleinsten Schritten.

Alle drei Videos im Paket DM 111,00 (€ 56,50)

Fintentraining Teil 1
40 Min., DM 39,- (€ 20,-)

Fintentraining Teil 2
55 Min., DM 47,- (€ 24,-)

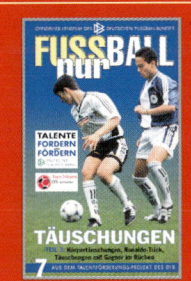

Fintentraining Teil 2
55 Min., DM 47,- (€ 24,-)

Ballzauber
Weit mehr als 100 neue Ballzauber-Übungen für das Techniktraining in allen Al-ters- und Leistungsklassen.

Teil 1: Dribbeln, Roll- und Ge-schicklichkeitsübungen, Fuß-arbeit, Richtungsänderungen

Teil 2: Jonglieren, Ballkon-trolle, Passen und Schießen, Partnerübungen.

Beide Videos im Paket DM 62,50 (€ 31,50)

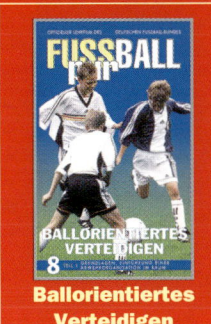

Ballorientiertes Verteidigen
58 Min., DM 45,- (€ 23,-)

Ballzauber Teil 1
27 Min., DM 33,50 (€ 17,-)

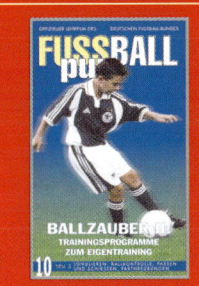

Ballzauber Teil2
35 Min., DM 35,50 (€ 18,-)

SPORTVERLAG

w w w . p h i l i p p k a . d e

**Fon: 0251/23005-11, Fax: -99,
E-Mail: buchversand@philippka.de
oder Post: Postfach 15 01 05,
D-48061 Münster**

Hohe Bälle: Frontales Fangen und Fangen von Flankenbällen

Bitte beachten Sie, daß wir im folgenden auf isolierte Übungsformen zum Erlernen der „Grundstellung" und zum „frontalen und seitlichen Aufnehmen und Fangen flacher und halbhoher Bälle" bewußt verzichtet haben. Werfen Sie hierzu bitte einen Blick auf die entsprechenden Abschnitte der vorherigen Kapitel.
Für das folgende „frontale und seitliche Fangen hoher Bälle" können Sie darüber hinaus den entsprechenden Abschnitt für D-Junioren heranziehen.

Auch in Bedrängnis selbstbewußt eingreifen!

Technik und Koordination

BASISÜBUNG 1A
Der Torhüter steht an einem Hütchen, 5 Meter vor ihm eine Hürde (oder ähnliche Trainingshilfe), dahinter ein weiteres Hütchen, der Trainer (T) mit Bällen 5 Meter neben der Hürde. Der Torhüter fängt einen von T hoch zugeworfenen Ball, überspringt die Hürde, berührt das Hütchen, überspringt die Hürde erneut und rollt auf ein Zieltor ab. T muß seine Würfe so timen, daß der Torhüter die Bälle abwechselnd von der rechten und von der linken Seite fangen muß!

SCHWERPUNKT
- Kurze Reaktionszeiten
- Einbeiniger Absprung mit dem ballnahen Bein – dabei vollkommene Streckung von Fuß- und Kniegelenk des Absprungbeins und des Hüftgelenks
- Fangen von Bällen von beiden Seiten

VARIATIONEN
1. Der Torhüter krabbelt durch die Hürde.
2. Das hintere Hütchen wird so versetzt, daß der Torhüter nach dem ersten Überspringen der Hürde noch eine Rolle vorwärts machen kann. Nachdem er das hintere Hütchen berührt hat, führt er in Richtung Hürde eine Rolle vorwärts aus, krabbelt durch die Hürde und fängt den nächsten Ball.

BASISÜBUNG 1B

Der Torhüter steht in der Mitte eines 5 Meter breiten Hütchentors. Vor ihm befinden sich im Abstand von je 1 Meter 4 Hütchen hintereinander. Der Trainer (T) steht mit Ball 5 Meter neben der Hütchenreihe. Der Torhüter durchläuft den Slalom in hohem Tempo, läuft rückwärtsentlang der Reihe zum Ausgangspunkt zurück und fängt anschließend (wieder in der Vorwärtsbewegung) einen hohen Ball von T.

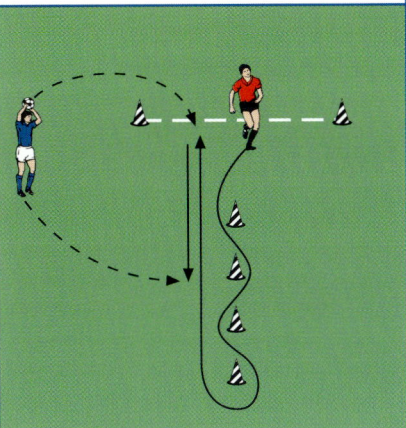

SCHWERPUNKT
- Wie Übung 1A

VARIATION
Der Torhüter läuft auf dem Rückweg jetzt im Sidestep rückwärts durch die Hütchenreihe.

Techikschulung mit mehreren Torhütern

BASISÜBUNG 2A

In einem Feld von 10 x 10 Metern bewegen sich 3 bis 4 Torhüter (alle mit Ball) und der Trainer (T). Jeder Torhüter prellt seinen Ball im Laufen. T ruft einen Namen. Der Genannte wirft T den Ball zu, führt eine Rolle vorwärts aus und fängt einen hohen Ball von T.

SCHWERPUNKT
- Kurze Reaktionszeiten
- Den Ball im Sprung am höchstmöglichen Punkt fangen
- Schwungeinsatz des Gegenknies bei einbeinigem Absprung

VARIATIONEN
1. Rolle rückwärts vor dem Fangen.
2. Ein Torhüter übergibt T seinen Ball und bewegt sich zwischen den anderen. T ruft einen Namen. Der Genannte wirft seinen Ball zum Torhüter ohne Ball, die beiden laufen aufeinander zu und rempeln sich mit der Schulter. Anschließend fängt der Torhüter, der jetzt ohne Ball ist, einen hohen Ball von T. Erneuter Übungsbeginn nach Zurückwerfen des Balls auf T.

BASISÜBUNG 2B

Drei Hütchen (5 Meter Abstand) bilden ein Dreieck. An jedem Hütchen steht ein Torhüter (1 an Hütchen A, 2 an B und 3 an C). TW 2 hat einen Ball und wirft ihn hoch auf TW 1, der einmal um sein Hütchen läuft, bevor er hoch fängt. Anschließend wirft er auf TW 3, der seinerseits um sein Hütchen läuft, bevor er fängt usw.

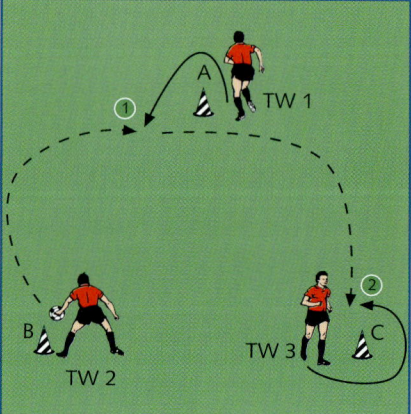

SCHWERPUNKT
• Wie Übung 2A

VARIATIONEN

1. Nachdem TW 2 den Ball auf TW 1 geworfen hat, führt er eine Rolle vorwärts aus und bewegt sich rückwärts wieder zu seinem Hütchen.
2. TW 2 schießt seinen Ball hoch auf TW 1 usw.
3. Auf Kommando des Trainers wird die Wurfrichtung gewechselt.

Übungsformen am Tor

BASISÜBUNG 3A

Torhüter 1 steht in der Mitte eines großen Tores, Torhüter 2 und 3 mit Ball 16 Meter rechts und links davor, der Trainer (T) mit Ball 5 Meter daneben. Auf sein Kommando startet 1 nach vorn zum Pfosten, berührt ihn und bewegt sich im Sidestep wieder zurück in die Mitte des Tors. T wirft nun einen hohen Ball vor das Tor, 1 fängt und rollt wieder zu T zurück. Auf dessen Kommando „2" oder „3" versucht der entsprechende Torhüter, mit einem Dropkick zum Torerfolg zu gelangen.

SCHWERPUNKT
• Kräftiger Abdruck vom Boden, Schwung-einsatz des Gegenknies und der Arme
• Den Ball mit ausgestreckten Armen vor dem Körper fallen lassen oder mit einer Hand kurz anwerfen (Dropkick)

VARIATIONEN

1. Nach dem Berühren des vorderen Pfostens führt TW 1 zunächst eine Rolle rückwärts aus.
2. TW 1 führt eine Rolle vorwärts in Richtung des aufgerufenen Torhüters aus, bevor er dessen Schuß abwehren darf.
3. TW 1 rollt den gefangenen Ball auf TW 2; TW 3 spielt seinen Ball als Dropkick auf das Tor.

BASISÜBUNG 3B

TW 1 steht in einem großen Tor, TW 2 auf Höhe des Torraums, TW 3 an einem Hütchen ca. 18 Meter zentral vor dem Tor, der Trainer (T) mit Ball links oder rechts außerhalb des Strafraums. Er spielt einen Ball hoch auf Höhe des Torraums. TW 1 soll den Ball trotz Behinderung durch TW 2 fangen. Anschließend rollt er den Ball flach auf TW 3, der auf das Tor zudribbelt und versucht, TW 1 auszuspielen.

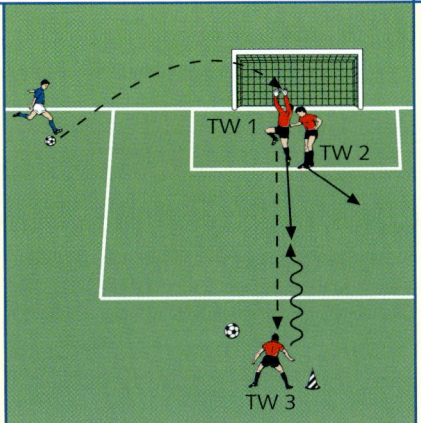

VARIATION

Während TW 3 versucht, im 1 gegen 1 zum Torerfolg zu gelangen, läuft TW 2 zur Strafraumgrenze. Nach dem Abschluß der 1 gegen 1-Aktion spielt T einen zweiten Ball hoch vor das Tor. TW 2 soll zum Torerfolg gelangen diesen Ball per Kopf oder Volleyschuß verwandeln. TW 1 soll den Ball möglichst vorher abfangen oder anders einen Treffer verhindern.
Positions- und Aufgabenwechsel nach mehreren Durchgängen.

SCHWERPUNKT

- „Niedrige" Grundstellung einnehmen, (Gesäß aber nicht zu stark absenken)
- Locker stehen und den Körperschwerpunkt durch eine starke Beugung in Knie- und Hüftgelenk nach vorne verlagern

BASISÜBUNG 3C

TW 1 in einem großen Tor, TW 2 mit Ball 5 Meter vor dem rechten, der Trainer mit Ball 5 Meter vor dem linken Torpfosten. TW 2 wirft einen Ball ungefähr 3 Meter vor sich hoch in die Luft. TW 1 fängt und rollt zurück. Anschließend startet er zu einem von T flach in die linke Torecke gespielten Ball und wirft sich nach diesem.
Positions- und Aufgabenwechsel nach mehreren Durchgängen (beide Seiten trainieren!).

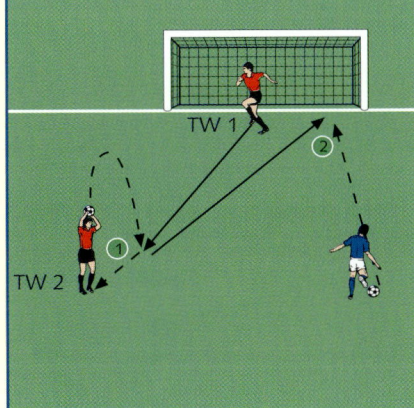

VARIATIONEN

1. TW 1 führt eine Rolle rückwärts aus, bevor er den Ball von TW 2 fängt.
2. TW 1 führt eine Rolle vorwärts aus, bevor er sich zum flachen Ball von T wirft.
3. T schießt jetzt nicht in die Torecke, sondern wirft seinen Ball vor sich hoch in die Luft. Der zweite Ball wird von TW 2 flach in die rechte Torecke gespielt.
4. TW 1 dreht sich immer zunächst um die Körperlängsachse, bevor er fängt oder sich nach dem Ball wirft.

SCHWERPUNKT

- Großer, letzter Schritt zum Ball
- Einbeiniger Absprung mit dem ballnahen Bein – Ball von rechts, Absprung mit rechts (und umgekehrt)

Fallen und seitliches Abrollen bei flachen Bällen

Beim Fallen und Abrollen den Ball stets im Blick!

Technik und Koordination

BASISÜBUNG 1A

Der Torhüter steht an einem Hütchen, 1 Meter davor befindet sich eine Hürde (oder ähnliche Trainingshilfe). Hinter der äußeren Hürdenstange 4 Hütchen nebeneinander aufstellen. Der Trainer (T) steht mit Ball 7 Meter vor dieser Hütchenreihe. Auf sein Kommando überspringt der Torhüter zunächst seitlich mit beiden Beinen die Hürde und wirft sich dann aus dem Sidestep so vor die Hütchen, daß sie vom Ball von T nicht getroffen werden.

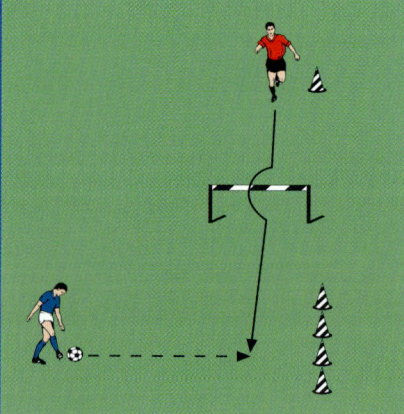

SCHWERPUNKT
- Abrollen über Hüfte, Körperseite und Schulter
- „Ball vorne halten"; bei einem flachem Ball nach llinks mit dem linken Fuß einen kleinen Schritt zum Ball ausführen und den Ball möglichst früh halten

VARIATIONEN
1. Der Torhüter krabbelt unter der Hürde hindurch.
2. Der Torhüter steht links neben der Hürde und führt einen Doppelsprung aus.
3. Der Torhüter führt kleine Sprünge auf der Stelle aus. Auf Kommando von T erfolgt ein schneller Sprung über die Hürde zum Ball.

BASISÜBUNG 1B

Der Torhüter steht an einem Hütchen. 3 Meter vor ihm sind drei 5 Meter breite Hütchentore (A, B, C) auf unterschiedlicher Höhe und seitlich versetzt. Der Trainer (T) befindet sich mit Ball 5 Meter zentral vor den Hütchentoren. Auf seinen Zuruf („A", „B" oder „C") startet der Torhüter im höchsten Tempo zum jeweiligen Tor und wirft sich nach einem von T flach gespielten Ball auf die Seite (Tore A und B). In Tor C nimmt der Torhüter den Ball frontal auf.

SCHWERPUNKT
- Wie Übung 1A

VARIATIONEN
1. Statt Zuruf jetzt Handzeichen von T.
2. Der Torhüter führt eine Rolle vorwärts aus, bevor er zum Ball startet.
3. Er startet aus unterschiedlichen Ausgangslagen.

BASISÜBUNG 1C

Der Torhüter steht in einem 6 Meter breiten Hütchentor, vor ihm hintereinander in einem Abstand von 3 Metern zwei Hütchen, 3 Meter davor der Trainer (T) mit Ball. Der Torhüter bewegt sich im Sidestep von rechts nach links um die beiden Hütchen in Richtung T. Dieser spielt einen Ball flach auf den Torhüter, der ihn mit der Innenseite des rechten Fußes zurückpaßt. Nun bewegt er sich rückwärts und parallel zur „Hütchenreihe" zurück in sein Tor. Sobald er das tornahe Hütchen passiert hat, spielt T einen flachen Ball in die rechte Torecke, nach dem sich der Torhüter wirft.

SCHWERPUNKT
- Wie Übung 1A

VARIATIONEN
1. Der Torhüter führt am Ende des Sidesteps eine Rolle vorwärts aus und paßt den flachen Ball von T mit der Innenseite des *rechten* Fußes zurück.
2. Nach dem Rückpaß Rolle rückwärts in Richtung des Hütchentores.

Technikschulung mit mehreren Torhütern

BASISÜBUNG 2A

TW 1 steht mit dem Rücken zu T in der Mitte eines 6 Meter breiten Hütchentores, T selbst 3 Meter hinter TW 1, TW 2 mit Ball 3 Meter rechts neben T. Der wirft einen Ball gegen die linke Schulter von TW 1, der sich schnell um diese Schulter dreht und den Ball fängt, bevor er den Boden berührt. Anschließend wirft er zu T zurück und wirft sich nach einem flachen Ball von TW 2 in die linke Torecke.

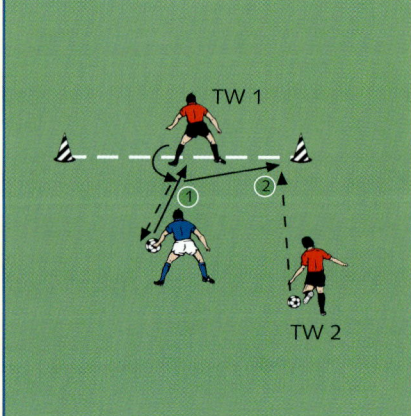

SCHWERPUNKT

- Blick auf den Ball richten!
- „Bein vorbringen" – wirft sich der Torhüter auf die linke Seite, muß er das Knie des rechten Beines nach vorn nehmen, um ein Überdrehen auf den Rücken zu vermeiden.

BASISÜBUNG 2B

TW 1 im Liegestütz in der Mitte eines 6 Meter breiten Hütchentors. TW 2 steht mit Ball hinter, T ohne Ball 5 Meter vor TW 1. TW 3 befindet sich mit Ball 3 Meter links von T.

Auf Kommando von T spielt 2 seinen Ball unter TW 1 hindurch zu T. 1 steht rasch auf, dreht sich um die linke Schulter und wirft sich nach einem flachen Ball von TW 3 auf die rechte Seite, macht eine Drehung um die Körperlängsachse, rollt den Ball aus der Seitenlage zurück und wirft sich nach einem zweiten flachen Ball von T auf die andere Seite.

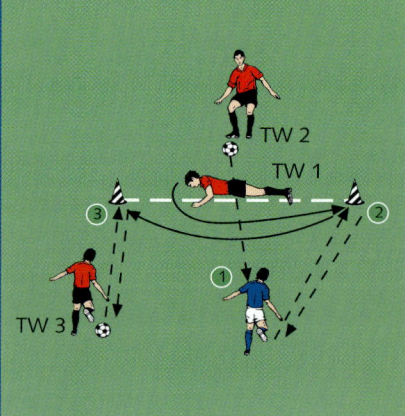

SCHWERPUNKT

- Wie Übung 2A

VARIATIONEN

TW 1 liegt jetzt auf dem Bauch, TW 2 hat nun keinen Ball, aber T. Auf dessen Kommando springt TW 2 über TW 1. T spielt flach auf die linke Seite von TW 2. Dieser wirft sich nach dem Ball. Nachdem er übersprungen wurde, steht TW 1 schnell auf und wirft sich nach einem flachen Ball von TW 3 auf die rechte Seite. Die Übung beginnt von vorn; Positionswechsel von TW 1 und 2.

Positions- und Aufgabenwechsel von TW 3 mit TW 1 nach zwei Durchgängen.

Übungsformen am Tor

BASISÜBUNG 3A

TW 1 steht in einem großen Tor neben dem rechten Pfosten, T mit Ball davor, TW 2 mit Ball etwa an der linken Torraumecke. T spielt den ersten Ball flach vor das Tor, 1 wirft sich nach dem Ball auf die linke Seite, rollt ihn aus der Seitenlage auf T zurück, steht schnell auf und paßt einen ihm in diesem Moment von TW 2 flach zugespielten Ball mit der Innenseite des linken Fußes zurück. Anschließend dreht sich TW 1 nach rechts und startet zu T. Dieser spielt einen zweiten Ball flach in die rechte Torecke; TW 1 wirft sich nach diesem Ball.

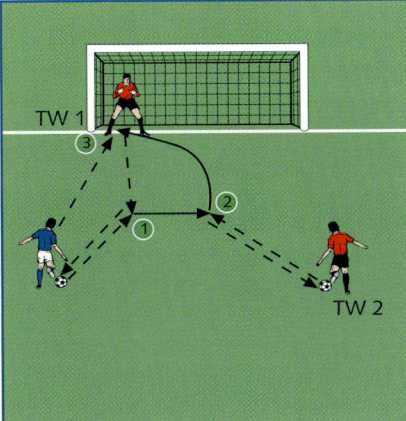

SCHWERPUNKT

- Die Hände gehen zum Ball
- Eine Hand hinter dem Ball, die andere auf oder ebenfalls hinter dem Ball
- Allgemeine technische Fertigkeiten (Paßspiel)

VARIATIONEN

1. TW 2 wirft einen Ball halbhoch auf TW 1, der ihn volley mit dem linken Fuß auf TW 2 zurückspielt.
2. TW 2 wirft den Ball jetzt hoch seitlich neben TW 1, der ihn fängt und auf TW 2 zurückwirft.
3. T wirft den ersten Ball hoch vor das Tor. TW 1 fängt und wirft ihn auf T zurück. TW 2 spielt seinen Ball flach auf die linke Seite von TW 1, T spielt seinen zweiten Ball flach auf dessen rechte Seite.

BASISÜBUNG 3B

Auf Höhe der Torraumlinie zentral vor einem großen Tor ein 4 Meter breites Hütchentor aufbauen. Der Torhüter steht am rechten Hütchen, T mit Ball 5 Meter zentral vor dem Hütchentor. Er spielt den Ball flach auf die linke Seite des Torhüters, der sich nach links zum Ball wirft, den Ball aus der Seitenlage zurück zu T wirft, schnell aufsteht und um das linke Hütchen und danach in das große Tor läuft. Jetzt wirft T den zweiten Ball hoch in die rechte Ecke des großen Tores.

SCHWERPUNKT

- Die Hände gehen zum Ball
- Eine Hand ist hinter dem Ball, die andere auf oder hinter dem Ball
- Den Ball am Körper sichern

VARIATIONEN

1. Der Torhüter startet jetzt aus dem Liegestütz bzw. der Bauch- oder Rückenlage zum ersten Ball.
2. Nachdem er um das linke Hütchen gelaufen ist, führt der Torhüter eine Rolle vorwärts aus und startet erst dann ins große Tor.

Gestrecktes
Absprungbein,
angewinkeltes
und angezoge-
nes Gegenbein
beim Sprung!

Hechten und Springen nach halbhohen und hohen Bällen und Abrollen

Technik und Koordination

BASISÜBUNG 1A

Der Torhüter im Liegestütz in der Mitte eines 6 Meter brei-ten Hütchentors, links neben ihm ist mit mehreren Hütchen eine Hütchenreihe aufgebaut, der Trainer (T) steht mit Ball 3 Meter davor. Auf sein Kom-mando rollt sich der Torhüter über die rechte Schulter ab, steht schnell auf und springt über die Hütchenreihe nach einem von T geworfenen Ball.

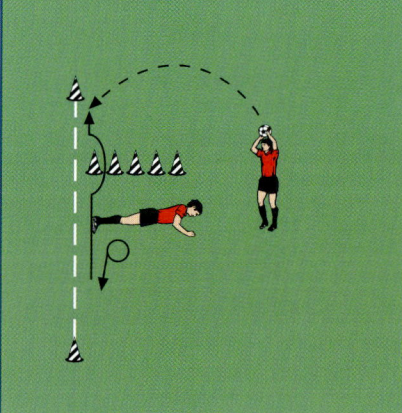

SCHWERPUNKT
• Einen oder mehrere Schritte zur Seite machen („Schritt-Schritt-Sprung"); den letzten Schritt größer und diagonal nach vorn
• Direkter Flug zum Ball

VARIATIONEN

1. Der Torhüter läuft nach dem Aufstehen zunächst um das rechte Hütchen, führt ei-ne Rolle vorwärts aus und springt dann nach dem von T geworfenen Ball.
2. Nach dem Aufstehen paßt der Torhüter einen flachen Ball von T mit der Innenseite des rechten Fußes zurück, berührt das rechte Hütchen und springt nach einem zwei-ten, geworfenen Ball von T.
3. Der Torhüter springt aus dem Liegestütz nach links über die Hütchenreihe, rollt sich über die linke Schulter ab, steht schnell auf und springt über die Reihe zurück nach einem von T geworfenen Ball.

BASISÜBUNG 1B

Der Torhüter steht am Anfang einer 3 Meter breiten Hütchengasse, der Trainer (T) mit Ball 2 Meter gegenüber (vor der Gasse). Auf dessen Kommando („links" oder „rechts") führt der Torhüter eine Rolle vorwärts aus und springt über die linke bzw. rechte Hütchenreihe nach einem von T geworfenen Ball.

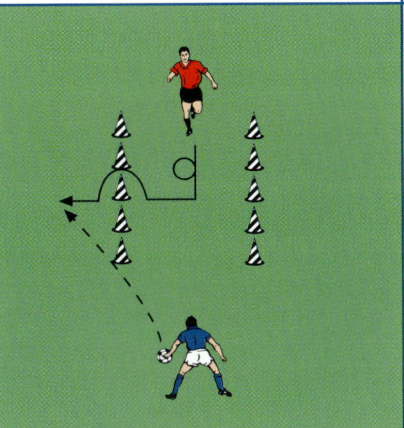

VARIATION

Der Torhüter steht jetzt mit dem Rücken zu T, führt auf Kommando („links" oder „rechts") eine Rolle rückwärts aus und dreht sich dann schnell in Richtung T, bevor er über die entsprechende Hütchenreihe nach dem Ball springt.

SCHWERPUNKT

• Einen oder mehrere Schritte zur Seite machen („Schritt-Schritt-Sprung"); den letzten Schritt größer und diagonal nach vorn

Technikschulung mit mehreren Torhütern

BASISÜBUNG 2A

TW 1 befindet sich in der Mitte eines 6 Meter breiten Hütchentors, TW 2 im Liegestütz rechts neben ihm, T mit Ball 3 Meter vor TW 1. Auf T´s Kommando springt TW 1 erst beidbeinig über TW 2, dann erneut über TW 2 nach einem von T geworfenen Ball (explosiver, kurzer Abdruck!).

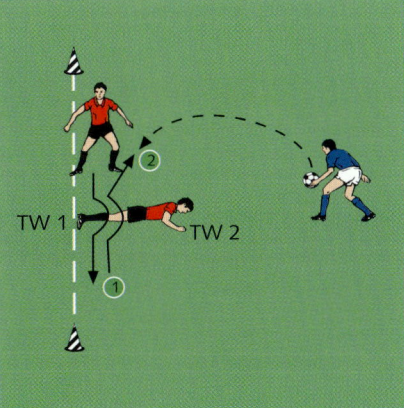

TW 1   TW 2

VARIATIONEN

1. TW 1 macht jetzt eine Flugrolle über TW 2, berührt das äußere Hütchen und springt erneut über TW 2 zu einem von T geworfenen Ball.
2. TW 1 springt beidbeinig über TW 2 und geht sofort in den Liegestütz. Anschließend steht TW 2 rasch auf, wirft sich nach einem flachen Ball von T auf die linke Seite, wirft den Ball aus der Seitenlage auf T zurück, steht schnell auf und springt nach einem von T geworfenen Ball über TW 1. Anschließend Positions- und Aufgabenwechsel.

SCHWERPUNKT

• Gebeugtes Absprungbein, dann strecken, das Gegenbein anwinkeln und hochziehen; Schwungeinsatz der Arme
• Den Körperschwerpunkt über das Absprungbein bringen

6

BASISÜBUNG 2B

Zwei Torhüter (1 und 2) und der Trainer (T) üben. Vor 1 stehen zwei kleine Hürden. Jeweils im rechten Winkel zur zweiten Hürde befindet sich rechts und links eine Hütchenreihe. T steht in Verlängerung der rechten, 2 in Verlängerung der linken Reihe (beide mit Ball). Auf das Kommando „links" oder „rechts" springt 1 gerade und beidbeinig (ohne Zwischensprung) über die Hürden und wirft sich über die entsprechende Hütchenreihe nach einem von T oder 2 geworfenen Ball. 1 nimmt die Ausgangsposition wieder ein und die Übung beginnt von vorne.

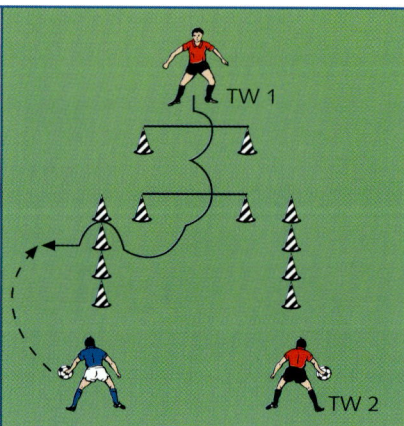

SCHWERPUNKT
• Wie Übung 2A

VARIATIONEN
1. 1 überspringt die beiden Hürden seitwärts und beidbeinig.
2. Die zweite Hürde ist jetzt höher als die erste. 1 überspringt die erste frontal und beidbeinig, krabbelt durch die zweite und wirft sich nach dem Ball.

Übungsformen am Tor

BASISÜBUNG 3A

Zwei Torhüter (1 und 2) und der Trainer (T) üben gemeinsam. 1 steht in einem großen Tor. 6 Meter zentral davor befinden sich 5 Hütchen. T steht 2 Meter rechts neben der Reihe, 2 mit Ball 15 Meter zentral vor dem Tor. T wirft einen Ball hoch auf das Tor, 1 faustet beidhändig auf T zurück, springt über die Hütchen und paßt einen flachen Ball von 2 mit der Innenseite des linken Fußes zurück. Nun dreht er zu T und wirft sich über die Reihe nach einem von T geworfenen Ball.

SCHWERPUNKT
• Beide Seiten trainieren!
• Explosiver Abdruck des Sprungbeins (kurzer Bodenkontakt)
• Geradlinige Beschleunigung zum Ball
• Direkter, kurzer Flug zum Ball

VARIATIONEN
1. 1 führt eine Rolle vorwärts aus, bevor er den flachen Ball von 2 zurückpaßt.
2. Nachdem 1 den flachen Ball von 2 zurückgepaßt hat, springt er über die Reihe, führt eine Rolle vorwärts in Richtung Tor aus, dreht sich in Richtung T und wirft sich dann über die Hütchenreihe nach einem von T geworfenen Ball.

144

BASISÜBUNG 3B

Wie zuvor; allerdings steht Torhüter 1 mit Blickrichtung zum Trainer (T) rechts neben der Hütchenreihe. 1 läuft vorwärts und wird von T flach angespielt, paßt den Ball mit der Innenseite des rechten Fußes zurück, läuft erst rückwärts am letzten Hütchen vorbei auf die andere Seite der Reihe, dann nach vorn und paßt einen zweiten flachen Ball von T mit der Innenseite des linken Fußes auf ihn zurück. Nun führt 1 eine Rolle vorwärts in Richtung 2 aus, köpft einen von 2 geworfenen Ball in dessen Arme, dreht sich wieder in Richtung T und wirft sich über die Reihe nach einem von T geworfenen Ball.

SCHWERPUNKT

- Schulung präzisen Paßspiels
- Explosiver Abdruck des Sprungbeins (kurzer Bodenkontakt)
- Geradlinige Beschleunigung zum Ball
- Direkter, kurzer Flug zum Ball

BASISÜBUNG 3C

Wie zuvor.
1 beginnt mit einem Sprung über die Hütchenreihe zu einem vom Trainer (T) halbhoch (hoch) zugeworfenen Ball. Nachdem er den Ball auf T zurückgeworfen hat, wirft 2 einen hohen Ball in Richtung Tor. 1 startet über die Hütchenreihe in Richtung Tor und versucht, den Ball zu fangen oder seitlich neben oder über das Tor abzulenken.

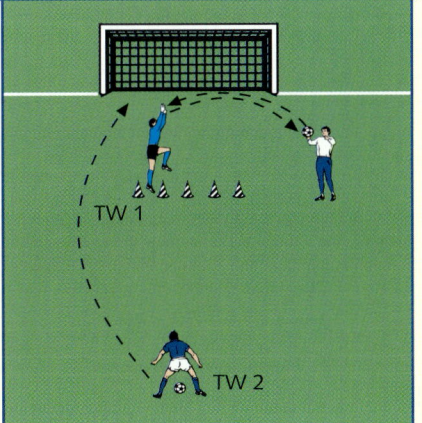

SCHWERPUNKT

- Explosiver Abdruck des Sprungbeins (kurzer Bodenkontakt)
- Geradlinige Beschleunigung zum Ball
- Direkter, kurzer Flug zum Ball

Ablenktechniken

Zur Schulung der Ablenktechniken können auch einzelne Übungsformen aus
dem Abschnitt „Fallen und seitliches
Abrollen bei flachen Bällen" herangezo-
gen werden.

Technik und Koordination

BASISÜBUNG 1A

Der Torhüter befindet sich in
der Mitte eines 5 Meter breiten Hütchentors im Liege-
stütz, Kopf zum rechten Hütchen, der Trainer (T) mit Ball
5 Meter davor. Auf dessen
Kommando steht der Torhü-
ter rasch auf, berührt das
rechte Hütchen und dreht
sich nach links in Richtung T,
der einen flachen Ball in Richtung anderes Hütchen spielt.
Der Torhüter soll den Ball mit
dem Ballen der linken Hand
zur Seite ablenken.

SCHWERPUNKT

- Handballen als Ablenkfläche
- Handgelenk fixieren
- Impulsstoß aus dem Ellbogengelenk ge-
  gen den Ball

VARIATIONEN

1. Der Torhüter steht auf
Kommando von T rasch auf,
führt eine Rolle rückwärts aus
und startet nach vorn zu einem flachen Ball von T auf die
rechte Seite. Er lenkt den Ball
mit dem Ballen der rechten
Hand zur Seite ab.
2. Der Torhüter führt aus dem
Liegestütz eine Rolle vorwärts
aus, läuft um das rechte Hütchen und lenkt einen flachen
Ball von T aus der Sidestep-
bewegung Richtung linkes
Hütchen mit dem Ballen der
linken Hand zur Seite ab.

BASISÜBUNG 1B

Der Torhüter befindet sich in Bauchlage in der Mitte eines Hütchentors, Kopf zum Trainer (T), der mit Bällen 6 bis 7 Meter vor dem Tor steht. Auf Kommando steht der Torhüter schnell auf und lenkt einen flachen Ball von T auf die linke Seite mit dem Ballen der linken Hand zur Seite ab, dreht sich über das Gesäß, steht schnell auf und lenkt einen flachen zweiten Ball von T auf die rechte Seite mit dem Ballen der rechten Hand zur Seite ab.

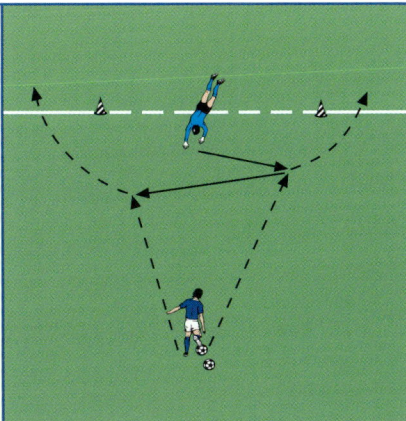

SCHWERPUNKT

- Wie Übung 1A

VARIATION

Der Torhüter wieder in Bauchlage; die Füße zeigen jetzt zu T.
Gleicher Ablauf: T spielt den ersten Ball auf Kommando „links" oder „rechts" flach auf die entsprechende Seite.

Technikschulung mit mehreren Torhütern

BASISÜBUNG 2A

Zwei TW und der Trainer (T) üben gemeinsam. TW 1 befindet sich im Liegestütz in der Mitte eines 6 Meter breiten Hütchentors. 4 Meter vor und hinter dem Hütchentor stehen T und TW 2 (jeweils mit Ball). T spielt flach auf die rechte Seite des TWs, der sich aus dem Liegestütz nach dem Ball auf die Seite wirft und ihn mit dem Ballen der rechten Hand zur Seite ablenkt, schnell aufsteht, sich nach rechts in Richtung TW 2 dreht und sich nach einem flachen Ball von diesem auf die rechte Seite wirft.

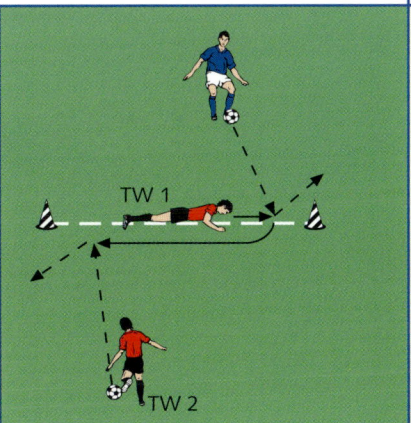

SCHWERPUNKT

- Den Ball möglichst früh ablenken
- Den Ball zur Seite ablenken!

BASISÜBUNG 2B

TW 1 in der Mitte eines 6 Meter breiten Hütchentors, der Trainer (T) mit zwei Bällen 6-7 Meter davor, Torhüter 2 ohne Ball 2 Meter vom rechten Hütchen entfernt. T wirft den ersten Ball halbhoch (hoch) rechts neben TW 1, der ihn mit dem Ballen der rechten Hand auf TW 2 ablenkt (Impulsstoß aus dem Arm). Nun spielt T den zweiten Ball flach auf die linke Seite von TW 1, der ihn im Fallen mit dem Ballen der linken Hand zur Seite ablenkt.

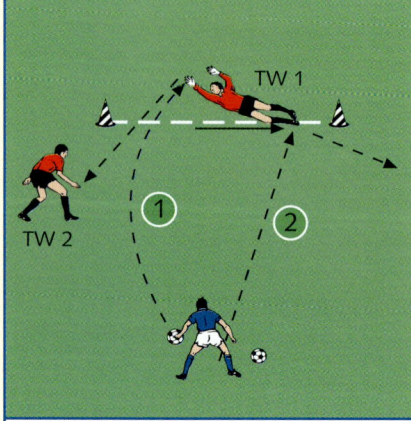

SCHWERPUNKT
- Den Ball möglichst früh ablenken
- Den Ball zur Seite ablenken!
- Beide Seiten trainieren

Übungsformen am Tor

BASISÜBUNG 3A

Der Torhüter steht in der Mitte eines großen Tores, 5 Meter vor ihm ein Hütchen, der Trainer (T) mit Ball 4 Meter schräg rechts vor dem Tor. Auf dessen Kommando führt der Torhüter eine Rolle vorwärts in Richtung Hütchen aus, läuft um das Hütchen und startet in Richtung Tor. Anschließend lenkt er einen flach geschossenen Ball von T auf der rechten Seite mit dem Ballen der rechten Hand zur Seite ab. Nach mehreren Durchgängen wechselt T links neben das Tor; die Übung beginnt von vorne.

SCHWERPUNKT
- Handballen als Ablenkfläche
- Handgelenk fixieren
- Impulsstoß aus dem Ellbogengelenk gegen den Ball
- Den Ball möglichst früh ablenken

VARIATIONEN

1. Jetzt spielt T zunächst einen Ball flach auf den Torhüter, der ihn mit der Innenseite des rechten Fußes gezielt zurückpaßt. Danach wie zuvor.

2. T spielt jetzt zuerst einen Ball flach auf die linke Seite des Torhüters. Dieser wirft sich nach dem Ball, rollt den Ball aus der Seitenlage gezielt auf T ab, steht schnell auf und umläuft das Hütchen.

BASISÜBUNG 3B

TW 1 steht in der Mitte eines großen Tores, der Trainer (T) mit Ball 4 Meter vom linken, TW 2 4 Meter vom rechten Pfosten entfernt.
Nachdem TW 1 den ersten Ball von TW 2 beidhändig zurückgefaustet hat, führt er eine Rolle rückwärts in Richtung Tor aus, steht schnell auf, dreht sich in Richtung T und lenkt dessen flachen Ball mit dem Ballen der linken Hand zur Seite ab.

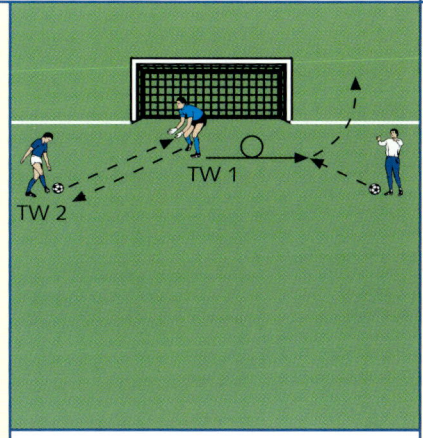

SCHWERPUNKT

- Wie Übung 3A

BASISÜBUNG 3C

Zentral vor einem großen Tor 5 Hütchen in Reihe aufstellen. Der Torhüter befindet sich im Liegestütz, der Trainer (T) mit zwei Bällen 2 Meter vor dem hintersten Hütchen. Auf Kommando steht der Torhüter auf, läuft bis hinter das letzte Hütchen und von dort auf der anderen Seite rückwärts in Richtung Tor. Sobald er das tornächste Hütchen passiert hat, schießt T flach in die linke Torecke. Der Torhüter wirft sich, lenkt den Ball mit dem Ballen der linken Hand zur Seite ab, steht schnell auf und springt über die Hütchen nach einem von T geworfenen Ball.

SCHWERPUNKT

- Wie Übung 3A

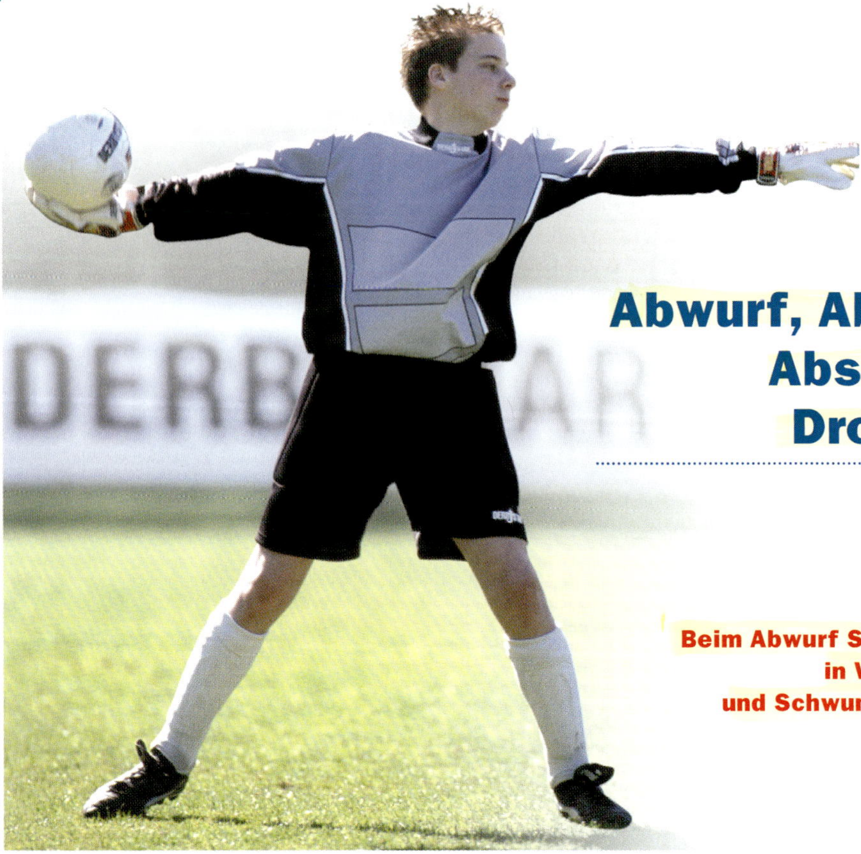

Abwurf, Abstoß, Abschlag, Dropkick

Beim Abwurf Stemmschritt in Wurfrichtung und Schwungarm vorne!

Technik und Koordination

BASISÜBUNG 1A

Der Torhüter steht neben einer Hürde, der Trainer (T) mit Ball 15 Meter seitlich der Hürde. Der Torhüter springt einbeinig über die Hürde, fängt einen halbhohen Dropkick von T vor dem Körper, spielt einen Dropkick auf T zurück und läuft rückwärts um die Hürde. T spielt den nächsten Dropkick auf den Torhüter. Dieser fängt ihn, wirft gezielt auf T zurück, springt wieder einbeinig über die Hürde und die Übung beginnt von vorn. Nach mehreren Durchgängen wechselt der Torhüter die Seite und überspringt die Hürde mit dem anderen Fuß.

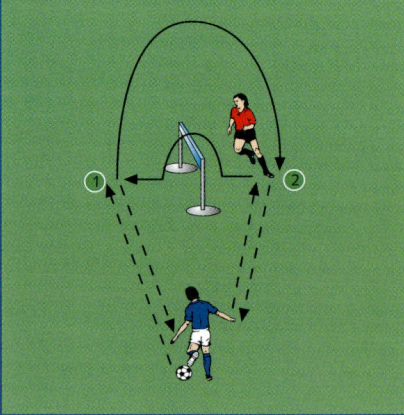

VARIATIONEN

1. Nach dem Fangen des ersten Dropkicks von T, läuft der Torhüter mit dem Ball rückwärts um die Hürde. Anschließend wirft er den Ball gezielt auf T zurück und überspringt die Hürde abermals; die Übung beginnt von vorne.
2. Der Torhüter krabbelt durch die Hürde, sonst wie zuvor.

SCHWERPUNKT (DROPKICK)
- Den Ball mit ausgestreckten Armen vor dem Körper fallen lassen oder mit einer Hand kurz anwerfen
- Das Knie des Spielbeins anheben; den Ball unterhalb des Knies treffen

BASISÜBUNG 1B

Der Torhüter steht unmittelbar neben einer Hürde, der Trainer (T) 15 Meter entfernt. Der Torhüter spielt einen rechts neben der Hürde liegenden Ball mit dem rechten Fuß als Abstoß gezielt auf T, der fängt. Nun springt der Torhüter über die Hürde und fängt einen von T hoch zugespielten Ball, legt ihn links neben der Hürde ab und spielt ihn jetzt mit links als Abstoß gezielt auf T. Anschließend springt er wieder über die Hürde und fängt den nächsten von T hoch zugespielten Ball.

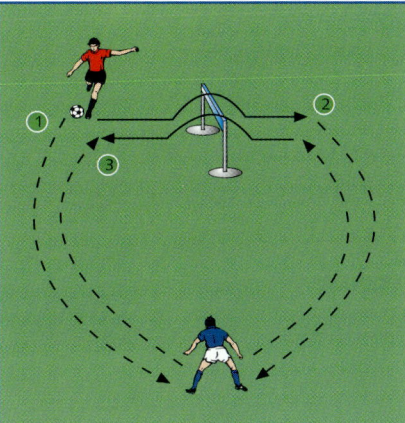

VARIATION

Der Torhüter spielt einen Dropkick bzw. Abschlag (Volley) auf den Trainer.

SCHWERPUNKT (ABSTOSS)

- Standbein neben oder hinter dem Ball
- Anlauf von der Seite
- Den Ball im Zentrum treffen

Technikschulung mit mehreren Torhütern

BASISÜBUNG 2A

Es üben zwei Torhüter (1 und 2) und der Trainer (T). 1 steht vor einem Hütchen, 2 Meter links und rechts von ihm befindet sich je ein weiteres Hütchen, T steht mit Ball 8 Meter links, 2 mit Ball 8 Meter rechts vor 1. Der bewegt sich im Sidestep vor das linke Hütchen, fängt dort einen halbhohen Ball von T und spielt ihn als Dropkick zurück. Nun bewegt sich 1 im Sidestep um das rückwärtige Hütchen herum vor das rechte und fängt dort einen halbhohen Dropkick von 2. Er wirft den Ball auf 2 zurück und bewegt sich im Sidestep auf demselben Weg zurück vor das linke Hütchen.

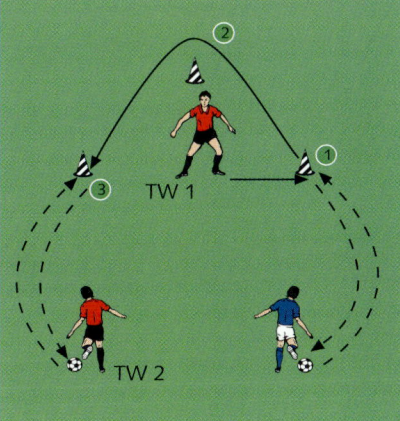

VARIATIONEN

1. Der Abstand zwischen Torhüter 1 und T bzw. Torhüter 2 wird auf 15 Meter vergrößert. Beide spielen ihren Ball jetzt hoch statt halbhoch auf 1, ansonsten bleibt der Ablauf unverändert.
2. Torhüter 1 spielt den Ball von T bzw. von Torhüter 2 jetzt als Abschlag/Volley zurück.
3. Es wird nur mit einem Ball gespielt. TW 1 spielt den Ball von T als Dropkick/Abwurf diagonal auf TW 2.

SCHWERPUNKT

- Fixiertes Fußgelenk, die Fußspitze zeigt nach unten
- Der Fuß des Standbeins weist in die Spielrichtung des Balles
- Das Standbein befindet sich neben dem Ball

BASISÜBUNG 2B

Drei TW üben gemeinsam.
TW 1 steht mit Ball in einem
5 Meter breiten Hütchentor,
TW 2 ohne Ball 15 Meter davor, TW 3 mit Ball 15 Meter
hinter TW 2.
TW 1 spielt einen gezielten
Dropkick auf TW 2, der den
Ball vor dem Körper fängt und
als Dropkick auf TW 1 zurückspielt. Anschließend dreht er
sich in Richtung von TW 3, er-
hält von diesem einen Ball per
Dropkick usw.

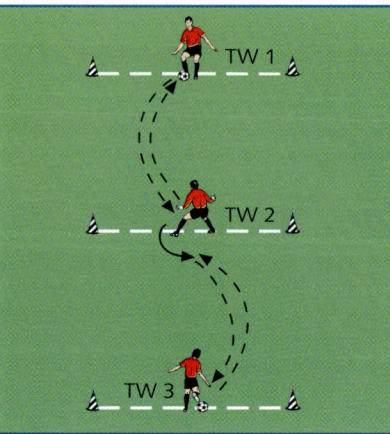

SCHWERPUNKT

• Wie Übung 2A

VARIATIONEN

1. TW 1 spielt seinen Ball jetzt
als Abschlag/Volley hoch auf
TW 2, der ihn fängt und jetzt
gezielt auf TW 1 zurückwirft,
sich zu TW 3 dreht, dessen
Ball per Abschlag/Volley er-
hält usw.
2. Nur ein Ball.
TW 1 spielt einen Abstoß gezielt auf TW 2. Dieser fängt,
dreht sich zu TW 3 und wirft
den Ball auf diesen ab. TW 3
fängt und spielt einen Dropkick auf TW 1. Nun erneuter
Abstoß von TW 1 auf TW 2
usw.

Übungsformen am Tor

BASISÜBUNG 3A

Zwei Torhüter befinden sich
in je einem 5 Meter breiten
Hütchentor (Abstand: 25 Meter). In der Mitte zwischen
den Hütchentoren steht ein
großes Tor.
Die Torhüter spielen sich einen Ball per Abschlag/Volley
oder Dropkick über das große
Tor zu.

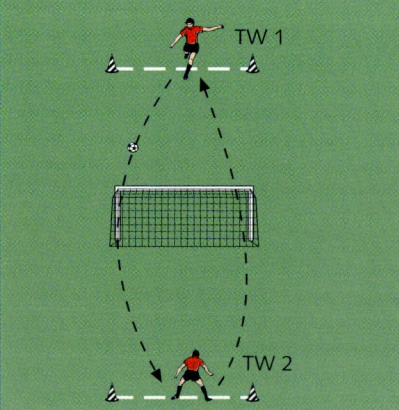

SCHWERPUNKT (ABSCHLAG)

• Den Ball nach wenigen Schritten mit
  beiden Händen nur kurz anwerfen
• Den Ball mit ausgestreckten Armen vor
  dem Körper halten

VARIATION

Torhüter 1 spielt einen Flugball über das große Tor auf
Torhüter 2. Dieser nimmt den
Ball als Rückpaß an und
stoppt ihn. Anschließend
spielt Torhüter 2 einen Flugball über das Tor auf Torhüter
1 usw.

BASISÜBUNG 3B

Wie zuvor.

TW 1 wirft den Ball über das große Tor gezielt auf TW 2, der ihn wie einen Rückpaß annimmt und stoppt. Anschließend spielt TW 2 einen Abstoß über das Tor auf TW 1, der den Ball fängt, wieder gezielt über das Tor auf TW 2 wirft usw. Aufgabenwechsel nach mehreren Durchgängen.

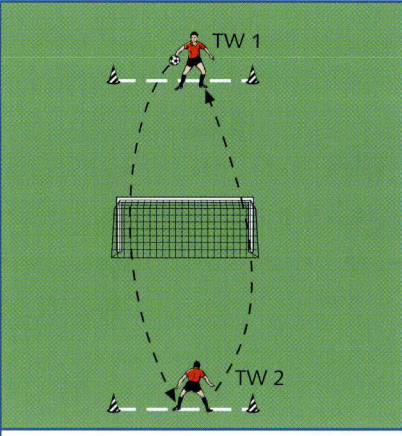

SCHWERPUNKT (ABSTOSS)

- Anlauf von der Seite
- Den Ball im Zentrum treffen
- Das Schußbein nach vorne ausschwingen

BASISÜBUNG 3C

TW 1 und 2 stehen jeweils in einem großen Tor (Abstand: 25 Meter), TW 3 mit Ball links neben dem Tor von TW 1. TW 3 spielt einen Abstoß auf TW 2. Dieser fängt und versucht, per gezieltem Dropkick gegen TW 1 zum Torerfolg zu gelangen.

Nun beginnt die Übung von vorne. Positions- und Aufgabenwechsel der Torhüter im Uhrzeigersinn nach jedem Treffer oder mehreren Durchgängen.

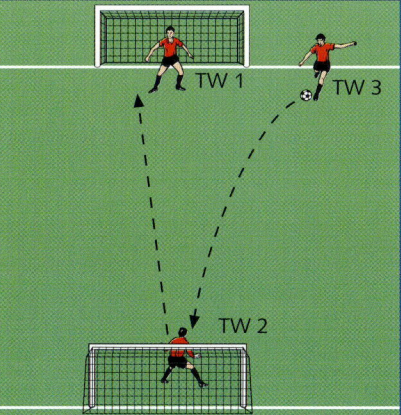

SCHWERPUNKT

- Wie Übung 3B

VARIATIONEN

1. TW 3 spielt jetzt einen Dropkick auf TW 2. Dieser nimmt als Rückpaß an und versucht, mit einem Spannstoß bei TW 1 einen Treffer zu erzielen.
2. TW 3 spielt jetzt einen Abschlag/Volley auf TW 2, der fängt und versucht, mit einem Abschlag/Volley gegen TW 1 zum Erfolg zu gelangen.
3. Der Abstand zwischen den beiden Toren wird verringert. TW 3 spielt einen Dropkick auf TW 2, der fängt und versucht, per Abwurf ein Tor gegen TW 1 zu erzielen.

Feldspielerfertigkeiten: Annahme von Rückpässen

Die Schulung der Feldspielerfertigkeiten erfolgt schwerpunktmäßig innerhalb des Aufwärmprogramms, der Übungsformen am Tor oder innerhalb des Mannschaftstrainings. Dazu macht es Sinn, die Torhüter von Zeit zu Zeit als Feldspieler mitwirken zu lassen – nennen wir es „learning by doing"...

Technikschulung mit mehreren Torhütern

BASISÜBUNG 1

Hütchen (Abstand 7 Meter) bilden ein Dreieck. An jedem Hütchen steht ein Torhüter. TW 1 und 2 haben jeweils einen Ball und spielen abwechselnd gezielte Pässe flach auf TW 3. Dieser paßt den Ball von TW 1 mit der Innenseite des linken Fußes direkt zurück, bewegt sich im Sidestep in Richtung TW 2 und paßt dessen Ball mit der Innenseite des rechten Fußes zurück. Nun wieder Sidestep und Drehung in Richtung TW 1 usw.

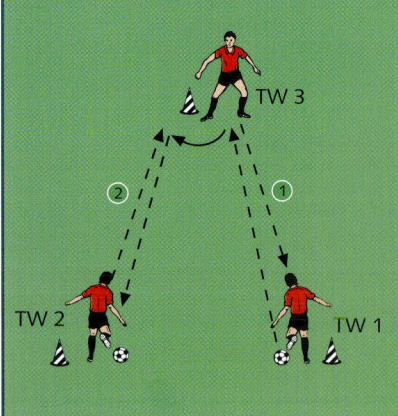

TW 3

2

1

TW 2

TW 1

SCHWERPUNKT
• Schulung der allgemeinen technischen Fertigkeiten
• Schulung der Beidfüßigkeit

VARIATIONEN
1. TW 3 paßt den Ball von TW 1 jetzt mit der Innenseite des rechten Fußes zurück, den Ball von TW 2 mit der des linken.
2. Nur ein Ball. TW 1 spielt gezielt flach auf TW 3, der den Ball direkt und mit der Innenseite des rechten Fußes auf TW 2 paßt. Dieser paßt direkt flach und gezielt auf TW 3 zurück, der den Ball mit der Innenseite des linken Fußes direkt auf TW 1 spielt usw.

Hinweis: Bei dieser Übung besonders auf die Stellung des TWs zum Ball achten; er muß sich rechtzeitig in Spielrichtung drehen!

BASISÜBUNG 2

5 Hütchen (Abstand 7 Meter, von 1 bis 5 durchnumeriert) bilden eine „Würfelfünf". 3 Torhüter und der Trainer (T) verteilen sich mit Ball auf die äußeren Hütchen, ein Torhüter steht ohne Ball am mittleren Hütchen. Die Übung beginnt mit einem flachen Paß von T auf den Torhüter in der Mitte. Dieser spielt mit der Innenseite des rechten Fußes direkt zurück, dreht sich nach links zum nächsten Torhüter, spielt dessen Paß mit der Innenseite des rechten Fußes direkt zurück, dreht sich nach links zum nächsten Torhüter usw.

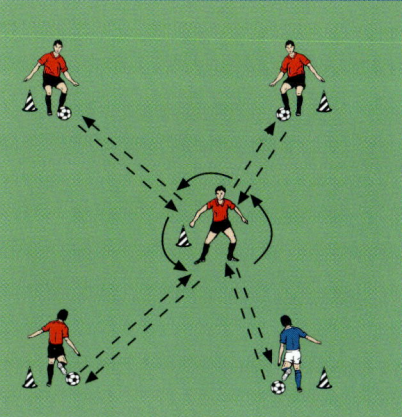

HINWEIS
• Darauf achten, daß in der Mitte auf die äußeren Torhüter gezielte Pässe gespielt werden; der mittlere Torhüter bewegt sich im Sidestep nach links oder rechts und soll sich möglichst schnell optimal zum Ball stellen.

VARIATIONEN
1. Nachdem der Torhüter in der Mitte vier Bälle mit rechts gespielt hat, paßt T einen Ball flach auf dessen linken Fuß. Dieser paßt mit der Innenseite des linken Fußes direkt zurück, dreht sich nach rechts und spielt den Paß des nächsten Torhüters mit links direkt zurück usw. Pro Torhüter zwei Runden mit dem rechten und zwei Runden mit dem linken Fuß. Dann Positions- und Aufgabenwechsel.
2. Unterschiedliche Bälle (auch Tennis- oder Minifußbälle).

Übungsformen am Tor

BASISÜBUNG 3

Drei Torhüter (1-3) üben mit Trainer (T). 1 steht in einem großen Tor, T mit Bällen 25 Meter davor, jeweils 25 Meter schräg links und rechts von ihm 2 und 3. T paßt flach auf 1, der annimmt und mit dem Innenspann flach auf 2 spielt. Dieser spielt direkt auf T, der flach auf 1 spielt. Dieser nimmt an und spielt mit dem Innenspann auf 3. 3 spielt direkt auf T; die Übung beginnt von vorn.

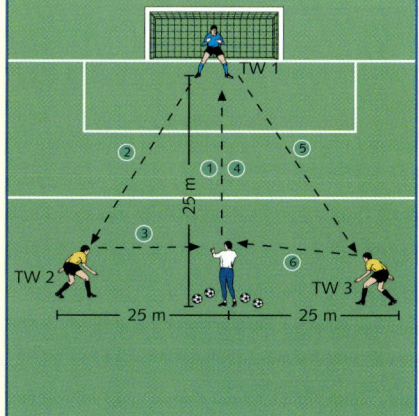

SCHWERPUNKT
• Genaue Zuspiele!
• Allgemeine Feldspielertechniken (Innenspannstoß)

VARIATIONEN
1. 1 spielt den Ball jetzt direkt auf Torhüter 2 bzw. 3.
2. T paßt die Bälle seitlich (links und rechts) von 1, der entscheiden muß, auf welchen Torhüter er den Ball zurückspielt. (Hinweis: Den Ball immer vom Tor wegführen!)
3. 1 spielt einen Flugball; 2 und 3 spielen weiterhin direkt auf den Trainer.

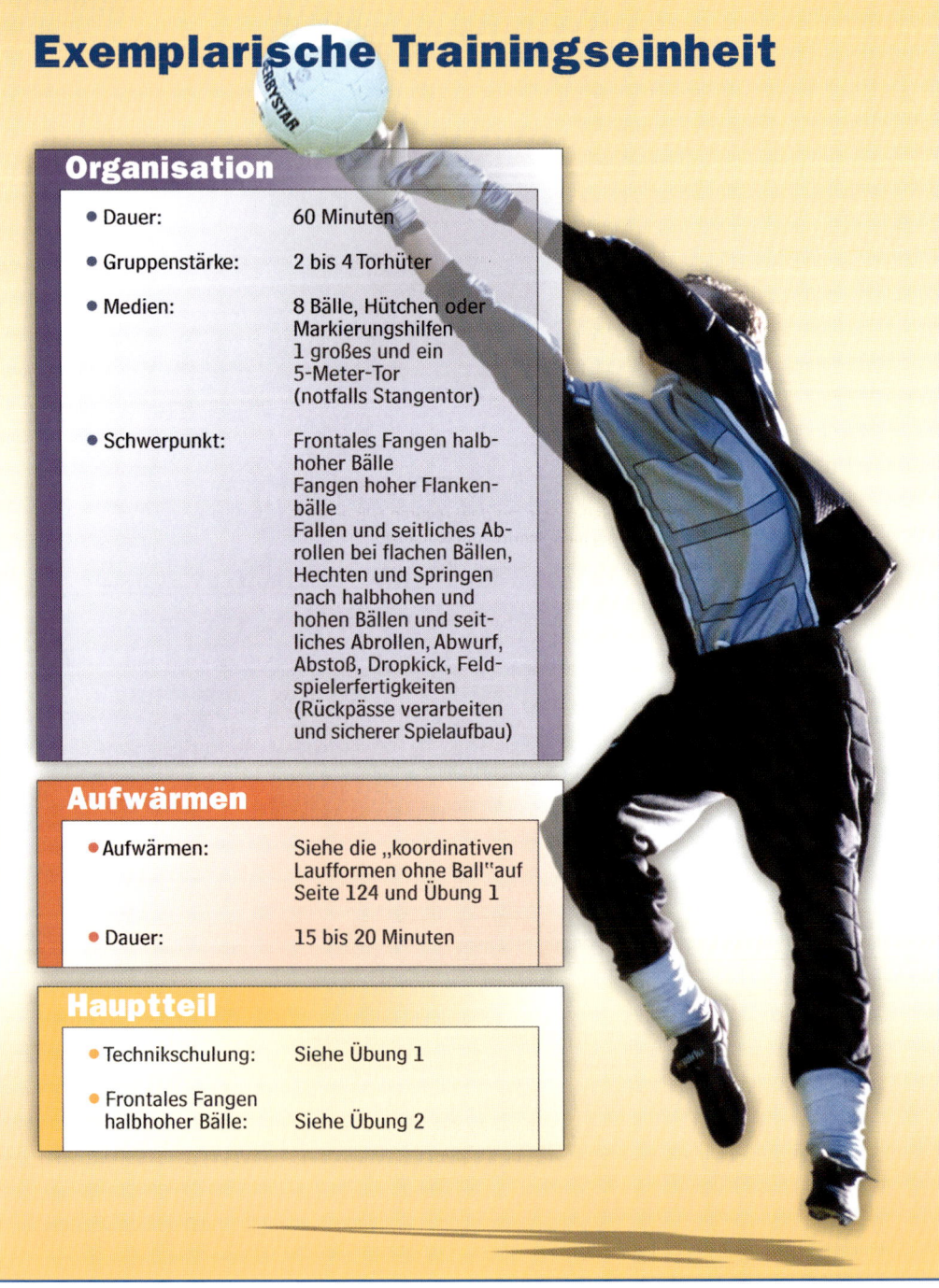

Abb. 10

Exemplarische Trainingseinheit

Organisation

- Dauer: 60 Minuten

- Gruppenstärke: 2 bis 4 Torhüter

- Medien: 8 Bälle, Hütchen oder Markierungshilfen 1 großes und ein 5-Meter-Tor (notfalls Stangentor)

- Schwerpunkt: Frontales Fangen halbhoher Bälle Fangen hoher Flankenbälle Fallen und seitliches Abrollen bei flachen Bällen, Hechten und Springen nach halbhohen und hohen Bällen und seitliches Abrollen, Abwurf, Abstoß, Dropkick, Feldspielerfertigkeiten (Rückpässe verarbeiten und sicherer Spielaufbau)

Aufwärmen

- Aufwärmen: Siehe die „koordinativen Laufformen ohne Ball"auf Seite 124 und Übung 1

- Dauer: 15 bis 20 Minuten

Hauptteil

- Technikschulung: Siehe Übung 1

- Frontales Fangen halbhoher Bälle: Siehe Übung 2

Seitliches Abrollen bei flachen Bällen

ÜBUNG 1

TW 1 in der Hocke auf dem Boden, TW 2 rechts neben ihm, der Trainer (T) steht mit mehreren Bällen 5 Meter vor TW 1. Auf Kommando von T springt TW 2 über TW 1, der sofort in den Liegestütz geht. TW 2 krabbelt nun unter TW 1 hindurch und wirft sich nach einem flachen Ball von T auf die Seite. Nun nimmt er die Hockstellung ein, und TW 1 springt (Hinweis: T muß mit dem Spielen des Balles so lange warten, bis der übende TW nach dem Krabbeln wieder auf den Füßen steht).

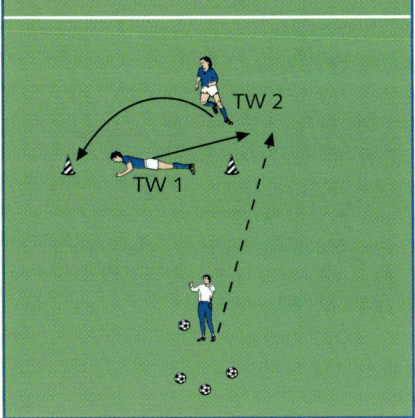

SCHWERPUNKT

- Abrollen über Hüfte, Körperseite und Schulter
- „Ball vorne halten"; bei einem flachem Ball rechts mit dem rechten Fuß einen kleinen Schritt zum Ball ausführen und den Ball möglichst früh halten

ÜBUNG 2

3 Meter vor dem Torhüter (mit Ball) stehen mehrere Hütchen nebeneinander. Unmittelbar dahinter bilden zwei weitere Hütchen ein 6 Meter breites Tor. 5 Meter vor diesem steht der Trainer (T). Der Torhüter spielt auf Kommando einen Dropkick zu T, führt sofort eine Rolle vorwärts über die Hütchenreihe aus und wirft sich nach einem flachen Ball von T auf die Seite. Unmittelbar vor dem Sprung über die Hütchenreihe zeigt T an, auf welche Seite er den Ball spielt.

SCHWERPUNKT

- Den Ball mit ausgestreckten Armen vor dem Körper fallen lassen oder mit einer Hand kurz anwerfen (Dropkick)
- Abrollen über Hüfte, Körperseite und Schulter (Halten von flachen Bällen)

Hechten/Springen und seitliches Abrollen

ÜBUNG

Der Torhüter im Liegestütz, links neben dem Tor eine Hütchenreihe. 3 Meter rechts von ihm ein Hütchen, der Trainer (T) mit Ball 3 Meter vor dem Torhüter. Auf Kommando legt sich der Torhüter auf den Bauch, dreht sich einmal schnell nach links um die Körperlängsachse, kommt hoch, berührt das Hütchen rechts und hechtet über die Hütchenreihe nach einem von T geworfenen Ball (Seitenwechsel nach mehreren Durchgängen).

SCHWERPUNKT

- Den Körperschwerpunkt über das Absprungbein bringen
- Explosiver Abdruck des Sprungbeins (kurzer Bodenkontakt)
- Geradlinige Beschleunigung zum Ball

Abb. 11

Exemplarische Trainingseinheit, Teil 2

Abwurf, Abstoß, Dropkick

Die folgenden Übungen schulen neben den Abwurf-, Abstoß- und Dropkick-Techniken allgemeine Feldspielerfertigkeiten (sicheres Annehmen und Verarbeiten von Rückpässen und Einleitung eines sicheren Spielaufbaus). Darüber hinaus schult Übung 2 die Fähigkeit, Flanken abzufangen.

Dauer der Übungen: 15–20 Minuten

Motivationsform mit 2 bis 4 Torhütern

ÜBUNG 1

Torhüter 1 steht in einem großen Tor; ein 5-Meter-Tor (mit Torhüter 2) befindet sich 20 Meter entfernt im rechten Winkel etwa auf der Torraumecke. 5 Meter vor dem 5-Meter-Tor ist eine Linie, zentral vor dem großen Tor auf Höhe des Strafraums steht ein weiteres Hütchen. Der Trainer (T) postiert sich mit Bällen 15 Meter vor dem 5-Meter-Tor. Er spielt einen Ball als Rückpaß auf 2, der ihn vor der Linie annimmt, zum Hütchen dribbelt und auf das Tor von 1 schießt. Aufgabenwechsel der Torhüter bei einem Torerfolg.

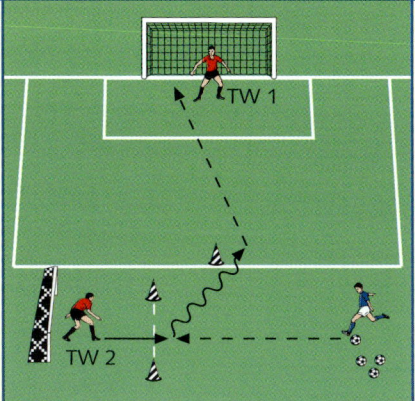

HINWEIS

• Flache, halbhohe oder hohe Rückpässe des Trainers

VARIATION

T flankt frontal vor das 5-Meter-Tor auf 2, der den Ball vor der Linie fängt, zum Hütchen läuft und per Dropkick auf das große Tor abschließt.

ÜBUNG 2

TW 1 steht in einem großen Tor, TW 2 rund 20 Meter zentral davor an einem Hütchen. Der Trainer (T) befindet sich mit mehreren Bällen außerhalb des Strafraums. Er flankt vor das Tor, TW 1 fängt die Flanke und startet in Richtung Hütchen. Gleichzeitig startet TW 2 in Richtung Tor. Sobald TW 1 das Hütchen umlaufen hat, soll er per Dropkick (Abwurf) zum Torerfolg kommen. Erzielt er ein Tor, beginnt er den nächsten Durchgang erneut im Tor (nach mehreren Durchgängen von der anderen Seite vor das Tor flanken).

SCHWERPUNKT (FLANKEN)

• Die Arme unterstützen das Abspringen (Armschwung)
• Kräftiger Abdruck vom Boden, Schwungeinsatz des Gegenknies (Schutz) und der Arme

HINWEIS

Die Dauer dieser beiden Motivationsformen sollte 15 bis 20 Minuten betragen.

Der letzte Schliff: Leistungstraining mit B- und A-Junioren

Inhalte

Aufgrund ähnlicher alters- und entwicklungs-spezifischer Voraussetzungen ist das Anforderungsprofil für A- und B-Junioren praktisch identisch. Torhüter beider Altersstufen müssen hinsichtlich Technik, Taktik, Kondition und Psyche die selben Voraussetzungen erfüllen. Das Training unterscheidet sich lediglich hinsichtlich Umfang und Intensität. Ab der Altersstufe der B-Junioren beginnt das sogenannte Leistungstraining.

Im Telegrammstil: Hinweise für das Training der B- und A-Juniorentorhüter

• Das Leistungstraining hat, wie der Name schon sagt, die Schaffung der Grundlagen einer hohen Leistungsfähigkeit zum Ziel. Die kann im Falle einer soliden Basis durch systematisches Training stark verbessert werden. Bereits erlernte Torhüter-Techniken sind den jetzt besseren physischen und sonstigen Voraussetzungen anzupassen bzw. zu stabilisieren, das taktische Handeln ist zu optimieren.
• Mit der zweiten puberalen Phase (Adoleszenz) ist die körperliche Vollreife erreicht. Das Längenwachstum wird mehr und mehr durch ein Breitenwachstum abgelöst. Die Proportionen harmonisieren sich; dies wirkt sich vor allem in Gestalt einer Verbesserung der allgemeinen und speziellen koordinativen Fähigkeiten günstig aus.
• Die Speicherfähigkeit für motorische Fähigkeiten („Lernen ohne Vergessen") ist stark ausgeprägt.
• Das Skelettsystem ist höher belastbar, so daß die Gefahr von Überlastungsschäden eher gering ist.

• Konditionelle und koordinative Fähigkeiten sollten in dieser Altersstufe mit höchster Intensität geschult werden („Phase einer erhöhten motorischen Leistungsverbesserung").
• Alle Belastungsparameter sollte man systematisch linear, später stufenförmig steigern (Intensität, Umfang, Dauer, Dichte – je nach Trainingsziel).
• Belastungs- und Regenerationsphasen müssen sich aber auch hier abwechseln.
• Schnellkraft (Schuß-, Sprung- und Wurfkraft) und anaerobe Ausdauer sind besser trainierbar. (Ihre Torhüter sollten Sie aber nicht in das spezielle anaerobe Ausdauertraining der Feldspieler integrieren!)
• Zur Steigerung der allgemeinen und speziellen Kraft bieten sich vielfältige Übungen an.
• Muskuläre Defizite lassen sich durch wirbelsäulenschonende Übungen kompensieren.
• Die Torhüter-Techniken gilt es zu verfeinern und zu automatisieren; bereits erlernte Techniken sind gezielt anzuwenden.
• Auf eine hohe Qualität der Technikausführung achten (durch Präzision, Tempo und einen Wechsel von Spannung und Entspannung)!
• Einzelne torhüter- und feldspielerspezifische Techniken lassen sich gut kombiniert schulen; ebenso Technik- und Koordinationsübungen.
• Technisch-taktische Elemente sollten mit Hilfe spezieller und komplexer Übungs- und Spielformen intensiv schulen.
• Technisch-taktische Verhaltensweisen können Sie verstärkt innerhalb des Mannschaftstrainings in Spielformen (mit steigendem Tempo unter Zeit- und Gegnerdruck ent-

wickeln); das trainiert die Fähigkeit der Torhüter zu schnellen Entscheidungen.

Trainer und Torhüter

- Fehler gezielt ansprechen und korrigieren!
- Erst intensive Kommunikation und Zusammenarbeit zwischen dem Torhüter- und dem hauptverantwortlichen Trainer optimieren den Erfolg jeder Nachwuchsarbeit.
- Möglichst jedes Training intensiv, konzentriert und abwechslungsreich gestalten.
- Beziehen Sie die Torhüter in die Trainingsplanung mit ein; sie haben zumeist großes Interesse an Mitgestaltung und Mitverantwortung.
- Einzelgespräche zwischen Torhüter und Trainer gewinnen an Bedeutung.

Oliver Kahn: Mehrfach „Spieler des Jahres" und seit Jahren Torhüter Nummer 1 der Nationalmannschaft – ein Vorbild für alle Nachwuchstorhüter nicht nur in Deutschland.

Abb. 12a

Technik

Technik

Koordinative Fähigkeiten

- Orientierungsfähigkeit
- Reaktionsfähigkeit
- Gleichgewichtsgefühl
- Rhythmusgefühl
- Differenzierungsfähigkeit

Technische Fertigkeiten

- Grundstellung
- Frontales Aufnehmen und Fangen flacher und halbhoher Bälle
- Fangen hoher Flankenbälle
- Frontales Fangen hoher Bälle
- Fallen und seitliches Abrollen bei flachen Bällen
- Hechten und Springen nach flachen, halbhohen und hohen Bällen und seitliches Abrollen
- Hechten nach hohen Bällen und Rückwärtsfallen
- Ablenktechniken im Sprung
- Abwurf, Abstoß, Abschlag, Dropkick
- Feldspielerfertigkeiten, um Rückpässe auch unter Zeit- und Gegnerdruck verarbeiten und das Spiel sicher aufbauen zu können.

Abb. 12b

Taktik, Kondition, Psyche

Taktik

- Stellungsspiel
- Verhalten in Standardsituationen
- Organisation der Abwehr durch kurze und präzise Ansprache
- Strafraumbeherrschung (Abfangen von Flanken und Steilpässen)
- Schneller Spielaufbau bei Ballbesitz
- Zweikampf nach Durchbruch eines Stürmers und bei hohen Bällen
- Durchsetzungsvermögen im Kampf um den Ball

Kondition

- Schulung der aeroben Ausdauer
- Steigerung der anaeroben Ausdauer
- Schnelligkeitstraining (im Rahmen der Koordinationsschulung)
- Steigerung der Sprung- und Schnellkraft
- Fußballspezifische und allgemeine Stretchingübungen zur konsequenten Steigerung der Beweglichkeit
- Kräftigung der Rumpf- und Bauchmuskulatur

Psyche

- **Konzentrationsfähigkeit:** Die alterstypische psychische Ausgeglichenheit wirkt sich auf den Trainingsprozeß günstig aus. Sie ist im wesentlichen auf eine Stabilisierung der hormonellen Regulation zurückzuführen.
- Entwicklung der Persönlichkeitsstruktur in Richtung Führungsspieler
- Stabilisierung der Motivation zum Fußballspielen im allgemeinen und zum Torwartspiel im speziellen.

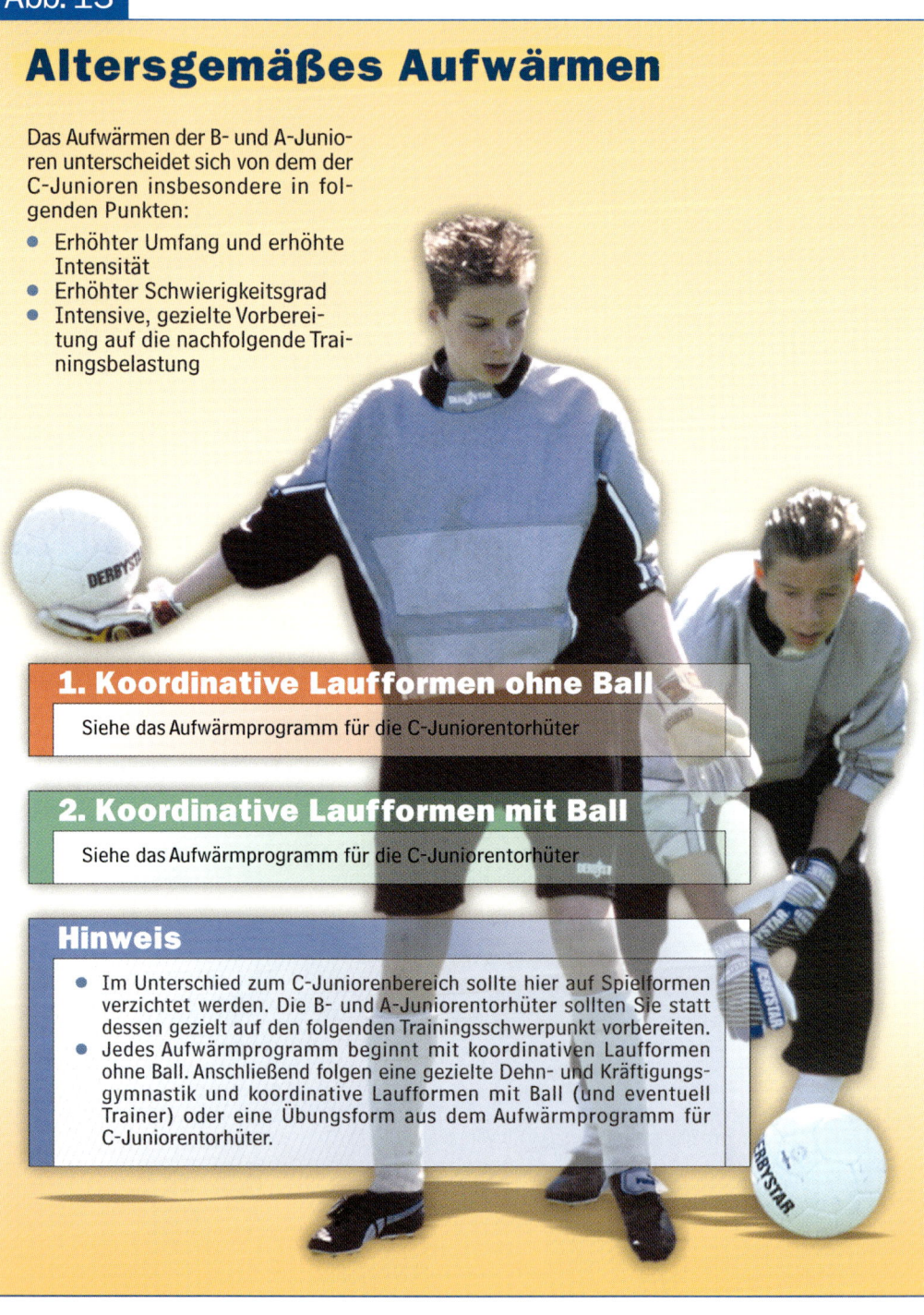

Abb. 13

Altersgemäßes Aufwärmen

Das Aufwärmen der B- und A-Junioren unterscheidet sich von dem der C-Junioren insbesondere in folgenden Punkten:

- Erhöhter Umfang und erhöhte Intensität
- Erhöhter Schwierigkeitsgrad
- Intensive, gezielte Vorbereitung auf die nachfolgende Trainingsbelastung

1. Koordinative Laufformen ohne Ball

Siehe das Aufwärmprogramm für die C-Juniorentorhüter

2. Koordinative Laufformen mit Ball

Siehe das Aufwärmprogramm für die C-Juniorentorhüter

Hinweis

- Im Unterschied zum C-Juniorenbereich sollte hier auf Spielformen verzichtet werden. Die B- und A-Juniorentorhüter sollten Sie statt dessen gezielt auf den folgenden Trainingsschwerpunkt vorbereiten.
- Jedes Aufwärmprogramm beginnt mit koordinativen Laufformen ohne Ball. Anschließend folgen eine gezielte Dehn- und Kräftigungsgymnastik und koordinative Laufformen mit Ball (und eventuell Trainer) oder eine Übungsform aus dem Aufwärmprogramm für C-Juniorentorhüter.

Partnerübungen

ÜBUNG 1

Zwei Torhüter, jeder mit Ball, laufen nebeneinander und werfen beide Bälle gleichzeitig vor sich hoch in die Luft. Jetzt wechseln sie auf die andere Seite und fangen den Ball des Partners.

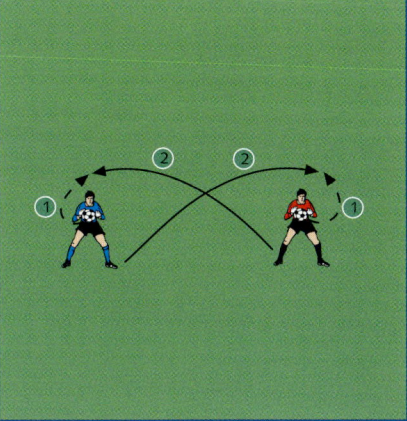

ZIEL

- Motivierendes Aufwärmen
- Verbesserung des Ballgefühls und der Geschicklichkeit
- Schulung koordinativer Fähigkeiten
- Schulung torwartspezifischer und allgemeiner technischer Fertigkeiten

VARIATIONEN

1. Die TW schlagen sich kurz ab, bevor sie den Ball des Partners fangen.
2. Die TW laufen wieder nebeneinander. Auf Kommando wirft TW 1 seinen Ball vor sich hoch in die Luft, TW 2 übergibt daraufhin seinen Ball an TW 1 und fängt dessen Ball. TW 1 wechselt auf die Position von TW 2 (Beide laufen jetzt eng nebeneinander.). Anschließend wirft TW 1 auf Kommando seinen Ball erneut vor sich hoch in die Luft, TW 2 übergibt seinen Ball und fängt den hochgeworfenen Ball auf der anderen Seite.

ÜBUNG 2

Zwei Torhüter, jeder mit Ball, laufen nebeneinander. Auf Kommando rollen sie ihre Bälle gleichzeitig in Laufrichtung, wechseln schnell auf die andere Seite und werfen sich nach dem Ball des Partners.

ZIEL

- Wie Übung 1

VARIATIONEN

1. Ein Torhüter rollt auf Kommando seinen Ball nach vorn, der andere wirft seinen gleichzeitig hoch in die Luft. Beide starten zum Ball des Partners.
2. Die Torhüter laufen jetzt hintereinander. Der hintere hält seinen Ball mit ausgestreckten Händen vor dem Körper. Auf Kommando wirft der vordere Torhüter seinen Ball vor sich hoch in die Luft, dreht sich schnell zum anderen Torhüter, berührt dessen Ball, dreht sich wieder und versucht, den eigenen Ball zu fangen.

ÜBUNG 3

Zwei Torhüter, beide mit Ball, laufen hintereinander, der vordere (TW 1) rückwärts. Er hält seinen Ball in den Händen, TW 2 läuft vorwärts und dribbelt. Auf Kommando bleibt TW 1 stehen, grätscht die Beine und wirft TW 2 seinen Ball zu. Der spielt seinen Ball durch die gegrätschten Beine von TW 1 und fängt den ihm zugeworfenen Ball. TW 1 hechtet rückwärts nach dem Ball.

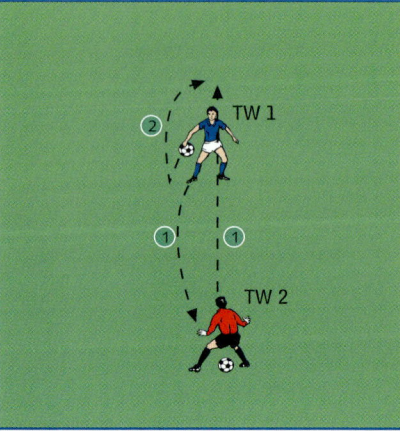

ZIEL
- Wie Übung 1

VARIATIONEN

1. Rolle rückwärts (Drehung um die Körperlängsachse) von TW 1, bevor er nach dem Ball hechtet.
TW 2 muß seinen Paß genau „timen", sonst muß TW 1 dem Ball zu weit nachlaufen.
2. TW 1 wirft seinen Ball auf Kommando auf TW 2. Dieser spielt gleichzeitig einen Ball flach auf die linke und rechte (abwechselnd!) Seite von TW 1, der sofort nach dem Ball hechtet.
Aufgabenwechsel nach einer bestimmten Laufstrecke.

Laufformen mit Ball und Trainer

ÜBUNG 1

Zwei Torhüter üben mit dem Trainer (T, mit Ball).
Beide laufen nebeneinander, T läuft mit Ball zwischen ihnen. Er wirft den Ball hoch, beide müssen ihn abwechselnd fangen, wobei sie von T behindert werden.
Zwei Laufstrecken absolvieren, damit die Torhüter einmal mit dem linken und einmal mit dem rechten Bein abspringen!

ZIEL
- Allgemeine Erwärmung
- Motivierendes Aufwärmen
- Schulung koordinativer Fähigkeiten
- Schulung torwartspezifischer Techniken

VARIATION

Wer fängt (der Trainer versucht zu behindern) , muß sich vorher um die Körperlängsachse drehen.

ÜBUNG 2

Zwei Torhüter üben mit dem Trainer (T, mit Ball).
Beide Torhüter bewegen sich mit Blickrichtung zu T im Sidestep. Auf T's Kommando führt der rechte (linke) Torhüter eine halbe Drehung um die Körperlängsachse in Laufrichtung aus und fängt einen ihm hoch zugeworfenen Ball (T behindert den Torhüter beim Fangen).

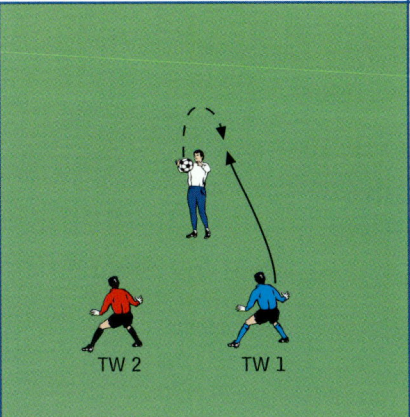

TW 2   TW 1

ZIEL

* Wie Übung 1

VARIATION

Auf die halbe Drehung folgt eine Rolle vorwärts, bevor gefangen wird.

ÜBUNG 3

Zwei Torhüter üben mit dem Trainer (T, mit Ball).
Die beiden Torhüter laufen rückwärts. Auf Kommando von T bleiben beide stehen, der vordere grätscht die Beine. Der hintere krabbelt durch die gegrätschten Beine und wirft sich nach einem von T flach zugerollten Ball.

ZIEL

* Wie Übung 1

VARIATIONEN

1. Der hintere Torhüter führt eine Rolle vorwärts aus, bevor er nach dem Ball hechtet.
2. Der vordere Torhüter nimmt eine Bockstellung ein, der hintere überspringt ihn und fängt einen ihm von der Seite zugeworfenen Ball.

ÜBUNG 4

Ein Torhüter plus Trainer (T). Der Torhüter hält einen Ball in beiden Händen und läuft vorwärts, T (ebenfalls mit Ball) hinter ihm. Auf dessen Kommando wirft der Torhüter seinen Ball vor sich hoch, gleichzeitig wirft T seinen Ball über die linke (rechte) Schulter des Torhüters. Dieser hechtet sofort nach vorn nach T's Ball. T übernimmt den Ball des Torhüters.

ZIEL
• Wie Übung 1

VARIATION

Der Torhüter läuft jetzt rückwärts, wirft T auf dessen Kommando seinen Ball zu und fängt im Hechtsprung rückwärts den von T geworfenen Ball.

ÜBUNG 5

Zwei Torhüter laufen hintereinander, der Trainer (T) mit Ball seitlich daneben. Auf sein Kommando führt der vordere Torhüter rasch eine Rolle rückwärts aus, der hintere umläuft den vorderen und wirft sich nach einem flach geworfenen Ball (fängt einen hohen Ball) von T von der Seite.

ZIEL
• Wie Übung 1

VARIATION

Der hintere Torhüter überspringt den anderen Torhüter während der Rolle rückwärts, bevor er nach dem flachen Ball hechtet (den hohen Ball von der Seite fängt).

Die Torhüter-Techniken

Spiel- und Übungsformen

Im folgenden finden Sie praktische Übungsformen für praktisch alle torhüterspezifischen Techniken. Jeder Technik sind drei Basisübungen zugeordnet. Die lassen sich sowohl variieren als auch miteinander kombinieren. Voraussetzung ist das Beherrschen der torhüterspezifischen Techniken „Grundstellung" und „frontales und seitliches Aufnehmen und Fangen flacher und halbhoher Bälle".

Beim Training mit Torhütern der B- und A-Junioren können selbstverständlich Übungen aus dem Abschnitt „Praktische Übungsformen im C-Juniorenbereich" verwendet werden. Intensität und Schwierigkeitsgrad der einzelnen Übung wählen Sie nach dem jeweiligen Entwicklungsstand. Die meisten Torhüter-Techniken lassen sich in dieser Altersstufe gezielt miteinander kombiniert üben.

Basisübungen 1:
Technikschulung in Verbindung mit Koordination

Basisübungen 2:
Technikschulung mit mehreren Torhütern

Basisübungen 3:
Übungsformen am Tor

Anmerkungen

• Die Koordinationsschulung erfolgt innerhalb des Aufwärmprogramms und in Verbindung mit technischen Übungsformen.

• Auf die taktischen Elemente „Stellungsspiel", „Verhalten bei Standardsituationen", „Strafraumbeherrschung (Abfangen von Steilpässen und Flanken)", „schneller Spielaufbau bei Ballbesitz", „1 gegen 1 bei Durchbruch eines Stürmers und hohen Bällen" und „Durchsetzungsvermögen im Kampf um den Ball" wird innerhalb der Basisübungen 3 (Übungsformen am Tor) eingegangen. Zu

schulen sind sie jedoch schwerpunktmäßig innerhalb des Mannschaftstrainings.

Das „Organisieren der Abwehr durch präzise Ansprache" kann nur während eines Trainingsspiels und in gruppen- und mannschaftstaktischen Spielformen geschult und verbessert werden. Der Trainer beobachtet das Verhalten des Torhüters und gibt Hilfestellungen für ein gezieltes „Coachen" der Mitspieler. Auch diese sollten in diesen Lernprozeß einbezogen werden („Wir sprechen auf dem Platz nur eine Sprache").

• Bei B- und A-Juniorentorhütern sind die folgenden konditionellen Komponenten schwerpunktmäßig zu schulen:

1. Aerobe und anaerobe Ausdauer
2. Die Schnelligkeit (im Rahmen der Koordinationsschulung)
3. Die Sprung- und Schnellkraft durch Sprünge über Trainingshilfen oder Partner inklusive einer anschließenden Aktion mit Ball
4. Die Beweglichkeit (mit fußballspezifischen und allgemeinen Stretchingübungen)
5. Die Rumpf- und Bauchmuskulatur durch ein Überwinden des eigenen Körpergewichts, durch Partnerübungen und leichte Zusatzlasten.

• Dadurch steigern sich Einsatzbereitschaft und Einstellung zu Training und Spiel.

Frontales Fangen und Fangen hoher Flankenbälle

Technik und Koordination

BASISÜBUNG 1A

Der Torhüter jongliert an einem Hütchen einen Ball; der Trainer (T) steht 5 Meter entfernt. Auf dessen Kommando spielt der Torhüter den Ball zu T, führt eine Rolle vorwärts aus und fängt anschließend einen ihm hoch zugeworfenen Ball.

VARIATIONEN

1. T ist jetzt aktiver Gegenspieler.
2. Der Torhüter jongliert den Ball 2 Meter vom Hütchen entfernt. Auf Kommando spielt er ihn zu T, führt eine Rolle rückwärts aus, läuft rückwärts zum und vorwärts um das Hütchen und schließt eine Rolle vorwärts an, bevor er einen ihm hoch zugeworfenen Ball fängt.

SCHWERPUNKT

- Die Arme unterstützen das Abspringen (aktiver Armeinsatz)
- Die Arme nach vorn oder oben zum Ball strecken; die Hände fassen den Ball bei festen Handgelenken fächerförmig

BASISÜBUNG 1B

Der Torhüter jongliert an Hütchen A, jeweils 5 Meter rechts und links von ihm je ein weiteres Hütchen, der Trainer (T) ohne Ball 10 Meter entfernt. Auf Kommando von T („Links" oder „rechts") spielt der Torhüter den Ball zu T, führt eine Rolle vorwärts in Richtung des „aufgerufenen" Hütchens aus und berührt es. Sodann bewegt er sich mit Blickrichtung zu T im Rückwärtslauf zum Ausgangshütchen. T wirft plötzlich einen Ball hoch auf den Torhüter, der die Rückwärtsbewegung stoppt und den Ball fängt.

SCHWERPUNKT

- Wie Übung 1

VARIATION

Der Torhüter steht an Hütchen B. Auf Kommando von T dreht er sich schnell um die Körperlängsachse und fängt einen ihm hoch zugeworfenen Ball. Er wirft zurück und läuft um Hütchen C. Sodann führt er eine Rolle vorwärts in Richtung Hütchen A aus, umläuft es und startet sofort zu einem flachen Ball von T (T versucht, auf Hütchen B zu spielen). Der Torhüter wirft sich nach dem Ball auf die linke Seite. Die Übung beginnt von vorne; jetzt startet der Torhüter an Hütchen C.

Technikschulung mit mehreren Torhütern

BASISÜBUNG 2A

Die Hütchen A, B und C (Abstand: 15 Meter) bilden ein Dreieck. An jedem Hütchen steht ein Torhüter. TW 1 hält einen Ball in den Händen, TW 3 hat einen Ball am Fuß. Auf Kommando des Trainers (T) wirft TW 1 seinen Ball hoch auf 2, der fängt. Gleichzeitig spielt 3 seinen Ball flach auf 1, der ihn nach einer kurzen Drehung in Richtung von 3 stoppt. 2 wirft seinen Ball hoch auf 3 und stoppt den flachen Ball von 1 usw. Auf T's Kommando „Richtungswechsel" Weiterspielen in entgegengesetzter Richtung.

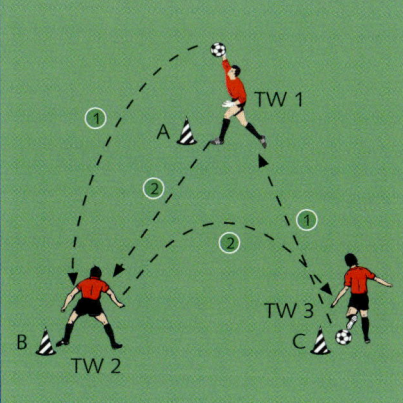

SCHWERPUNKT

- Schulung allgemeiner Feldspielerfertigkeiten
- Beim Ballkontakt Arme anwinkeln und den Ball zum Körper ziehen
- Immer einbeinig abspringen

VARIATIONEN

1. Auch TW 2 hat jetzt einen Ball am Fuß. Auf Kommando von T spielen die TW ihre Bälle gleichzeitig ab: TW 1 wirft hoch auf TW 2, TW 2 spielt flach auf TW 3, dieser flach auf TW 1. Auf T's Kommando „Richtungswechsel" Weiterspielen in entgegengesetzter Richtung.
2. Nur TW 3 spielt seinen Ball jetzt flach; es werden immer zwei Bälle hoch zugeworfen, ein Ball wird flach gepaßt.

BASISÜBUNG 2B

Die Hütchen A, B und C (Abstand: 5 Meter) bilden ein Dreieck. An jedem Hütchen steht ein Torhüter. Jeder von ihnen wirft auf Kommando des Trainers (T) seinen Ball vor sich hoch in die Luft. Sofort anschließend wechseln die drei im Uhrzeigersinn zum nächsten Hütchen und fangen den Ball des Partners. Auf T's Kommando „Richtungswechsel" Weiterspielen in entgegengesetzter Richtung.

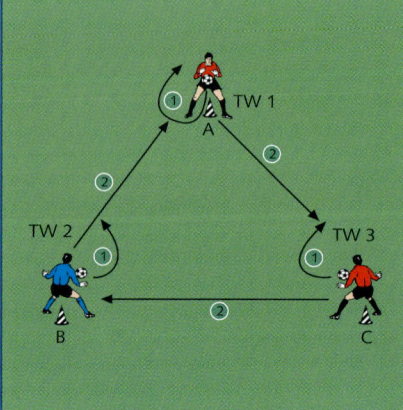

SCHWERPUNKT

• Wie Übung 2A

VARIATIONEN

1. Die Torhüter prellen den Ball jetzt kräftig vor sich auf den Boden und wechseln im Uhrzeigersinn.
2. Sie spielen im Uhrzeigersinn Volleys auf den Partner, den gefangenen Ball werfen sie hoch in die Luft. Auf T's Kommando „Richtungswechsel" Weiterspielen in entgegengesetzter Richtung.
3. Die Torhüter spielen im Uhrzeigersinn Dropkicks auf den Partner. Dann Ablauf wie zuvor.

Übungsformen am Tor

BASISÜBUNG 3A

Zwei Torhüter (1 und 2) und der Trainer (T) üben gemeinsam. 1 steht an einem Hütchen in einem Normaltor mit einem Ball zwischen den Knien. 16 Meter vor ihm steht 2 ohne Ball an einem Hütchen, der Trainer (T) mit Ball etwa auf der Torraumecke. Auf dessen Kommando macht 1 eine Rolle vorwärts, läßt dann den eingeklemmten Ball fallen und spielt ihn auf 2. 1 läuft sodann rückwärts zum und um das Hütchen im Tor. Anschließend wirft T einen Ball hoch. 1 fängt und rollt ihn zurück. Jetzt versucht 2, per Spannstoß ein Tor gegen 1 zu erzielen.

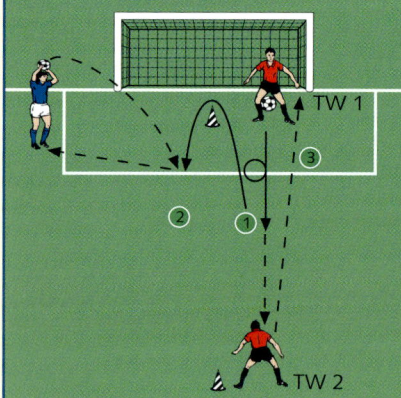

HINWEIS

• T wirft den Ball von beiden Seiten hoch vor das Tor
• Positions- und Aufgabenwechsel nach einem Treffer oder nach mehreren Durchgängen

VARIATION

2 hat einen Ball, T nicht. 1 führt wieder eine Rolle rückwärts aus, läßt den eingeklemmten Ball fallen und spielt ihn auf T. Dann dreht er sich um die Körperlängsachse in Richtung 2, der seinen Ball hoch vor das Tor wirft. 1 fängt und rollt ihn zu 2 zurück. 1 dreht sich erneut um die Körperlängsachse in Richtung T, der einen Ball flach in die kurze Ecke des Tores spielt. TW 1 wirft sich auf die Seite.
Beachte: T spielt den Ball etwa abwechselnd in beide Ecken des Tores.

BASISÜBUNG 3B

Ausgangslage wie bei Übung 3A, nur hat 1 jetzt keinen Ball, dafür hat T zwei.
Auf dessen Kommando führt 1 eine Rolle vorwärts aus und fängt einen ihm hoch zugeworfenen Ball, wirft ihn auf 2 ab und führt eine Rolle vorwärts in Richtung von 2 aus. Dieser versucht nun, mit einem Dropkick ein Tor zu erzielen. 1 wehrt den Schuß ab und dreht sich in Richtung T, der jetzt seinen zweiten Ball flach in die kurze Ecke spielt. 1 versucht auch hier, ein Tor zu verhindern

HINWEIS
• Wie Übung 3A

BASISÜBUNG 3C

Trainer T übt mit den Torhütern 1-3. Zwei große Tore stehen sich gegenüber. Das Spielfeld mißt 20 x 15 Meter (mit Hütchen markieren).
1 und 2 stehen im Tor, 3 und T mit Bällen rechts und links außerhalb des Feldes.
3 spielt einen Ball hoch vor das Tor von 1, der fängt und auf die andere Seite zu T wirft. T spielt den Ball hoch vor das Tor von 2, der fängt und seinerseits wiederum zu 3 wirft. Die Übung beginnt vor vorn.

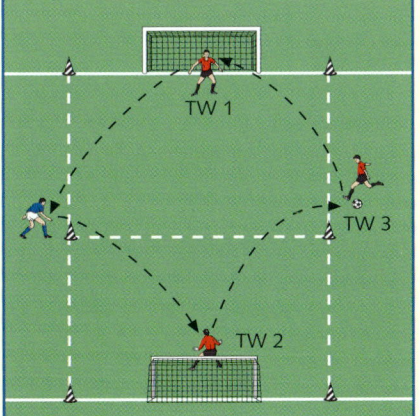

HINWEIS
• Positions- und Aufgabenwechsel der Torhüter nach mehreren Durchgängen

VARIATIONEN
1. Nachdem 1 gefangen und auf T geworfen hat, spielt dieser seinen Ball nunmehr hoch zurück auf ihn. Jeder Torhüter fängt also hintereinander einen hohen Ball von der linken und einen von der rechten Seite.
2. T und 3 spielen ihren Ball jetzt als Abschlag, Volley oder Dropkick vor das Tor.

Fallen und seitliches Abrollen bei flachen Bällen

Technik und Koordination

BASISÜBUNG 1A

Die Hütchen A bis D (Abstand 3 Meter) bilden ein Quadrat. Der Torhüter steht links neben dem Hütchen B, der Trainer (T) mit Ball 5 Meter außerhalb des Quadrats. Auf dessen Kommando läuft der Torhüter vorwärts bis vor Hütchen C, rückwärts außen zurück und um Hütchen B. Anschließend wirft er sich nach einem flachen Ball von T neben Hütchen A.
Die Übung beginnt von vorne; jetzt steht der Torhüter rechts neben Hütchen A.

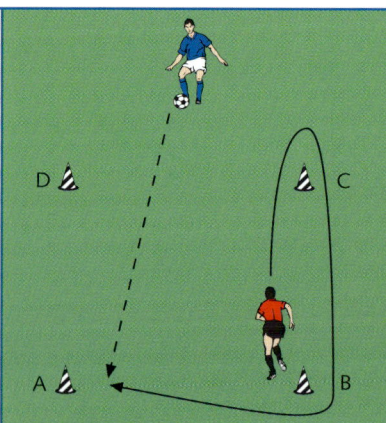

SCHWERPUNKT

- Abrollen über Hüfte, Körperseite und Schulter
- Die Hände gehen zum Ball
- Eine Hand hinter dem Ball, die andere auf oder ebenfalls hinter dem Ball

VARIATIONEN

1. Der Torhüter beginnt die Übung mit einer Rolle vorwärts.
2. Zu Beginn der Rückwärtsstrecke Rolle rückwärts.
3. Der Torhüter liegt zu Beginn mit Blickrichtung zu T auf dem Bauch in der Mitte des Quadrats. Auf Zeichen von T (Arm nach rechts = Hütchen B) startet er rückwärts um das entsprechende Hütchen und wirft sich nach einem flachen Ball von T auf die Seite. Umläuft der Torhüter Hütchen A, spielt T den Ball flach Richtung Hütchen B und umgekehrt.

BASISÜBUNG 1B

Hütchenquadrat wie bei Übung 1A. Der Torhüter steht rechts neben Hütchen C, der Trainer (T) mit Ball 4 Meter außerhalb des Quadrats. Der Torhüter wirft sich zuerst nach einem flach geworfenen Ball auf seine rechte Seite geworfen hat, wirft diesen aus der Seitenlage zu T zurück, steht auf, umläuft Hütchen B, führt eine Rolle vorwärts in Richtung Hütchen C aus und steht auf. T wirft einen Ball in das Quadrat, den der Torhüter fangen soll, bevor der Ball den Boden berührt. Zum Schluß wirft sich der Torhüter nach einem flachen Ball auf seine linke Seite.

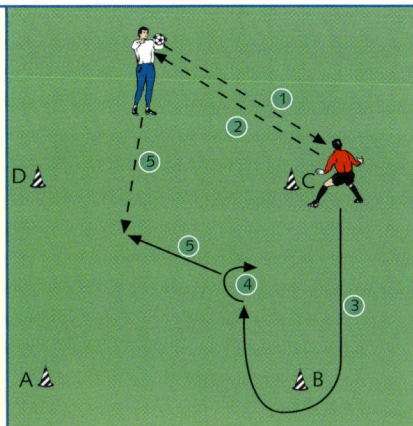

SCHWERPUNKT
- Wie Übung 1A

VARIATIONEN

1. T wirft einen Ball hoch seitlich neben den Torhüter, den dieser fängt.
2. Nachdem er Hütchen B umlaufen hat, führt der Torhüter eine Rolle rückwärts (statt vorwärts) aus. Anschließend wirft T einen Ball halbhoch auf die linke Seite des Torhüters.

Technikschulung mit mehreren Torhütern

BASISÜBUNG 2A

TW 1 steht in Hütchentor A (6 Meter breit), 4 Meter vor ihm befindet sich Hütchentor B (2 Meter breit), 5 Meter vor Tor B TW 2 mit Ball. Der Trainer (T) steht mit Ball 4 Meter neben Hütchentor B. Auf dessen Kommando läuft 1 in Richtung Tor B. 2 spielt einen Ball flach durch Tor B auf 1, der mit der Innenseite des linken oder rechten Fußes direkt und durch Tor B auf 2 zurückpaßt. Nun dreht sich 1 zu T und wirft sich nach einem flachen Ball Richtung Tor A.

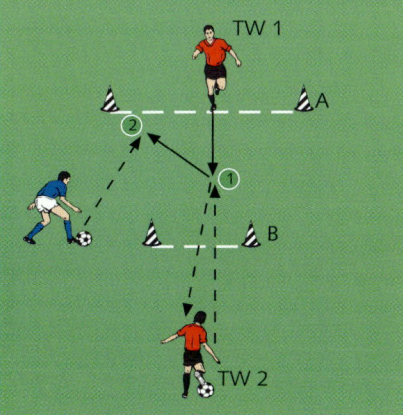

SCHWERPUNKT
- Immer beide Seiten trainieren! Nach mehreren Durchgängen Wechseln von Positionen und Aufgaben
- Den Blick stets auf den Ball richten

VARIATIONEN

1. TW 1 führt eine Rolle vorwärts aus, bevor er zu Tor B läuft.
2. Sobald TW 1 den flachen Ball auf TW 2 zurückgepaßt hat, macht er eine Rolle rückwärts, bevor er sich nach dem flachen Ball von T wirft.
3. T spielt zu Übungsbeginn einen Ball flach auf TW 1, den dieser mit der Innenseite des linken (rechten) Fußes direkt zurückspielt. Anschließend Übungsfortsetzung wie links beschrieben.

BASISÜBUNG 2B

Die Hütchen A bis C (Abstand 3 Meter) bilden ein Dreieck. An jedem Hütchen steht ein Torhüter (TW 1 an A, 2 an B, 3 an C). 1 hält einen Ball in den Händen, 3 hat einen am Fuß. Auf Kommando wirft 1 seinen Ball vor sich hoch in die Luft, gleichzeitig spielt 3 seinen Ball flach zu Hütchen B. 2 startet zu Hütchen A und fängt den Ball von 1. 1 startet zu Hütchen B und wirft sich nach dem flachen Ball von 3 auf die Seite. Nun wirft 2 den gefangenen Ball vor sich hoch in die Luft und startet zu Hütchen C, 1 spielt seinen Ball von B aus flach zu Hütchen C. 2 wirft sich nach diesem auf die Seite, 3 fängt den hohen Ball bei Hütchen A usw.

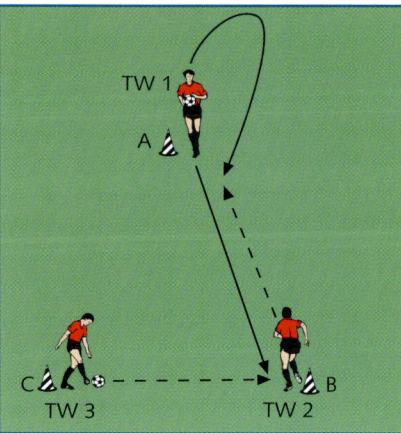

HINWEIS
- Zur Vermeidung von Zusammenstößen Laufwege festlegen!
- Auf das Kommando „Richtungswechsel" Weiterspielen in entgegengesetzter Richtung

VARIATIONEN

1. Der Ball wird nicht hoch in die Luft geworfen, sondern kräftig aufgeprellt.
2. Wer sich nach dem flachen Ball auf die Seite wirft, führt vorher eine Rolle vorwärts aus.
Wer den Ball flach zuspielt, muß etwas verzögern.

BASISÜBUNG 2C

Zwei 5 Meter breite Hütchentore A und B stehen sich im Abstand von 8 Metern gegenüber. Von den Torhütern 1 bis 4 (alle mit Ball) befinden sich 1 und 3 mit Blickrichtung zum linken Hütchen ihres Tors im Liegestütz, 2 mit Ball unmittelbar hinter 1, 4 mit Ball unmittelbar hinter 3. Auf Kommando des Trainers (T) spielen 2 und 4 den Ball unter dem Partner hindurch in Richtung anderes Hütchentor. Sofort starten 1 und 3 zum Ball und werfen sich nach dem Ball (auf die linke Seite). 2 und 4 wechseln zum anderen „Pfosten"; die Übung beginnt von vorne.

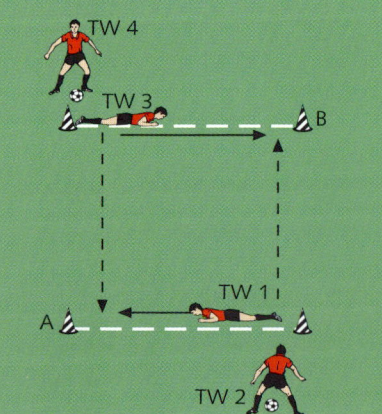

HINWEIS
- Nach mehreren Durchgängen Aufgaben- und Positionswechsel

VARIATION

Die Torhüter 1 und 3 liegen jetzt mit Blick zum anderen Hütchentor auf dem Bauch. 2 und 4 stehen mit Ball unmittelbar rechts neben 1 bzw. 3. Auf Kommando von T spielen 2 und 4 ihre Bälle flach in Richtung gegenüberstehendes Hütchentor. 1 und 3 starten zum flachen Ball und werfen sich auf die linke Seite.

Übungsformen am Tor

BASISÜBUNG 3A

Torhüter 1 und 2 und der Trainer (T) üben. Rechts und links neben einem großen Tor stehen die 5 Meter breiten Hütchentore A und B, parallel dazu auf Strafraumhöhe die Hütchentore C und D. In der Mitte von C und D liegt je ein Ball. 2 liegt zwischen C und D; 3 Meter neben ihm steht ein Hütchen. 1 steht im Tor, T mit Ball 5 Meter zentral davor. Er spielt einen Ball flach auf die linke oder rechte Seite von 1. Sobald 1 zum Ball hechtet, steht 2 auf, läuft um das Einzelhütchen, dann zum Ball in C oder D und schließt mit einem Spannstoß ab.

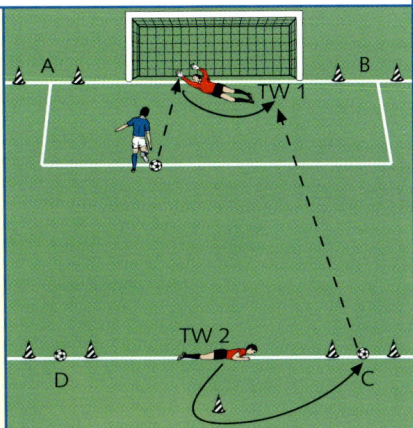

HINWEIS

- Nach einem Treffer oder mehreren Durchgängen Aufgaben- und Positionswechsel

VARIATION

1 im Liegestütz (Kopf zum großen Tor) in Tor A. 2 im Liegestütz in Tor D. Auf Kommando von T steht 1 auf, startet einem flachen Ball von T auf das Tor nach, wirft sich auf die linke Seite, rollt den Ball aus der Seitenlage zurück und steht auf. Gleichzeitig startet 2 aus dem Liegestütz zum Ball in C. Er versucht, mit einem Spannstoß mit dem linken Fuß ein Tor gegen 1 zu erzielen.
Die Übung beginnt von vorne; 1 befindet sich im Liegestütz nun in Tor B. Er wirft sich zum flachen Ball von T jetzt auf die rechte Seite. 2 befindet sich im Liegestütz in Tor C und startet zum Ball in D.

BASISÜBUNG 3B

Wie zuvor.
Torhüter 1 liegt mit den Füßen zum rechten Hütchen auf dem Bauch in Tor A, Torhüter 2 in Tor B. Der Trainer (T) steht mit Ball 4 Meter vor Tor B. Auf sein Kommando stehen 1 und 2 auf. 2 wirft sich nach einem flachen Ball von T auf die linke Seite, 1 läuft einmal um das linke Hütchen seines Tors und erwartet dann den Schuß von 2 im Normaltor. 2 steht auf, rollt den Ball kurz nach vorn und schließt mit einem Spannstoß mit rechts ab.

HINWEIS

- Wie 3A
- Immer abwechselnd in den Hütchentoren A und C bzw. B und D üben!

VARIATIONEN

1. Die Torhüter starten jetzt aus dem Kniestand, die Hände hinter dem Rücken verschränkt.
2. Beide Torhüter laufen zum Übungsauftakt zusätzlich um das rechte Hütchen ihres Tors, anschließend alles wie links beschrieben.

Hechten und Springen nach flachen, halbhohen und hohen Bällen und seitliches Abrollen

Technik und Koordination

BASISÜBUNG 1A

Eine Hütchenreihe zentral in einem 7 Meter breiten Hütchentor. Der Torhüter links von der Hütchenreihe mit Blickrichtung zum Trainer (T) im Liegestütz, T mit Ball 3 Meter zentral vor der Reihe. Der Torhüter führt einen Liegestütz aus und springt über die Hütchenreihe nach dem von T halbhoch (hoch) geworfenen Ball. Anschließend geht er rechts von der Hütchenreihe in den Liegestütz, führt zwei Liegestütze aus und springt über die Hütchenreihe nach einem von T halbhoch (hoch) auf die rechte Seite geworfenen Ball.

HINWEIS

• Eine Übungsserie umfaßt 2x 3 Sprünge über die Hütchen. Bevor der Torhüter zum Ball springt, führt er erst 1, dann 2 und schließlich 3 Liegestütze aus.

VARIATIONEN

1. Der Torhüter liegt jetzt mit Blickrichtung zur Hütchenreihe. Er führt einen Liegestütz aus, steht auf, läuft rückwärts um den hinteren „Pfosten" und springt anschließend wie gehabt über die Hütchenreihe nach dem Ball.

2. Der Torhüter steht jetzt links neben der Hütchenreihe. Auf Kommando von T überspringt er diese und paßt einen flachen Ball von T mit der Innenseite des rechten Fußes auf T zurück, berührt den rechten „Pfosten" und springt über die Reihe nach dem von T zugeworfenen Ball.

BASISÜBUNG 1B

Eine Hütchenreihe kreuzt die Torlinie eines 6 Meter breiten Hütchentors. Ein Torhüter im Liegestütz jenseits des ersten Hütchens der Reihe, der Trainer (T) mit Ball 3 Meter vor dem letzten Hütchen. Der Torhüter bewegt sich seitlich krabbelnd über die Reihe zu T. Auf dessen Kommando „vorne" rollt der Torhüter über die Schulter nach vorn, steht auf, berührt den rechten „Torpfosten" und springt über die Reihe nach einem von T gespielten Ball. Bei dem Ruf „hinten" steht er nach kräftigem Abdrücken aus dem Krabbeln auf, läuft rückwärts um den linken Torpfosten, startet nach vorn und springt über die Reihe nach dem Ball.

VARIATION

Der Torhüter führt auf das Kommando „hinten" zunächst eine Rolle rückwärts aus.

SCHWERPUNKT

- Schwungeinsatz der Arme
- Körperschwerpunkt über das Absprungbein bringen
- Explosiver Abdruck mit dem Sprungbein (kurzer Bodenkontakt)
- Geradlinige Beschleunigung zum Ball

Technikschulung mit mehreren Torhütern

BASISÜBUNG 2A

Zwei Torhüter (1 und 2) und der Trainer (T). 1 sitzt neben einer Hütchenreihe. 3 Meter links von ihm steht ein zusätzliches Hütchen, 4 Meter vor ihm 2 mit einem Ball, T mit Ball 2 Meter schräg rechts vor der Hütchenreihe. Auf dessen Kommando führt 1 eine Rolle rückwärts aus und steht auf. Nun spielt 2 einen Ball flach auf 1, der ihn mit dem rechten Fuß an- und mitnimmt und mit der Innenseite des linken Fußes auf 2 zurückpaßt. Jetzt berührt 1 das linke Hütchen und springt über die Reihe nach einem von T geworfenen Ball.

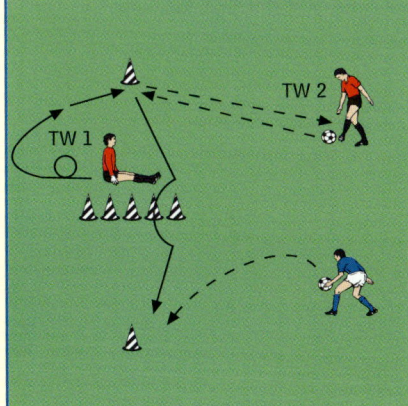

HINWEIS

- Positions- und Aufgabenwechsel nach mehreren Durchgängen

VARIATIONEN

1. 2 hat jetzt zwei Bälle. Er wirft den ersten auf 1, der fängt und mit Ball in den Händen nach hinten rollt, den Ball hinter dem Kopf ablegt, wieder nach vorn rollt und aufsteht. Nun paßt 2 den zweiten Ball flach links neben 1. Dieser lenkt zur Seite ab, steht auf und springt über die Hütchenreihe nach dem Ball von T.

2. 2 hat einen Ball, sonst wie Variation 1. 1 legt den gefangenen Ball nicht hinter dem Kopf ab, sondern rollt mit dem Ball wieder nach vorn. Im Rollen wirft er den Ball auf 2 und steht auf. 2 wirft den Ball nun auf 1, der ihn mit dem linken Fuß volley zurückspielt. Jetzt springt 2 über die Reihe nach dem Ball.

BASISÜBUNG 2B

Wie zuvor. 1 liegt auf dem Bauch links neben einer Hütchenreihe; seine Füße zeigen in Richtung 2, der sich mit einem Ball 4 Meter vor 1 befindet. Der Trainer (T) steht mit Ball 2 Meter schräg rechts vor der Hütchenreihe. Auf dessen Kommando steht 1 auf und läuft um die Reihe herum in Richtung T. Sobald 1 auf Höhe der Hütchen ist, spielt T einen Ball flach auf ihn, den er mit der Innenseite des rechten Fußes zurückpaßt. Anschließend springt er über die Hütchenreihe nach einem von 2 geworfenen Ball.

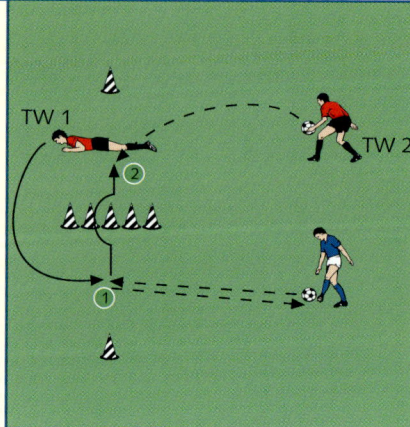

SCHWERPUNKT/HINWEIS

- Positions- und Aufgabenwechsel nach mehreren Durchgängen
- Kurzer, explosiver Abdruck zum Ball
- Geradliniger Flug

VARIATION

Auf Kommando von T dreht sich TW 1 um die Körperlängsachse nach links und steht auf. TW 2 spielt einen flachen Ball, den TW 1 mit der Innenseite des linken Fußes gezielt zurückpaßt. Anschließend läuft TW 1 rückwärts zum und vorwärts um das letzte Hütchen der Reihe. Auf Höhe des letzten Hütchens paßt T flach auf ihn. TW 1 paßt den Ball mit der Innenseite des rechten Fußes zurück und springt anschließend über die Hütchenreihe nach dem Ball von TW 2.

Übungsformen am Tor

BASISÜBUNG 3A

Zentral vor einem Normaltor stehen mehrere Hütchen hintereinander. TW 1 steht links neben der Hütchenreihe, TW 2 mit Ball 4 Meter vor TW 1, der Trainer (T) mit Ball rechts hinter der Reihe. TW 1 paßt einen flachen Ball von TW 2 mit der Innenseite des linken Fußes zurück und springt über die Hütchenreihe nach einem von T geworfenen Ball. Danach paßt er einen flachen Ball von T mit der Innenseite des rechten Fußes zurück und springt dann über die Reihe nach einem von TW 2 geworfenen Ball.

SCHWERPUNKT/HINWEIS

- Wie Übung 2B
- Pause zwischen den einzelnen Sprüngen

VARIATIONEN

1. TW 2 wirft den Ball halbhoch auf TW 1, der volley zurückspielt, bevor er über die Hütchenreihe nach dem Ball springt.
2. TW 2 wirft den Ball hoch auf TW 1, der diesen mit Brust/Knie annimmt und volley zurückspielt. Dann springt TW 1 über die Hütchenreihe.

BASISÜBUNG 3B

Der Trainer (T) befindet sich mit Ball rechts vor der Reihe, TW 1 unmittelbar links von der Hütchenreihe, TW 2 mit Ball 4 Meter vor ihm. TW 2 spielt den Ball so, daß TW 1 ihn im Hechten mit dem rechten Fuß zurückspielen oder zur Seite ablenken kann. Anschließend steht TW 1 schnell auf, dreht sich in Richtung T und springt er über die Hütchenreihe nach einem von T halbhoch (hoch) geworfenen Ball.

SCHWERPUNKT/HINWEIS
• Wie Übung 2B

BASISÜBUNG 3C

Ein Torhüter links neben dem rechten Pfosten eines Normaltors. Links von ihm 3 Hütchen (Abstand 1 Meter) in Reihe, der Trainer (T) mit Ball 5 Meter vor dem Tor. Der Torhüter springt beidbeinig im Zickzack seitlich über jedes Hütchen und hechtet dann nach einem von T geworfenen Ball auf die linke Seite.

VARIATION
Der Torhüter steht frontal zum Trainer und durchläuft die Hütchenreihe mit kurzen, schnellen Schritten vorwärts/rückwärts.

SCHWERPUNKT
• Beim beidbeinigen Sprung explosiver Abdruck
• Kurzer Sidestep und Sprung zum Ball

Das Hechten und Ablenken von hohen Bällen und das Fallen nach hinten

Technik und Koordination

BASISÜBUNG 1

Der Torhüter steht 7 Meter vor einem großen Tor, der Trainer (T) mit Bällen vor ihm. Er wirft die Bälle hoch zu, so daß der Torhüter sie über das Tor lenken kann. Die Bälle werden mit der rechten Hand über das Tor gelenkt.

VARIATIONEN

1. T wirft den Ball so, daß ihn der Torhüter nach einer kurzen Laufbewegung über das Tor lenken kann. Aus dem Lauf führt er sofort eine Rolle vorwärts aus.
2. Jetzt wirft T so, daß der Torhüter zum Ball springen muß.

SCHWERPUNKT

- Den Blick auf den Ball richten
- Schnelle Drehung zum Tor/Ball
- Großer letzter Schritt zum Ball

Technikschulung mit mehreren Torhütern

BASISÜBUNG 2A

Zwei Torhüter und der Trainer (T). TW 1 sitzt auf dem Boden. T steht mit Ball 3 Meter vor, TW 2 ohne Ball 3 Meter hinter ihm. T wirft einen Ball auf TW 1, der ihn mit der rechten Hand im seitlichen Rückwärtsfallen auf TW 2 weiterleitet (dabei greift TW 1 mit der rechten Hand über – siehe den entsprechenden Abschnitt im Kapitel „Torhüter-Techniken"). TW 2 wirft den gefangenen Ball zurück zu T; die Übung beginnt von vorne. Nun muß TW 1 den Ball mit der linken Hand auf TW 2 weiterleiten.

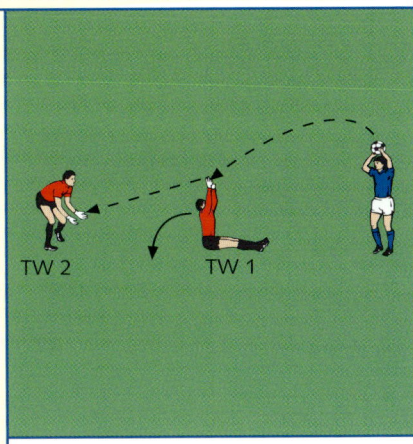

TW 2   TW 1

HINWEIS

• Positions- und Aufgabenwechsel der Torhüter nach mehreren Durchgängen

VARIATIONEN

1. Torhüter 1 steht, der Abstand zwischen TW 1 und T bzw. TW 2 wird vergrößert. T wirft einen Ball hoch auf TW 1, der ihn im Stand mit der rechten (linken) Hand auf TW 2 weiterleitet.
2. Der Abstand wird weiter vergrößert. T wirft einen Ball hoch auf TW 1, der ihn im seitlichen Rückwärtsfallen mit der rechten (linken) Hand auf TW 2 weiterleitet.
3. TW 1 führt eine Rolle vorwärts aus und berührt ein vor ihm aufgestelltes Hütchen, bevor er den Ball im seitlichen Rückwärtsfallen auf TW 2 weiterleitet.

BASISÜBUNG 2B

Zwei Torhüter und der Trainer (T). TW 1 sitzt mitten in einem 7 Meter breiten Hütchentor. T steht mit zwei Bällen 5 Meter davor, TW 2 ohne Ball 5 Meter hinter TW 1. T wirft einen Ball hoch auf TW 1. Dieser leitet den Ball mit der rechten (linken) Hand auf TW 2 weiter, steht schnell auf und wirft sich nach einem flachen Ball von T auf die rechte (linke) Seite.

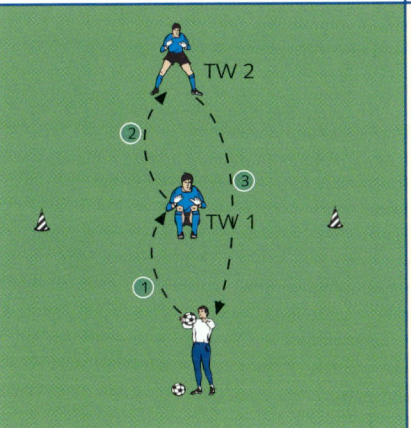

TW 2

TW 1

HINWEIS

• Wie Übung 2A

BASISÜBUNG 2C

Wie zuvor; allerdings steht 1 jetzt im Tor.

Der Trainer (T) wirft einen hohen Ball vor 1, der ihn im Sprung mit beiden Fäusten auf T zurücklenkt, sofort eine Rolle rückwärts in Richtung des Hütchentors ausführt, schnell aufsteht und einen zweiten von T zugeworfenen Ball im Rückwärtsfallen mit der rechten (linken) Hand auf Torhüter 2 weiterleitet.

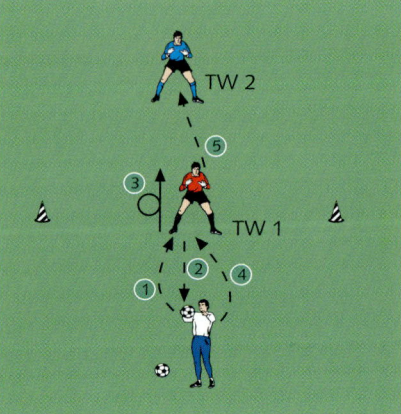

HINWEIS

• Positions-und Aufgabenwechsel nach mehreren Durchgängen.

VARIATION

Torhüter 1 steht jetzt mit dem Rücken zu T. Auf dessen Kommando führt er eine Rolle rückwärts aus, steht auf und dreht sich in Richtung T. Dieser wirft einen hohen Ball über ihn, den Torhüter 1 im Rückwärtsfallen mit der rechten (linken) Hand auf Torhüter 2 weiterleitet.

Übungsformen am Tor

BASISÜBUNG 3A

Zwei Torhüter (1 und 2) und der Trainer (T) üben gemeinsam. 1 steht in der Mitte eines Normaltors, 6 Meter links vor ihm ein Hütchen, TW 2 rechts neben, T mit mehreren Bällen 10 Meter vor dem Tor. Auf dessen Kommando führt 1 eine Rolle vorwärts aus, berührt das Hütchen und dreht sich nach rechts um die Körperlängsachse. Sobald 1 das Hütchen berührt, wirft T einen Ball hoch über 1 in Richtung rechte Torecke. 1 startet zum Tor und lenkt den Ball im Sprung mit der linken Hand neben das Tor zu 2 ab.

HINWEIS

• Nach mehreren Durchgängen wechselt 1 mit 2. Wenn beide an der Reihe waren, wird das Ablenken jetzt mit der rechten Hand geübt, indem das Hütchen schräg rechts dem Torhüter aufgestellt wird.

VARIATION

1 steht jetzt 5 Meter vor dem Tor, T mit Bällen weitere 5 Meter vor 1, 2 hinter dem Tor. T paßt flach links neben 1. Dieser wirft sich nach dem Ball, wirft ihn aus der Seitenlage auf T zurück und steht auf. T wirft jetzt einen Ball hoch über 1 in Richtung Tor. 1 startet zum Ball und lenkt ihn mit der linken Hand über das Tor auf 2. Nach Einnehmen der Ausgangsstellung, paßt T flach rechts neben 1. Weiter wie bei 1, nur lenkt 1 den Ball jetzt mit rechts über das Tor.

2 fängt die Bälle und wirft sie zurück auf T.

BASISÜBUNG 3B

Zwei Torhüter (1 und 2) üben mit Trainer (T). 1 steht am rechten Pfosten eines Normaltors, T mit Ball 6 Meter vor dem Tor, 2 ohne Ball links neben dem linken Pfosten. Auf Kommando von T dreht sich 1 um 270 Grad nach links um die Körperlängsachse und startet zu einem von T hoch in den linken Torwinkel geworfenen Ball. 1 lenkt den Ball im Sprung mit der rechten Hand neben das Tor auf 2 („Übergreifen" des rechten Arms).

VARIATION

1 steht mit dem Rücken zu T rechts neben dem Pfosten. Auf T´s Kommando dreht sich 1 nach rechts um die Körperlängsachse und startet zu einem von T in Richtung linker Torwinkel geworfenen Ball.

HINWEIS

- Nach mehreren Durchgängen Wechsel der Torhüter. Wenn beide an der Reihe waren, wirft T Richtung rechter Torwinkel (Ablenken dann mit links).

BASISÜBUNG 3C

TW 1 steht in der Mitte eines Normaltors, der Trainer (T) mit Bällen 6 Meter davor, TW 2 ohne Ball links neben dem linken Pfosten. T spielt den ersten Ball flach Richtung linker Torpfosten. TW 1 startet zum Ball, spielt ihn im Fallen mit dem rechten Fuß auf TW 2, steht schnell wieder auf und startet zu einem zweiten flachen Ball von T auf die rechte Seite. Er wirft sich nach dem Ball auf die Seite, lenkt ihn zur Seite ab, dreht sich liegend und startet zum dritten von T in Richtung linker Torwinkel geworfenen Ball. Er lenkt ihn mit der rechten Hand auf TW 2.

VARIATIONEN

1. T wirft den ersten Ball jetzt halbhoch in Richtung linker Torpfosten. TW 1 spielt ihn volley auf TW 2.
2. T wirft den ersten Ball jetzt hoch in Richtung linker Torpfosten. TW 1 köpft ihn auf TW 2.

HINWEIS

- Nach mehreren Durchgängen Positions- und Aufgabenwechsel der Torhüter.

Ablenktechniken im Sprung (Fausten)

Technik und Koordination

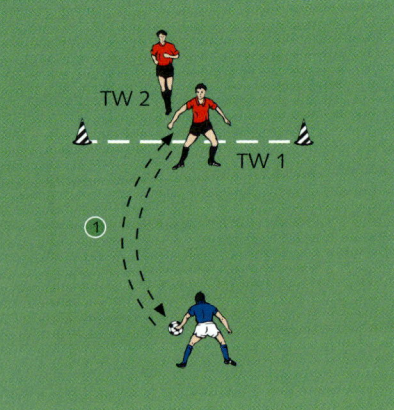

BASISÜBUNG 1A

Zwei Torhüter (1 und 2) üben mit dem Trainer (T). 1 steht in einem Hütchentor (Breite: 5 Meter), T mit Ball 10 Meter davor, 2 wartet hinter dem Tor. T wirft einen Ball hoch auf 1, der ihn aus dem Stand mit beiden Fäusten auf T zurücklenkt.
Anschließend Wechsel von 1 und 2; die Übung beginnt von vorne.

TW 2

TW 1

① 1

SCHWERPUNKT

- Einbeiniger Absprung mit dem ballnahen Bein: Ball von rechts = Absprung mit rechts (und umgekehrt)
- Kräftiger Abdruck vom Boden, Schwungeinsatz des Gegenknies (Schutz) und der Arme

VARIATIONEN

1. T wirft einen Ball hoch auf 2, der ihn im Sprung mit beiden Fäusten zurücklenkt. Anschließend Wechsel der Torhüter; die Übung beginnt von vorne.
2. Auf Kommando von T führt 2 eine Rolle rückwärts aus, steht auf und lenkt einen ihm von T hoch zugeworfenen Ball im Sprung mit beiden Fäusten zurück auf T. Nun Wechsel mit 1; die Übung beginnt von vorne. Der Partner dient als teilaktiver Gegenspieler.

BASISÜBUNG 1B

Zwei Torhüter üben gemeinsam mit dem Trainer (T). TW 1 steht 4 Meter vor TW 2 in einem Hütchentor (5 Meter breit), T mit Ball 10 Meter davor.

Auf Kommando von T führt TW 2 eine Rolle vorwärts aus, steht auf und lenkt einen von T hoch zugeworfenen Ball im Sprung mit beiden Fäusten auf T zurück, 1 dient als teilaktiver Gegenspieler. Nun Positionswechsel mit TW 1. Die Übung beginnt von vorn.

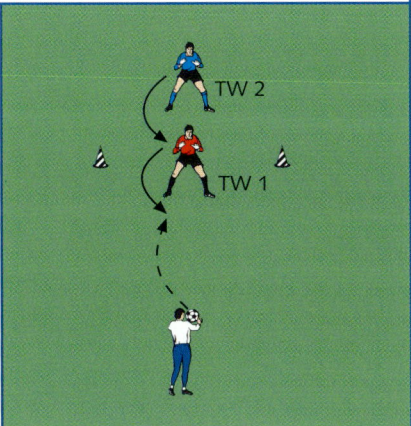

VARIATION

Torhüter 1 in Bockstellung. Torhüter 2 überspringt ihn und lenkt einen von T hoch zugeworfenen Ball im Sprung mit beiden Fäusten auf T zurück.

Anschließend läuft er rückwärts hinter Torhüter 1; die Übung beginnt von vorne.

SCHWERPUNKT
- Wie Basisübung 1A

Technikschulung mit mehreren Torhütern

BASISÜBUNG 2A

Drei Hütchen bilden ein Dreieck (Seitenlänge 10 Meter). An jedem Hütchen steht ein Torhüter (1 hat einen Ball). 1 wirft den Ball hoch auf 2. 2 dreht sich in Richtung 3 und faustet den Ball mit beiden Händen auf diesen. 3 fängt und wirft den Ball hoch auf 1, der sich in Richtung 2 dreht und den Ball mit beiden Fäusten auf diesen weiterleitet usw.

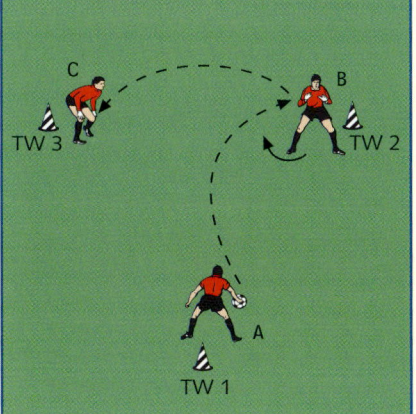

HINWEIS
- Nach mehreren Durchgängen Weiterleiten des Balls im Sprung mit beiden Fäusten auf den nächsten Torhüter.

VARIATIONEN

1. Auf Kommando von T Wechsel der Spielrichtung.
2. Ein Torhüter (2) übt, die beiden anderen (1 und 3) fungieren als Zuwerfer (mit Ballvorrat). 1 wirft einen Ball hoch auf 2, der ihn mit beiden Fäusten im Sprung auf 1 zurücklenkt. 2 dreht sich in Richtung 3 und lenkt dessen hohen Ball im Sprung mit beiden Fäusten zurück.

Nach mehreren Durchgängen tauscht 2 mit einem der beiden anderen Torhüter.

BASISÜBUNG 2B

Drei Hütchen bilden ein Drei-
eck (Seitenlänge 10 Meter).
An jedem Hütchen steht ein
Torhüter (1 mit Ball). 1 wirft
den Ball hoch auf 2, der ihn
im Sprung mit beiden Fäusten
auf 3 weiterleitet. 3 fängt; die
Übung beginnt von vorne.
Nach mehreren Durchgängen
Aufgabenwechsel.

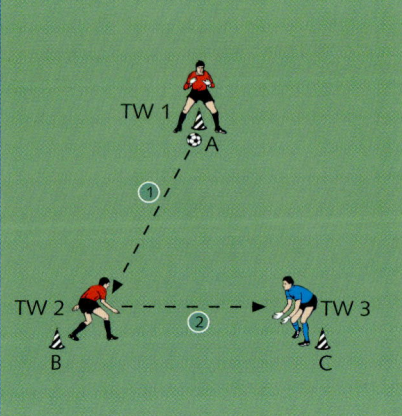

SCHWERPUNKT

- Schnelle, aber nicht komplette
  Streckung des Ellbogengelenks; den
  Ball in einer Bewegung von schräg unten diagonal nach oben zentral am
  höchstmöglichen Punkt treffen

VARIATIONEN

1. 1 mit Ball am Fuß, 3 hat einen Ball in Händen. 1 paßt
flach auf 2, der den Ball mit
der Innenseite des rechten
Fußes zurückspielt, sich in
Richtung 3 dreht und dessen
hoch zugeworfenen Ball mit
beiden Fäusten im Sprung auf
ihn zurücklenkt. Nach mehreren Durchgängen Aufgaben-
wechsel.
2. 1 wirft den Ball halbhoch
auf 2, der volley mit dem
rechten Fuß zurückspielt.

Übungsformen am Tor

BASISÜBUNG 3A

Drei Torhüter (1-3) und der
Trainer (T) üben. 1 steht in einem Normaltor, T mit Ball 15
Meter halbrechts, 2 ohne Ball
zentral und 3 mit Ball links
vor dem Tor. T wirft einen hohen Ball auf 1, der ihn mit
beiden Fäusten im Sprung auf
2 weiterleitet. 2 fängt den Ball
und wirft ihn hoch auf 1, der
ihn mit beiden Fäusten zurück
auf T lenkt. Anschließend
wirft 3 einen Ball aus seitlicher Position hoch auf 1, der
ihn mit beiden Fäusten auf 2
weiterleitet. 2 fängt den Ball
und wirft ihn erneut auf 1, der
ihn mit beiden Fäusten zurück
auf 3 lenkt. Die Übung beginnt von vorne.

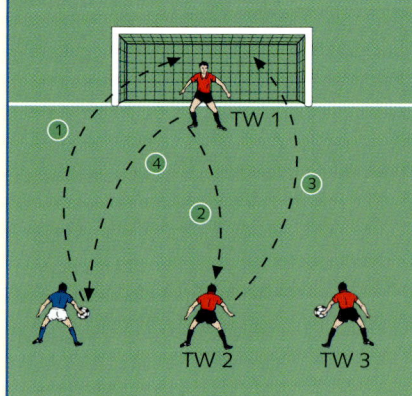

HINWEIS

- Nach mehreren Durchgängen Positions-
  und Aufgabenwechsel.

VARIATION

Torhüter 2 mit Ball, T und
Torhüter 1 und 3 ohne. Torhüter 2 wirft einen Ball hoch
auf Torhüter 1, der ihn mit
der linken Faust auf T weiterleitet. T fängt den Ball und
wirft ihn hoch auf Torhüter 1,
der ihn mit beiden Fäusten
zurück auf Torhüter 2 leitet.
Torhüter 2 fängt den Ball und
wirft ihn wieder auf Torhüter
1, der ihn mit der rechten
Faust auf Torhüter 3 weiterleitet. Torhüter 3 fängt den
Ball und wirft ihn auf Torhüter
1, der ihn mit beiden Fäusten
zurück auf Torhüter 2 leitet.
Erneuter Übungsbeginn bei
Torhüter 2.

BASISÜBUNG 3B

Organisation wie bei Übung 3A, jetzt haben aber 2 und 3 je einen Ball. 2 spielt einen Ball flach auf die linke Seite von 1, der sich nach dem Ball wirft und ihn aus der Seitenlage auf 2 zurückwirft. 1 steht auf und faustet einen von T aus seitlicher Position hoch zugeworfenen Ball mit beiden Fäusten zurück. Dann nimmt er wieder die Grundstellung im Tor ein. 2 spielt einen Ball flach auf die rechte Seite von 1; die Übung beginnt von vorn. Jetzt wirft 3 einen Ball hoch zu, der von der Seite gefaustet wird usw.

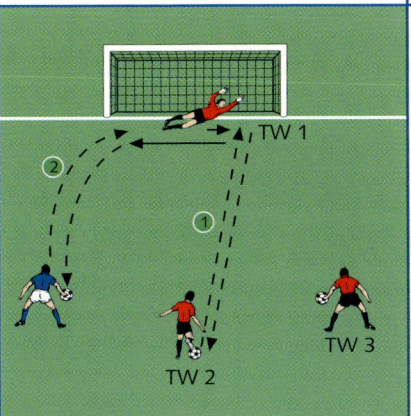

HINWEIS
• Wie Übung 3A.

VARIATION

2 paßt flach auf Torhüter 1. Dieser spielt mit der Innenseite des rechten Fußes flach zurück. Nun wirft 3 hoch auf 1. 1 leitet mit der linken Faust auf T weiter. Jetzt spielt 2 flach auf den linken Fuß von 1, der den Ball zurückpaßt und schließlich einen von T aus seitlicher Position hoch zugeworfenen Ball mit der rechten Faust auf 3 weiterleitet.

BASISÜBUNG 3C

Drei Torhüter (1-3) und der Trainer (T) üben. 1 steht in einem Normaltor, T mit Ball 15 Meter halblinks, 3 ohne Ball 15 Meter halbrechts davor. 2 bewegt sich 8 Meter zentral vor dem Tor.
T spielt einen Ball aus seitlicher Position hoch vor das Tor. 1 leitet ihn mit der linken Faust auf 3 weiter. 2 behindert 1 zunächst nicht. Nun spielt 3 einen Ball aus seitlicher Position hoch vor das Tor. 1 leitet ihn mit der rechten Faust auf T weiter usw.

HINWEIS
• Wie Übung 3A.

VARIATION

2 soll jetzt die hohen Bälle von T und 3 mit dem Kopf verwandeln.

Abwurf, Abstoß, Abschlag, Dropkick

Wichtigstes Ziel beim Abstoß (Abwurf, Abschlag, Dropkick): Einen *Mitspieler* in Ballbesitz zu bringen!

Technik und Koordination

BASISÜBUNG 1

Der Torhüter steht 5 Meter vor einer Hürde, ein Meter dahinter steht ein Hütchentor (5 Meter breit), der Trainer (T) steht 10 Meter hinter dem Tor. Der Torhüter macht einen Dropkick auf T. Anschließend überspringt er die Hürde und wirft sich nach einem flachen Ball von T auf die linke oder rechte Seite.
Der Torhüter soll den Ball erreichen, bevor er die Torlinie überquert.

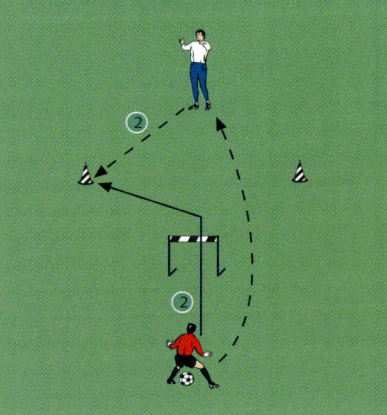

VARIATION

Abwurf des Torhüters auf T.

HINWEIS

- Eine isolierte Schulung dieser Techniken in dieser Altersstufe nur bei elementaren Defiziten durchführen!

Technikschulung mit mehreren Torhütern

BASISÜBUNG 2A

Drei Torhüter 1-3 (1 mit, 2 und 3 ohne Ball) üben. 1 steht in einem Hütchentor (5 Meter breit), 2 etwa 10 Meter davor, 3 weitere 10 Meter hinter 2. 1 spielt einen Dropkick auf 2, der fängt und den Ball als Dropkick zurückspielt. Jetzt spielt 1 einen Dropkick auf 3 und tauscht die Position mit 2. 3 fängt und spielt einen Dropkick auf 1, der fängt und den Ball als Dropkick auf 3 zurückspielt. 3 spielt einen Dropkick auf 2 und wechselt die Position mit 1; 2 fängt den Ball von 3 und spielt einen Dropkick auf 3, der fängt und per Dropkick zurückspielt. 2 spielt einen Dropkick auf 1 und tauscht mit 3 die Position usw.

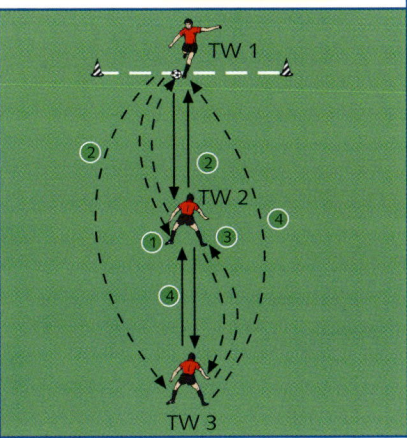

SCHWERPUNKT
- Ball vor dem Körper fangen
- Das Fußgelenk fixieren, die Fußspitze zeigt nach unten
- Der Fuß des Standbeins weist in Spielrichtung

VARIATIONEN

1. 1 spielt einen Abschlag/Volley hoch auf 2, der fängt und auf 1 zurückwirft. Anschließend spielt dieser den Ball als Abschlag/Volley auf 3 und wechselt mit 2 die Position. 3 fängt den hohen Ball von 1 und spielt ihn volley zurück. 1 fängt den Ball und wirft ihn auf 3 zurück, der ihn nun als Abschlag/Volley auf 2 spielt und mit 1 die Position wechselt usw.
2. Wie zuvor; aber mit vergrößertem Abstand und ohne Positionswechsel.

BASISÜBUNG 2B

Wie zuvor; jetzt steht Torhüter 2 allerdings 20 Meter vor dem Tor, 3 weitere 20 Meter hinter 2.
1 spielt einen gezielten Spannstoß auf 3 und wechselt sofort mit 2 die Position. 3 nimmt den Ball als Rückpaß an. Anschließend spielt er einen gezielten Spannstoß auf 2 und wechselt mit 1 die Position usw.

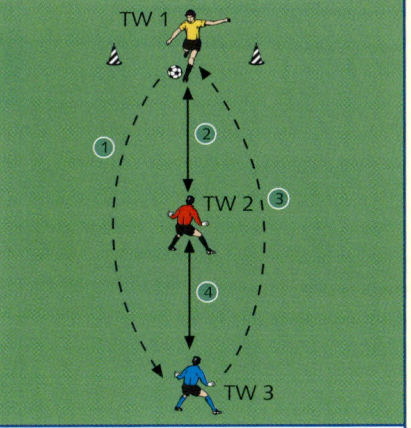

HINWEIS
- Diese Übung sollte mit vier Torhütern durchgeführt werden (geringere Belastung).

BASISÜBUNG 2C

Vier Torhüter (1-4) üben gemeinsam. Jeder steht in einem Hütchentor (A-D, je 6 Meter breit). Die Tore A und B und C und D stehen sich im Abstand von jeweils 40 Metern gegenüber. 1 in Hütchentor A und 3 in C haben je einen Ball.
Beide spielen ihre Bälle gleichzeitig als gezielte Dropkicks auf das gegenüberstehende Tor. Sie werden von den Torhütern in C und D aufgenommen und ebenfalls als Dropkick zurückgespielt.

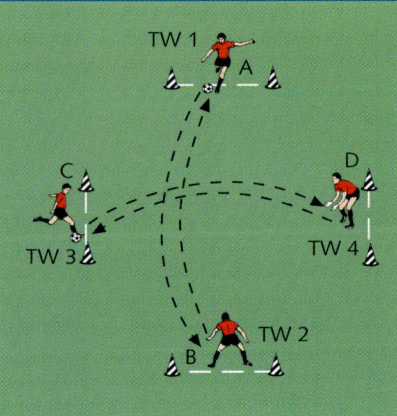

VARIATIONEN

1. Gezielte Abschläge spielen.
2. Abstöße spielen und als Rückpaß annehmen.
3. Jeder Torhüter mit Ball. Alle spielen ihre Bälle gleichzeitig auf den Partner gegenüber.

SCHWERPUNKT

- Ball vor dem Körper fangen
- Das Fußgelenk fixieren, die Fußspitze zeigt nach unten
- Der Fuß des Standbeins weist in Spielrichtung

Übungsformen am Tor

BASISÜBUNG 3A

Zwei Torhüter (1 und 2) üben gemeinsam mit dem Trainer (T). 1 steht in einem Normaltor, 2 ohne Ball auf Höhe der Mittellinie, T mit Ball 25 Meter halblinks vor dem Tor. 1 spielt von der Torraumlinie einen Abstoß auf 2, der den Ball in der Luft fängt. Jetzt spielt T seinen Ball hoch vor das Tor. 1 fängt und wirft ihn auf T zurück. Jetzt spielt 2 seinen Ball als Dropkick hoch vor das Tor. 1 fängt und legt ihn wieder auf die Torraumlinie. Die Übung beginnt von vorn.

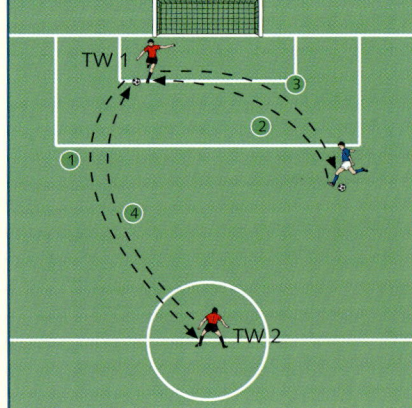

VARIATION

2 etwa 35 Meter links vor dem Tor, T 20 Meter mittig vor dem Tor (beide ohne Ball). 1 spielt einen Abstoß hoch auf 2. Dieser nimmt den Ball als Rückpaß an und schlägt ihn mit einem gezielten Spannstoß wieder vor das Tor. 1 lenkt den Ball mit beiden Fäusten auf T ab. T versucht jetzt, mit einem Spannstoß einen Treffer gegen 1 zu erzielen. Dann Beginn des nächsten Durchgangs mit einem gezielten Abstoß von Torhüter 1 auf 2.

HINWEIS

- Nach mehreren Durchgängen Positionswechsel der Torhüter. Wenn beide dran waren, wechselt T auf die andere Seite; die Übung beginnt vorn vorn mit 1 im Tor.

BASISÜBUNG 3B

Zwei Torhüter (1 und 2) und
der Trainer (T) üben gemeinsam. 1 steht in einem Normaltor, 2 ohne Ball 35 Meter
halblinks, T mit zwei Bällen 25
Meter vor dem Tor. Er wirft
den ersten Ball hoch vor das
Tor. 1 fängt und wirft auf 2
ab.
Anschließend wirft T den
zweiten Ball über 1 in Richtung Tor. 1 startet dem Ball
nach und lenkt ihn mit der
rechten oder linken Hand
über oder neben das Tor.
Schließlich spielt 2 den von 1
zugeworfenen Ball per Spannstoß auf T zurück.

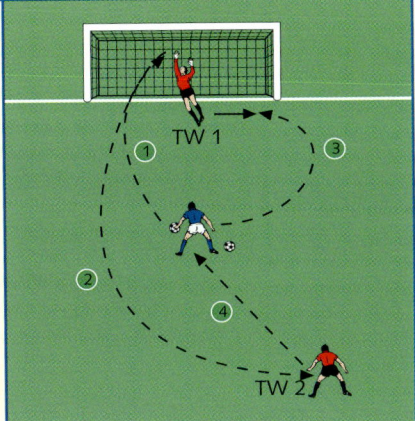

HINWEIS
- Nach mehreren Durchgängen Positionswechsel der Torhüter. Wenn beide an
  der Reihe waren, wechselt 2 nach halblinks.

BASISÜBUNG 3C

Die Torhüter 1-3 und der Trainer (T) üben gemeinsam. 1
steht im Normaltor, 2 und 3
mit Ball jeweils kurz vor der
linken und rechten Seitenaus-
linie, T mit Ball 16 Meter vor
dem Tor. Zuerst spielt 2 einen
Dropkick hoch vor das Tor. 1
fängt und spielt den Ball als
Dropkick zurück. Nun spielt T
seinen Ball hoch vor das Tor.
1 fängt und wirft zu T zurück.
Jetzt spielt 3 einen Dropkick
hoch vor das Tor. 1 fängt und
spielt ebenfalls per Dropkick
auf 3 zurück usw.

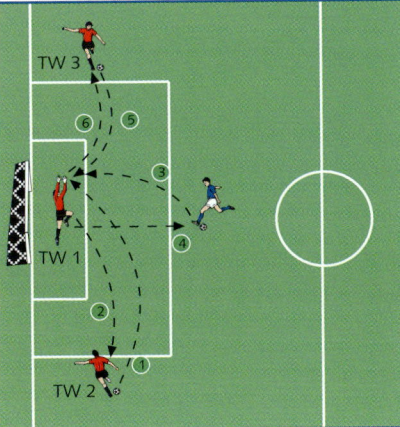

HINWEIS
- Nach mehreren Durchgängen Positions-
  wechsel von 1 mit einem der anderen
  Torhüter.

VARIATION

2 und 3 spielen Abstöße hoch
vor das Tor. 1 fängt die Bälle
und wirft gezielt auf den Anspieler zurück.

Exemplarische Trainingseinheit

Technikschulung

Organisatorische Hinweise
Dauer: 70-80 Minuten
Gruppenstärke: 3-4 Torhüter
Medien: 10 Bälle, Hütchen oder Markierungs-
häubchen, 2 große Tore (oder ein großes Tor
und ein 5-Meter-Tor bzw. Stangentor)

Schwerpunkt:
- Frontales Fangen halbhoher Bälle
- Fangen hoher Flankenbälle
- Frontales Fangen hoher Bälle
- Fallen und seitliches Abrollen bei flachen Bällen
- Hechten/Springen nach flachen, halbhohen und hohen Bällen und seitliches Abrollen
- Ablenktechniken im Sprung

- Spielerfertigkeiten: Die Annahme von Rückpässen unter Zeit- und Gegnerdruck (sicherer Spielaufbau).

Aufwärmen:
- Koordinative Lauformen ohne Ball
- Koordinative Lauformen mit Ball und Trai-
ner

Dauer: 15-20 Minuten

Frontales Fangen halbhoher Bälle

ÜBUNG
4 Torhüter üben; jeweils zwei
(in Hütchentoren) spielen sich
Dropkicks zu; die beiden anderen befassen sich mit koordinativen Lauformen mit Ball.
Aufgabenwechsel nach einer
bestimmten Laufstrecke.

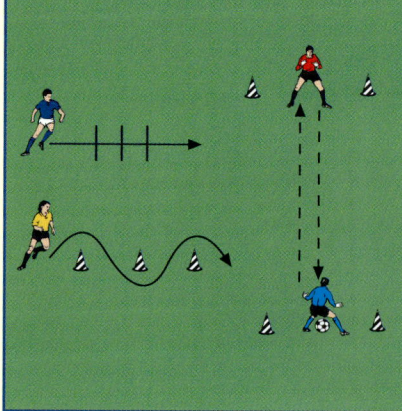

HINWEIS
- Das frontale Fangen halbhoher Bälle
  sollte man normalerweise innerhalb des
  Aufwärmprogramms schulen!
- Diese Übung kann auch mit 3 Torhütern
  durchgeführt werden!

Fallen und Abrollen bei flachen Bällen

ÜBUNG

Torhüter 1 steht in einem Normaltor, Torhüter 2 am linken (rechten) Pfosten. Auf Kommando des Trainers (T) führt 1 eine Rolle über die Schulter in Richtung von 2 aus, klatscht 2 kurz ab und startet sofort zu einem flachen Ball von T in entgegengesetzter Richtung.

HINWEIS
- Aufgabenwechsel nach drei Durchgängen
- Üben mehr als zwei Torhüter, Aufgabenwechsel nach jeder Aktion.

Hechten und seitliches Abrollen

ÜBUNG

TW 1 steht im Normaltor, TW 2 am linken Torpfosten, der Trainer (T) mit Ball zentral davor. T wirft den ersten Ball als Aufsetzer auf die linke Seite von 1. Dieser lenkt den Ball mit der linken Hand auf 2, dreht sich liegend auf die entgegengesetzte Seite und springt zu einem zweiten Ball von T auf die rechte Seite.

VARIATION
Der Ball wird nicht als Aufsetzer, sondern flach gespielt.

SCHWERPUNKT
- Explosiver Abdruck mit dem Sprungbein (kurzer Bodenkontakt)
- Geradlinige Beschleunigung zum Ball
- Direkter, kurzer Flug zum Ball
- Den Ball in der Flugphase fangen und am Körper sichern

Ablenktechniken im Sprung

ÜBUNG

Der Torhüter in einem Normaltor, der Trainer (T) mit Bällen 6 Meter zentral davor. Er spielt den ersten Ball flach in die rechte Ecke, der Torhüter hechtet nach dem Ball, kommt hoch und wirft sich nach dem zweiten Ball, der von T über den Torhüter geworfen wird und von diesem mit der rechten Hand über das Tor gelenkt wird.

HINWEIS
- Der Torhüter lenkt die Bälle mit Impulsstößen aus dem Ellbogen über das Tor.

Technikschulung (Teil 2 der Trainingseinheit)

Flankenbälle
- Siehe die Übungen auf Seite 181.
- Siehe die Übungen auf Seite 192/193.

Frontales Fangen hoher Bälle
- Siehe Übung 1 rechts.

Feldspieler-Fertigkeiten:
Die Annahme von Rückpässen unter Zeit- und Gegnerdruck (sicherer Spielaufbau)
- Siehe Übung 2 rechts.

Ein sicheres Verarbeiten von zurückgespielten Bällen unter Zeit- und Gegnerdruck kann nur innerhalb des Mannschaftstrainings oder eines Sondertrainings mit Feldspielern spielnah geschult werden!

Dauer: 25 Minuten

Motivationsformen am Tor

ÜBUNG 1

Der Torhüter steht in einem Normaltor, 20 Meter vor ihm der Trainer (T) mit Bällen. Links und rechts von T befinden sich Ziele – ein 5-Meter-Tor (Ziel 1) mit Torhüter (40 Meter entfernt) und ein Stangentor (Ziel 2) mit Torhüter (30 Meter entfernt). Auf Kommando von T führt der Torhüter eine Rolle vorwärts aus und fängt dann einen hohen Ball von T. Nun spielt der Torhüter das Ziel an, das er während der Rolle vorwärts vorgegeben hatte: Ziel 1 per Dropkick, Ziel 2 per Abwurf.

EINS

Ziel 2

Ziel 1

HINWEIS

Die beiden Motivationsformen sollten etwa zusammen 20 Minuten in Anspruch nehmen.

SCHWERPUNKT

- Die Hand möglichst lange am und vor allem hinter dem Ball lassen (Abwurf)
- Die Haltung des Oberkörpers ist davon abhängig, ob der Ball flach, halbhoch oder hoch gespielt werden soll (Dropkick)

ÜBUNG 2

Im Abstand von 20 Metern stehen sich zwei Normaltore mit den Torhütern 1 und 2 gegenüber. Hinter dem zweiten Tor befindet sich in einer Entfernung von 20 Metern Torhüter 3. Er spielt mit einem gezielten Abstoß 1 an, der den Ball als Rückpaß annimmt und 2 im zweiten Tor anspielt. 2 versucht, den Ball mit einem Spannstoß direkt im Tor von 1 „unterzubringen".

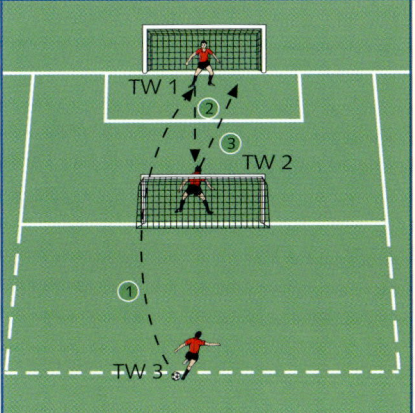

TW 1

TW 2

TW 3

HINWEIS

- Positionswechsel der Torhüter nach mehreren Durchgängen.

VARIATION

Gezielter Dropkick (Abwurf) von Torhüter 3. Torhüter 1 spielt ebenfalls einen Dropkick (Abwurf) auf Torhüter 2. Dieser versucht jetzt, mit einem Dropkick (Abwurf) zum Torerfolg zu kommen.

Die beiden Motivationsformen sollten etwa zusammen 20 Minuten in Anspruch nehmen.

Trainingsmaterialien und -geräte

Keeper´s friends – die Torwarthandschuhe
Worauf man beim Kauf achten sollte [1]

Der Fußballtorhüter ist einsam. Besonders dann, wenn ein Gegenspieler mit Riesenschritten und dem Ball am Fuß allein auf ihn zustürmt. In diesem Moment hat der Mann (oder die Frau) im Tor lediglich noch zwei Freunde – die beiden Handschuhe. Deshalb sollte er sich genau überlegen, welche Handschuhe wirklich gute Freunde sind.

Haften und Halten

Zwei Dinge erwartet man von guten Torhüterhandschuhen: Der Ball – ob hart geschossen oder durch Nässe glatt – soll in den Händen regelrecht haften.

„Gehalten!" ist also nicht nur ein Kompliment für den Torhüter, sondern auch für seine Handschuhe. Die sollen natürlich eine Vielzahl von Einsätzen erleben, also „halten" – auf Rasen, auf Asche, bei Regen und auch bei Schnee.

Genau hier liegt ein Problem: Je besser die Griffigkeit eines Handschuhs ist, desto beschränkter ist seine Lebensdauer. Erst die richtige Abstimmung zwischen diesen beiden Ansprüchen macht einen guten Torwarthandschuh aus.

Entscheidend ist der Belag der Innenhand. In so gut wie allen Fällen wird dazu Latex-Haftschaum verwendet. Der verschleißt aber schnell und ist unterschiedlich griffig. Je minderwertiger seine Qualität, desto weniger zuverlässig die Leistung. Gerade die Latexqualität verschiedener Hersteller weist große Unterschiede auf. Hier ist übrigens nicht allein die Stärke der Latex-Schicht das Kriterium (sie variiert zwischen 1-4 mm): Unter ihr befindet sich meist eine Schaumstoffschicht mit einer Stärke von 1-3 mm, um die Dämpfung zu erhöhen (*Derbystar*-Spitzenmodelle haben 3 mm Naturlatex plus 3 mm Schaumstoff). Wenn sich ein Handschuh besonders weich

 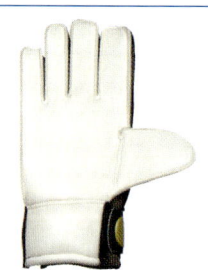  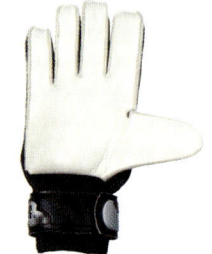

DERBYSTAR APS GOLD

Profi-Handschuh mit Naturlatex, der hier über das Handgelenk gezogen ist. Dadurch ist die griffige Latexfläche erheblich größer. Der Klettverschluß wird innen unter dem Latex durchgeführt.

DERBYSTAR APS TITAN

Profi-Handschuh mit Naturlatex bis zum Handgelenk. Eine Bandage, fixiert durch einen Klettverschluß, sorgt für festen Sitz auch bei extremer Beanspruchung.

[1] Bei diesem Beitrag handelt es sich um Produktinformationen der Fa. Derbystar, D-47562 Goch.

anfühlt, bedeutet dies also nicht, daß es sich zwingend um eine besonders dicke Latexschicht handelt.

Man sollte schließlich noch wissen, daß an der Innenhand Vorsicht vor modischen Effekten geboten ist: Wird der Ausgangszustand der Latex-Haftschäume (glatt und hell) durch Farbe, Muster oder Prägungen verändert, erhöht dies zwar meist die Haltbarkeit (Lebensdauer), die Griffigkeit nimmt jedoch ab.

Paßt und sitzt

Ein Torhüterhandschuh muß sitzen! Die Paßform ist also besonders wichtig. Auch in diesem Punkt unterscheiden sich die Produkte der diversen Hersteller erheblich. So hat beispielsweise *Derbystar* das *Optisize-System* entwickelt, um die Verbindung von Hand und Handschuh zu optimieren, Anprobieren bringt's!

Die meisten Handschuhe werden heute mit Außennaht gefertigt. Dadurch vergrößert sich die mit Haftschaum belegte Fläche. Vor allem bei Torhütern mit schlanken Händen kann jedoch auch ein Handschuh mit Innennaht das Optimum sein. In diesem Fall legt sich näm-

lich der Haftschaum enger um die Finger – Hand und Handschuh verschmelzen praktisch zu einer Einheit.

Auch der Verschluß ist für den festen Sitz des Handschuhs wichtig. Im Prinzip existieren vier Varianten, allen gemeinsam ist der Klettverschluß. Die ersten beiden Varianten besitzen Seitenschlitze. Der Klettverschluß wird dann entweder innen (außen vergrößert sich dadurch die Haftschaumfläche bis über das Handgelenk) oder außen geführt. Variante drei schließt eine Bandage um das Handgelenk; Variante vier arbeitet mit einem Gummizug.

Chic soll er auch sein!

Die Optik eines Torwarthandschuhs wird vor allem durch die Oberhand bestimmt. Achten Sie aber bitte auch hier auf das Material! In den unteren Preisklassen handelt es sich zumeist um PVC. Bei Spitzenmodellen kommt auch hier Latex zum Einsatz. Ein solcher Handschuh ist zum einen flexibler und zum anderen bei der Faustabwehr viel rutschsicherer.

Schenken Sie beim Kauf auch Details Aufmerksamkeit: Bei einem gut verarbeiteten

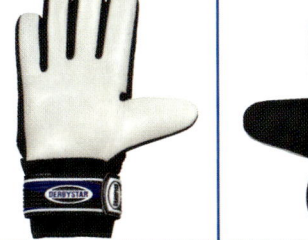

DERBYSTAR CHAMPION

Dieser Handschuh hat eine besondere Paßform. Er ist besonders bei schlanken Fingern empfehlenswert. Die Nähte entlang der Finger liegen innen. Eine Bandage mit Klettverschluß sorgt für festen Sitz.

DERBYSTAR MATCH

Die Rillenprägung im Haftschaum sorgt für höhere Strapazierfähigkeit. Der Handschuh ist mit Seitenschlitz gefertigt. Der Klettverschluß wird hier außen um das Handgelenk geführt.

Handschuh sind z.B. die Fingerkuppen mit engeren Stichfolgen vernäht als bei Massenware. Entscheiden Sie sich also nicht nur nach der Optik oder gar nach Ihrem Lieblingsspieler; und auch nicht ausschließlich nach dem Bekanntheitsgrad der Marke oder dem Preis. So beweist beispielsweise *Derbystar*, daß es Profihandschuhe von absoluter Spitzenqualität schon für etwas mehr als 50 Euro geben kann.

Es gilt also: Wählen Sie als Torhüter „Ihre Freunde" sorgfältig aus. Diese sind Ihnen dann treu – in den einsamen Sekunden genauso wie in den schönsten Stunden: bei der Siegesfeier.

DERBYSTAR BASIC

Die feinnarbige Struktur des Haftschaums erhöht die Lebensdauer. Ein Gummizug schließt sich um das Handgelenk, der Klettverschluß sorgt für perfekten Halt. Ein Allround-Handschuh, der auch für Aschenplatzeinsätze geeignet ist.

Die Netzrückprallwand

Die Netzrückprallwand ist ein sehr nützliches, leider aber nicht ganz billiges Trainingsgerät. Es leistet jedoch einen wesentlichen Beitrag zur optimalen Ausbildung der Torhüter. Wenn die Anschaffung für Ihren Verein finanziell machbar ist, sollten Sie diesen Schritt tun. Gut sortierte Sportgeräte-Versender führen Netzrückprallwände im Sortiment.

Bei den Übungen mit der Netzrückprallwand (im folgenden auch Netzwand) sind diese Punkte zu beachten:
• Der Torhüter muß immer einen Fixpunkt zur Orientierung haben: Er steht beim Üben ent-

weder in einem „Normal"- oder in einem Hütchentor, nie im freien Raum.

Die Geschwindigkeit sowie die Flugkurve des zurückprallenden Balles sind abhängig von folgenden Faktoren:
• Abstand zur Netzrückprallwand
• Einfallwinkel (Neigung der Netzrückprallwand)
• Art des Wurfs (von oben oder unten)
• Härte des Wurfs
• „Vorgabe" durch den Trainer

Allgemeine technische Schulung

ÜBUNG 1
Zwei Torhüter üben gemeinsam. Beide stehen in einem 7 Meter breiten Hütchentor (5 Meter hintereinander vor der Netzwand). Der vordere Torhüter 1 wirft einen Ball gegen die Netzwand und startet nach hinten hinter Torhüter 2. Dieser soll den zurückprallenden Ball mit der Brust stoppen und dann fangen. Nun wirft Torhüter 2 den Ball gegen die Netzwand und wechselt hinter Torhüter 1. Dieser stoppt den Ball mit der Brust und fängt ihn usw.

SCHWERPUNKT
• Schulung allgemeiner technischer Feldspielerfertigkeiten
• Den Ball schnell an den Körper ziehen

VARIATIONEN
1. Den zurückprallenden Ball mit der Brust stoppen, mit dem Knie in die Luft spielen und dann fangen.
2. Torhüter 2 steht mit dem Rücken zu Torhüter 1. Dieser leitet die Übung durch ein kurzes Kommando und das gleichzeitige Werfen des Balls gegen die Netzwand ein. Torhüter 2 dreht sich schnell um die Körperlängsachse und stoppt den zurückprallenden Ball mit der Brust.
3. Torhüter 2 in Bauchlage (oder Rückenlage oder im Liegestütz).

ÜBUNG 2

Mehrere Torhüter (alle mit Ball) üben gemeinsam. Sie stehen zentral 5 Meter vor der Netzwand in einem Hütchentor (7 Meter breit). Der Ball wird einhändig von unten gegen die Netzwand geworfen, angenommen, abwechselnd links oder rechts um die Netzwand gedribbelt und dann wieder aufgenommen.

SCHWERPUNKT
- Schulung allgemeiner technischer Feldspielerfertigkeiten
- Dribbeln mit beiden Füßen; mit der Innen- und der Außenseite

VARIATIONEN
1. Schnelle Drehung der Torhüter um die Körperlängsachse, bevor sie den Ball annehmen (der Abstand zur Netzwand muß vergrößert werden).
2. Die Torhüter stehen mit dem Rücken zur Netzwand, werfen auf Kommando des Trainers (T) den Ball durch die gegrätschten Beine gegen die Netzwand, drehen sich schnell um die Körperlängsachse und nehmen den zurückspringenden Ball an.
3. T wirft den Ball (die Torhüter starten aus verschiedenen Ausgangslagen – Bauchlage, Rückenlage, Liegestütz usw.).

ÜBUNG 3

Die Netzwand steht schräg versetzt vor dem Torhüter, rechts neben einem großen Tor im Abstand von 30 Metern ein Hütchentor (5 Meter breit). Der Torhüter wirft, nimmt den zurückspringenden Ball möglichst rasch an und setzt das Spiel mit einem gezielten Flachpaß durch das Hütchentor fort.

VARIATIONEN
1. Den Ball als Flugball auf das Zieltor spielen.
2. Den Ball volley auf das Zieltor spielen.
3. Der Trainer wirft den Ball: Der Torhüter startet aus verschiedenen Ausgangslagen (Bauchlage, Rückenlage, Liegestütz usw.).

SCHWERPUNKT
- Schulung allgemeiner technischer Feldspielerfertigkeiten
- Konzentrierte und genaue Ausführung der Ballannahme und des Zuspiels.

ÜBUNG 4

Eine Netzwand schräg ver-
setzt vor dem Torhüter im
großen Tor. 20 Metern entfernt steht ein weiteres
großes Tor (mit Torhüter 2).
Torhüter 1 wirft seinen Ball
gegen die Netzwand, nimmt
den zurückspringenden Ball
möglichst rasch an, dreht sich
und versucht, beim zweiten
Tor zum Erfolg zu kommen.
Aufgabenwechsel der Torhüter bei Torerfolg.

SCHWERPUNKT
- Schulung allgemeiner technischer Feld-
  spielerfertigkeiten
- Gezielter Spannstoß auf das Tor

VARIATIONEN
1. Der Torhüter startet zum 1
gegen 1 auf das zweite Tor.
2. Der Torhüter spielt den
zurückspringenden Ball direkt
auf den anderen Torhüter.
Dieser nimmt ihn an und versucht seinerseits, durch einen
gezielten Spannstoß zum Torerfolg zu kommen.

ÜBUNG 5

Zwei Torhüter üben
gemeinsam. Torhüter 1 steht
in einem großen Tor, Torhüter
2 mit dem Rücken zu ihm mit
Ball 16 Meter zentral davor, 2
Meter vor ihm die Netzwand.
Torhüter 2 wirft den Ball kräftig gegen die Netzwand und
dreht sich sofort in Richtung
Torhüter 1. Dieser nimmt den
Ball an und paßt ihn genau
auf Torhüter 2, der dann
direkt auf das Tor schießt.

SCHWERPUNKT
- Schulung allgemeiner technischer Feld-
  spielerfertigkeiten
- Schnelle Ballannahme
- Genaues Paßspiel
- Gezielter Spannstoß auf das Tor

VARIATIONEN
1. Torhüter 1 spielt den
zurückspringenden Ball jetzt
direkt auf Torhüter 2.
2. Die Netzwand steht nicht
frontal vor Torhüter 2, sondern schräg versetzt.

Übungsformen für Torhüter-Techniken

Folgende torhüterspezifischen Techniken können mit der Netzwand gezielt geschult werden:

- Das Einnehmen der Grundstellung
- Die Technik der Grundstellung
- Wurf von unten
- Wurf von oben
- Aufnehmen und Fangen flacher und halbhoher Bälle frontal und seitlich
- Das Fangen hoher Bälle seitlich
- Das Fangen hoher Bälle frontal
- Das Fallen und seitliche Abrollen bei flachen Bällen
- Das Hechten bzw. Springen nach flachen, halbhohen und hohen Bällen und das seitliche Abrollen

- Das Hechten nach hohen Bällen und das Fallen nach rückwärts
- Ablenktechniken im Sprung

Im folgenden stellen wir drei Basisübungen vor, die je nach Alter, Leistungsniveau und Trainingsziel der Torhüter variiert werden können.

Allgemeine technische Schulung

ÜBUNG 1

Der Torhüter steht (mit Ball) in einem 5 Meter breiten Hütchentor (rund 4-5 Meter zentral vor der Netzwand). Der Einfallwinkel und die Position der Wand werden während der Übung verändert.
Der Torhüter wirft den Ball einhändig so von unten gegen die Netzwand, daß der Ball flach auf ihn zurückprallt und er ihn frontal aufnehmen kann.

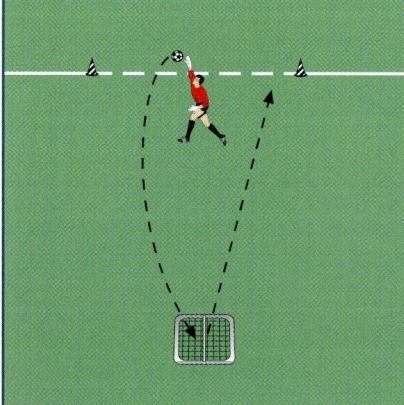

HINWEIS
- Den Ball einmal mit dem rechten und einmal mit dem linken Bein vorne aufnehmen.

VARIATIONEN
1. Die Netzwand steht jetzt seitlich versetzt vor dem Tor, so daß der Torhüter einen flachen Ball von der Seite aufnehmen muß.
2. Nach dem Ballwurf schnelle Drehung des Torhüters um die Körperlängsachse nach dem Ballwurf.
3. Der Torhüter startet aus der Bauchlage. Der Trainer wirft den Ball gegen die Netzwand.

ÜBUNG 2

Zwei Torhüter, hintereinander in einem Tor oder Hütchentor, üben gemeinsam. Der vordere Torhüter 1 hat einen Ball, 5 Meter zentral vor dem Tor befindet sich die Netzwand. Der Einfallwinkel und die Position der Netzwand werden während der Übung verändert.

Torhüter 1 wirft den Ball beidhändig so von oben gegen die Netzwand, daß er halbhoch zurückprallt. Nach dem Ballwurf bewegt er sich schnell zur Seite, so daß Torhüter 2 den Ball vor dem Körper fangen kann.

Nun Aufgabenwechsel.

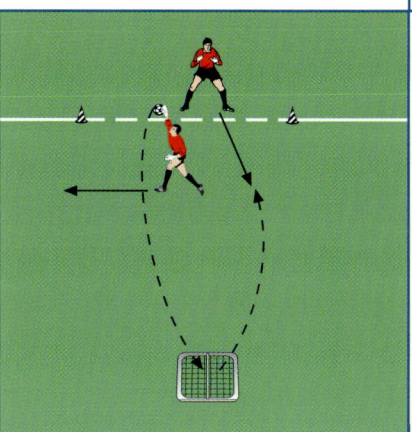

SCHWERPUNKT

• Schulung der Basistechniken „Einnehmen der Grundstellung", „Ballwurf von oben", „Fangen halbhoher und hoher Bälle frontal und seitlich" und die „Ablenktechniken im Sprung"

VARIATIONEN

1. Torhüter 1 weicht erst im letzten Moment aus; so sieht Torhüter 2 den Ball sehr spät.
2. Torhüter 2 steht unmittelbar neben Torhüter 1. Torhüter 1 wirft den Ball und bleibt stehen. Torhüter 2 tritt mit einem schnellen Sidestep vor Torhüter 1 und fängt den Ball.
3. Torhüter 1 und 2 stehen Rücken an Rücken. Auf Kommando von Torhüter 1 umläuft Torhüter 2, dessen Rücken zum Tor zeigt, möglichst schnell Torhüter 1, um den halbhohen frontalen Ball zu fangen.

ÜBUNG 3

Der Torhüter (mit Ball) steht in einem großen Tor, 7 Meter zentral davor der Trainer (T) an der schräg aufgestellten Netzwand. Der Torhüter wirft den Ball einhändig (beidhändig) von unten (oben) gegen die Netzwand. T „steuert" den zurückprallenden Ball durch Verschieben der Netzwand so, daß der Torhüter einen flachen Ball seitlich halten muß.

Seitenwechsel nach mehreren Durchgängen.

HINWEIS

• Schulung der Techniken „Einnehmen der Grundstellung", „Fallen und seitliches Abrollen bei flachen Bällen", „Hechten nach flachen, halbhohen oder hohen Bällen und seitliches Abrollen" und der „Ablenktechniken im Sprung"

VARIATIONEN

1. T „steuert" den zurückprallenden Ball so, daß der Torhüter den halbhohen oder hohen Ball im Hechtsprung halten und sich zur Seite abrollen kann.
2. Schnelle Drehung des Torhüters um die Körperlängsachse, bevor er zum Ball hechtet.
3. Der Torhüter steht mit dem Rücken zur Netzwand. Er wirft den Ball durch die gegrätschten Beine gegen die Netzwand, dreht sich schnell um die Körperlängsachse und fängt den von T „gesteuerten" flachen oder halbhohen Ball seitlich.

Weiterführende Literaturhinweise

► Bisanz, Gero/Vieth, Norbert: Fußball von morgen,
Bände 1 und 2, Münster: Philippka-Sportverlag 2000

► Daniel, Jörg: Taktische Kniffe für das Torwartspiel,
in: *fußballtraining* 11/Nr. 5+6 (1993), S. 25-31

► Frank, Gerhard: Fußball-Konditionsgymnastik,
Frankfurt, Berlin: Ullstein 1994

► Freiwald, Jürgen: Aufwärmen im Sport,
Reinbek bei Hamburg: rororo 1991

► Greiber, Peter: Ein Torhütertrainer für alle (Teil 1),
in: *fußballtraining* 19/Nr. 3 (2001), S. 36-41

► Greiber, Peter: Ein Torhütertrainer für alle (Teil 2),
in: *fußballtraining* 19/Nr. 4 (2001), S. 31-33

► Greiber, Peter: Mit Toptorhütern zurück in die Bundesliga (Teil 1),
in: *fußballtraining* 18/Nr. 5+6 (2000), S. 16-23

► Greiber, Peter/Krutwig, Ralf: Perspektivische Talentförderung und
trotzdem erfolgreich, in: *fußballtraining* 17/Nr. 8 (1999), S. 21-33

► Greiber, Peter: Wann muß ein Nachwuchstorhüter was lernen?
(Teil 1), in: *fußballtraining* 16/Nr. 7 (1998), S. 9-20

► Greiber, Peter: Wann muß ein Nachwuchstorhüter was lernen?
(Teil 2), in: *fußballtraining* 17/Nr. 4 (1999), S. 22-30

▶ Greiber, Peter: Wenn Du nicht mitspielst, bist Du tot!,
in: *fußballtraining* 17/Nr. 9 (1999), S. 4-12

▶ Hamsen, Gerhard/Daniel, Jörg: Fußball-Jugend-Training,
Reinbek bei Hamburg: rororo 1990

▶ Happ, Elmar: Was sollte der kleine Torwart bereits lernen?,
in: *fußballtraining* 10/Nr. 9 (1992), S. 26-28

▶ Hirtz, Peter: Die koordinative Vervollkommnung als wesentlicher
Bestandteil der körperlichen Grundausbildung, in:
Körpererziehung 8/9 (1976), S. 381-387

▶ Hirtz, Peter: Koordinativ-motorische Vervollkommnung der
Kinder und Jugendlichen, in: Theorie und Praxis der
Körperkultur 28 (1979), S. 11-16

▶ Hoek, Frans: Torwarttraining Basisbuch, München,
Wien, Zürich: BLV-Verlagsgesellschaft 1998

▶ Winter, Reiner: Zum Problem der sensiblen und kritischen Phasen in der Kindheit und Jugend, in: *Medizin und Sport* (1980),
S. 102-104

Hinweis: : Die DFB-Trainerzeitschrift *fußballtraining* erscheint monatlich im
Philippka-Sportverlag, Postfach 150105, 48061 Münster
Tel: 0251/23005-11; Fax: 0251/23005-99; E-Mail: buchversand@philippka.de (siehe auch
Seite 9)